会展管理核心课程创新系列教材

张河清　张玉明　主编

会展旅游

（第二版）

张河清　主编

中山大学出版社
SUN YAT-SEN UNIVERSITY PRESS

·广州·

版权所有　翻印必究

图书在版编目(CIP)数据

会展旅游/张河清主编．—2版．—广州：中山大学出版社,2016.7
（会展管理核心课程创新系列教材/张河清,张玉明主编）
ISBN 978-7-306-05611-5

Ⅰ.①会… Ⅱ.①张… Ⅲ.①展览会—旅游—高等学校—教材 Ⅳ.①F590.7

中国版本图书馆CIP数据核字(2016)第027741号

出　版　人：王天琪
策划编辑：翁慧怡
责任编辑：翁慧怡
封面设计：林绵华
责任校对：王　睿
责任技编：何雅涛
出版发行：中山大学出版社
电　　话：编辑部 020-84111996,84113349,84111997,84110779
　　　　　发行部 020-84111998,84111981,84111160
地　　址：广州市新港西路135号
邮　　编：510275　　　　　传　真：020-84036565
网　　址：http://www.zsup.com.cn　　E-mail:zdcbs@mail.sysu.edu.cn
印　刷　者：广州市友盛彩印有限公司
规　　格：787mm×1092mm　1/16　19印张　360千字
版次印次：2011年7月第1版　2016年7月第2版　2023年7月第10次印刷
印　　数：16501～17500册
定　　价：39.80元

如发现本书因印装质量影响阅读，请与出版社发行部联系调换

"会展管理核心课程创新系列教材"编委会

顾问：马 勇
主编：张河清　张玉明
编委：（按姓氏拼音为序）
　　　陈　玲　　陈　辉　　方　东　　胡　林　　姜　倩
　　　李　星　　彭思量　　茹虹玮　　唐文林　　吴开军
　　　邬国梅　　袁亚忠　　于　丹　　曾玲芝　　张河清
　　　张颖华　　张玉明

内 容 简 介

本教材是在2011年7月（第一版）基础上的修订版。主要由会展与旅游的关系切入，根据国内外有关会展旅游的最新成果，并在参阅同类教材的基础上编写而成，对会展行业的最新理论及其发展案例进行了系统、深入的分析，总结和归纳了会展旅游的发展态势。全书共分11章，包括会展与会展旅游概述、会议旅游、展览旅游、节事旅游、会展旅游管理、会展旅游消费者行为研究、会展旅游产业集群、会展旅游竞争力、会展旅游目的地形象策划与品牌管理、会展旅游的综合效应和会展旅游的国际比较。书后还有两个附录，分别是国际主要会展旅游目的地名录、我国会展城市及其主要旅游景点。

同以往出版的有关会展旅游的教材相比，这本教材有以下几个鲜明特点：

第一，务实创新。本教材从高校开设会展专业的实际出发，遵循教材编排的一般规律，同时十分注重将最新的科研成果贯穿于教材始终，使之既符合教材体例，又能反映会展旅游的国内外最新发展动态，是适应教学和研究两者高度结合的一次有益尝试。本教材始终坚持理论与应用相结合的思路，在教材体系设计的过程中，充分吸收了理论研究者和会展业界专家的建议，大大提高了教材的实用价值。

第二，动态开放。本教材的学习目标、案例分析和复习思考等环节的设计和写作充分考虑了会展行业的最新发展态势，不拘泥于现有的固定思维模式，着重以发展的眼光、动态的思维来组织教材内容，使之具有明显的动态开放特点。

第三，国际接轨。教材体系的设计编排和内容安排，充分借鉴了国外多所发达国家高校会展管理方面的著名课程体系，并根据我国教学实践的需要，做了适当的梳理和消化，使本教材能够直接同国际最新教材体系接轨。

丛书主编简介

张河清，男，湖南新宁人。现任广州大学旅游学院（中法旅游学院）院长，管理学教授、博士，先后入选教育部"新世纪优秀人才支持计划"、广东省"千百十"人才工程省级培养对象、广州市"羊城学者"中青年学术带头人；主要从事区域旅游经济、城市发展与会展旅游、旅游营销管理等教学与研究工作。

主要社会和学术兼职有："教育部高等学校旅游管理类专业教学指导委员会"委员，"广东省本科院校旅游管理类专业教学指导委员会"副主任，中国自然资源学会资源工程专业委员会副主任，中国人类学民族学会民族旅游专业委员会副主任，国家自然科学基金、社科基金、教育部社科规划项目通讯评审专家，广东省财政厅、省旅游局旅游发展专家团成员，旅游规划咨询评审专家，广东省首批旅游A级景区评定委员；先后被湛江市、梅州市、清远市、韶关市、惠州市、江门市等十多个市（县）聘为旅游发展高级顾问。

曾先后担任湘潭大学党委办公室副主任，湘潭大学旅游管理学院党委书记，湖南省人文社科重点研究基地"红色旅游研究基地"首席专家，广东财经大学（原广东商学院）旅游学院院长等职。

迄今为止，已主持国家自然科学基金项目2项、国家社科基金项目1项、部省级科研课题9项；主持完成30多项地方政府和旅游企事业单位委托的旅游规划与策划横向课题研究工作；在《旅游学刊》《经济地理》等国内外学术期刊发表论文100余篇，出版著作6部。曾获国家旅游局优秀学术成果奖1项、省级优秀教学成果奖1项、其他教学科研奖励20多项。

张玉明，广东揭阳人。营销学教授、硕士生导师。历任南昌大学经济与管理学院副院长、侨联主席，广东商学院旅游与环境学院副院长、校务委员、会展研究中心主任、会展管理专业负责人等。现任广东外语外贸大学南国商学院国际工商管理学院院长、企业创新与发展研究中心主任、会展管理专业负责人。主要研究方向为工商管理和会展管理。

主要学术兼职：中国会展经济研究会会员、中国国际贸易学会会议与展览专业委员会理事、全国国际商务会展管理培训认证考试专家委员会专家、会展管理高级策划师、广东省商业经济学会理事等。

迄今为止，主持或参与完成国家级、省厅级等课题30余项，协助主持世行课题1项；出版专著和教材5部，发表论文70余篇，其中会展方面的课题18项、论文40余篇、教材3部。科研成果获省级社会科学优秀成果二等奖3项、中国会展经济研究会科研成果一等奖1项、二等奖2项，其他奖多项。主讲多门会展课程，连续多年获课堂教学质量优秀奖。

总　　序

我们这套会展管理系列教材是与 2010 年第一届会展经济与管理专业本科生的毕业论文撰写同步启动。在目前我国会展教材总量并不算少的情况下，我们依然反复酝酿并长期准备，是因为有一个无法放弃、无法割舍的既定目标。这个目标就是：吸收目前已有的所有会展教材（包括本土教材与引进版教材）和会展研究成果的精华，结合我国会展实业和会展教育的发展情况，立足会展专业本科层次的人才培养，兼顾会展专业专科层次的人才培养和会展业从业人员的自学与深造，选择得到公认的主干课程（第一批 10 种），集会展管理专业教师团队多年的实践教学经验和研究成果，集会展管理专业教师的智慧和心血，打造我国会展专业适用、好用的教材，为会展专业人才的培养和培训贡献我们的绵薄之力。

首先，我们力图实现主干课程之间教学内容的科学分割。目前，我国已经出版的会展教材在不同课程内容上的多处重复是一个令人非常头疼和棘手的问题。对此，本系列教材编著单位进行了多次研讨和认真梳理，提出了各种内容调整方案。例如，将"会展经济学"更名为"会展产业经济"：以产业经济的分析和研究为课程的主干，适当结合微观经济学、城市经济学、地理经济学、信息经济学等课程的相关理论，对会展经济进行阐述；严格地从经济学的角度提出问题、分析问题并解决问题，避免与会展概论、会展导论、会展管理、会展营销等课程冲突与重复。再如，《会展企业管理》教材借鉴了管理学和企业管理等课程的相关理论，从企业的角度来探讨会展的经营管理，内容新颖，对会展企业管理的理论和实务进行了全面系统的阐述，其内容涵盖战略管理、组织与制度管理、项目管理、营销与策划管理、客户关系管理、信息管理、财务管理、危机管理、人力资源管理、企业文化等方面，填补了目前《会展企业管理》教材的空白。

其次，我们力图达到单门课程内容体系的科学完整。具体要求是：每一位编著者必须跳出按实际操作来安排教材章节和内容的窠臼,每门课程都要追溯到有紧密联系、可以为我所用和必须为我所用的理论源头,并将其与新兴的会展产业结合,完整构建各门课程的理论体系、应用框架和操作程序,使课程既有理论又有操作,用理论指导实践,从而实现与职业教育专业教材以操作为主的特点严格区别开来,使之更适合本、专科层次的人才培养,也有利于其他层次教育和培训的提升。例如,《会展服务管理》教材的内容体系是:前五章以会展服务的实务与操作为主,后五章以会展服务管理的理论与方法为主。该书的理论与方法部分主要包括会展服务管理的基本理论与常用方法、会展服务需求预测、会展服务流程设计、会展服务质量管理、会展服务人员管理(包括会展实习生、见习生、志愿者等外部服务人员的管理),使得该书的内容体系更加科学和完整,很多内容都是首次在同类教材中出现。

再次,我们力图实现教材的内容体系与国际接轨并体现中国特色,同时达到一定的理论深度。我们要求编著者充分参考发达国家会展管理方面的课程体系设计和相同课程的内容选择,并根据我国教学实践的需要,适当地进行梳理和消化,使教材能够与国际最新教材体系接轨。例如,《会展旅游》教材就是在充分借鉴国内外同类教材的基础上完成的。该教材从我国高校开设会展专业的实际出发,遵循教材编排的一般规律,注重将最新的科研成果贯穿始终,使之既符合教材体例,又能反映会展旅游的国内外最新发展动态,具有很强的时效性和科学性。会展旅游消费者行为、会展旅游产业集群、会展旅游核心竞争力评价、会展旅游目的地形象策划与品牌管理等内容都是首次在《会展旅游》教材中出现,具有明显的创新特色和一定的理论深度。

最后,我们力图实现讲授和自学的好读好懂、好用适用。教材的每章在正文之前配以学习目标,进行导学和提示;在正文当中穿插小案例、图表、小链接,帮助学生理解和分析;在正文之后增加小结、关键词和复习思考题,便于学生回顾和记忆;最后配以综合案例和案例讨论题。本套丛书每种教材的谋篇布局环环相扣、逻辑严密、层次清晰,追踪前沿、解剖案例、传授技巧,教习结合、学练叠成。全套教材可作为会展专业本、专科生的专业教材,也可供会展从业人员培训使用和对会展有兴趣的各界人员自学使用。

总之,实现主干课程之间教学内容的科学分割、单门课程内容体系的科学完整、内容体系与国际接轨并体现中国特色、达到一定的理论深度、好读好懂、好用适用,是本套教材编写人员和出版单位共同的追求和期望。

本套教材将是会展专业教师们多年研究心得的总汇及多年教学经验的集

成；同时，还包括老师们来不及发表的成果和在研的问题及课题。我们真诚地期待更多的良师益友参与探索，对本套教材的不足之处提出批评和指导意见。

"会展管理核心课程创新系列教材"编委会

顾问：马　勇　教授

教育部高等学校旅游管理教学指导委员会副主任

2015 年 7 月

目 录

第一章　会展与会展旅游概述 (1)

学习目标 (1)
第一节　会展与会展旅游 (1)
　一、会展的概念 (1)
　二、会展旅游的概念 (1)
　三、会展业、旅游业、会展旅游之间的关系 (4)
第二节　会展旅游的特征和意义 (6)
　一、会展旅游的特征 (6)
　二、会展旅游的意义 (11)
第三节　会展旅游的发展历史和发展趋势 (13)
　一、会展旅游的发展历史 (13)
　二、会展旅游的发展趋势 (15)
本章小结 (20)
本章关键词 (21)
复习思考题 (21)
综合案例 (21)

第二章　会议旅游 (26)

学习目标 (26)
第一节　会议旅游的概念、特点和类型 (26)
　一、会议旅游的概念 (26)
　二、会议旅游的特点 (29)
　三、会议旅游的类型 (36)
第二节　会议旅游的运作条件分析 (38)
　一、会议旅游运作的宏观条件 (38)
　二、会议旅游运作的微观条件 (39)

第三节　会议旅游的运作与管理 ………………………………………… (43)
　　　　一、国际会议旅游的工作流程 …………………………………………… (43)
　　　　二、会议旅游活动的管理 ………………………………………………… (46)
　　本章小结 ……………………………………………………………………… (49)
　　本章关键词 …………………………………………………………………… (50)
　　复习思考题 …………………………………………………………………… (50)
　　综合案例 ……………………………………………………………………… (50)

第三章　展览旅游 ………………………………………………………………… (54)
　　学习目标 ……………………………………………………………………… (54)
　　第一节　展览旅游的概念、特点和参与主体 …………………………… (54)
　　　　一、展览旅游的概念 ……………………………………………………… (54)
　　　　二、展览旅游的特点 ……………………………………………………… (56)
　　　　三、展览旅游的参与主体 ………………………………………………… (60)
　　第二节　展览旅游的发展条件 ……………………………………………… (66)
　　　　一、展览旅游的经济条件 ………………………………………………… (67)
　　　　二、展览旅游的资源条件 ………………………………………………… (68)
　　　　三、展览旅游的区位条件 ………………………………………………… (69)
　　　　四、展览旅游的文化条件 ………………………………………………… (70)
　　　　五、展览旅游的政策条件 ………………………………………………… (70)
　　第三节　展览旅游的运作与管理 …………………………………………… (71)
　　　　一、展览旅游的运作模式 ………………………………………………… (71)
　　　　二、展览旅游的产品管理 ………………………………………………… (75)
　　　　三、展览旅游的营销管理 ………………………………………………… (77)
　　　　四、展览旅游的品牌管理 ………………………………………………… (79)
　　本章小结 ……………………………………………………………………… (80)
　　本章关键词 …………………………………………………………………… (81)
　　复习思考题 …………………………………………………………………… (81)
　　综合案例 ……………………………………………………………………… (81)

第四章　节事旅游 ………………………………………………………………… (85)
　　学习目标 ……………………………………………………………………… (85)
　　第一节　节事旅游的概念、特点和类型 ………………………………… (85)
　　　　一、节事旅游的概念 ……………………………………………………… (85)

二、节事旅游的特点 ……………………………………………… (86)
　　三、节事旅游的类型 ……………………………………………… (88)
　第二节　节事旅游的形成条件 ………………………………………… (90)
　　一、节事旅游形成的资源条件 …………………………………… (90)
　　二、节事旅游形成的市场条件 …………………………………… (91)
　　三、节事旅游形成的保障条件 …………………………………… (91)
　第三节　节事旅游的运作与管理 ……………………………………… (92)
　　一、节事旅游的运作流程 ………………………………………… (92)
　　二、节事旅游的关系管理 ………………………………………… (102)
　　三、节事旅游的信息管理 ………………………………………… (102)
　　四、节事旅游的交通管理 ………………………………………… (103)
　　五、节事旅游的安全管理 ………………………………………… (103)
　　六、节事旅游的投诉管理 ………………………………………… (106)
　　七、节事旅游的志愿者管理 ……………………………………… (106)
　本章小结 ………………………………………………………………… (107)
　本章关键词 ……………………………………………………………… (107)
　复习思考题 ……………………………………………………………… (107)
　综合案例 ………………………………………………………………… (107)

第五章　会展旅游管理 …………………………………………………… (111)
　学习目标 ………………………………………………………………… (111)
　第一节　会展旅游政府管理 …………………………………………… (111)
　　一、政府主导 ……………………………………………………… (112)
　　二、政府调控 ……………………………………………………… (117)
　第二节　会展旅游行业管理 …………………………………………… (119)
　　一、行业协会概述 ………………………………………………… (119)
　　二、国际会展旅游行业协会管理 ………………………………… (121)
　第三节　会展旅游危机管理 …………………………………………… (127)
　　一、会展旅游危机概述 …………………………………………… (127)
　　二、会展旅游危机管理理论 ……………………………………… (130)
　　三、会展旅游危机管理措施 ……………………………………… (131)
　本章小结 ………………………………………………………………… (135)
　本章关键词 ……………………………………………………………… (135)
　复习思考题 ……………………………………………………………… (136)

综合案例 …………………………………………………………… (136)

第六章　会展旅游消费者行为研究 …………………………………… (139)

　　学习目标 …………………………………………………………… (139)
　　第一节　会展旅游消费者心理 …………………………………… (139)
　　　　一、参展商心理 ………………………………………………… (139)
　　　　二、观众心理 …………………………………………………… (141)
　　第二节　会展旅游消费构成 ……………………………………… (143)
　　　　一、出游频率 …………………………………………………… (143)
　　　　二、旅游消费项目 ……………………………………………… (144)
　　　　三、乘坐的长途交通工具 ……………………………………… (144)
　　　　四、对餐饮设施的选择 ………………………………………… (144)
　　　　五、停留情况 …………………………………………………… (145)
　　　　六、观光、娱乐与购物的潜在消费需求 ……………………… (145)
　　第三节　会展旅游消费趋势 ……………………………………… (146)
　　　　一、综合性需求日益增多 ……………………………………… (146)
　　　　二、个性化、专业化需求受到青睐 …………………………… (146)
　　　　三、向主动、积极参与的需求发展 …………………………… (147)
　　　　四、旅游自费部分比例增加 …………………………………… (147)
　　　　五、消费行为更加受媒体宣传影响 …………………………… (147)
　　本章小结 …………………………………………………………… (148)
　　本章关键词 ………………………………………………………… (148)
　　复习思考题 ………………………………………………………… (148)
　　综合案例 …………………………………………………………… (149)

第七章　会展旅游产业集群 …………………………………………… (152)

　　学习目标 …………………………………………………………… (152)
　　第一节　会展旅游产业集群的特征描述 ………………………… (152)
　　　　一、会展旅游产业集群的基本内涵 …………………………… (152)
　　　　二、会展旅游集群的基本特征 ………………………………… (153)
　　第二节　会展旅游的纵向一体化与横向协作 …………………… (155)
　　　　一、会展旅游的纵向一体化 …………………………………… (156)
　　　　二、会展旅游的横向协作 ……………………………………… (162)
　　第三节　打造会展旅游产业集群 ………………………………… (166)

一、宏观层面 …………………………………………………… (166)
　　二、中观层面 …………………………………………………… (168)
　　三、微观层面 …………………………………………………… (169)
　本章小结 ………………………………………………………… (170)
　本章关键词 ……………………………………………………… (171)
　复习思考题 ……………………………………………………… (171)
　综合案例 ………………………………………………………… (171)

第八章　会展旅游竞争力 …………………………………………… (173)

　学习目标 ………………………………………………………… (173)
　第一节　会展旅游竞争力综述 ………………………………… (173)
　　一、会展旅游竞争力的界定 …………………………………… (173)
　　二、我国会展旅游竞争力现状 ………………………………… (174)
　　三、会展旅游竞争力的影响因素 ……………………………… (175)
　第二节　会展旅游竞争力评价方法 …………………………… (177)
　　一、运用层次分析法对会展旅游竞争力进行评价 …………… (177)
　　二、运用因子分析法对会展旅游竞争力进行评价 …………… (181)
　第三节　培育会展旅游竞争力的途径 ………………………… (184)
　　一、构建会展旅游产业链中的战略联盟 ……………………… (184)
　　二、会展旅游产业链中的品牌塑造 …………………………… (185)
　本章小结 ………………………………………………………… (187)
　本章关键词 ……………………………………………………… (187)
　复习思考题 ……………………………………………………… (187)
　综合案例 ………………………………………………………… (187)

第九章　会展旅游目的地形象策划与品牌管理 …………………… (190)

　学习目标 ………………………………………………………… (190)
　第一节　会展旅游目的地形象策划 …………………………… (190)
　　一、会展旅游目的地形象相关概念界定 ……………………… (190)
　　二、会展旅游目的地形象研究的意义 ………………………… (192)
　　三、会展旅游目的地形象设计的内容 ………………………… (194)
　　四、会展旅游目的地形象策划方法 …………………………… (195)
　第二节　会展旅游目的地品牌效应与品牌维护 ……………… (206)
　　一、相关概念连接 ……………………………………………… (206)

二、会展旅游目的地品牌效应 ································ (209)
　　三、会展旅游目的地品牌的维护 ····························· (211)
　第三节　会展旅游目的地形象传播 ······························· (214)
　　一、会展旅游目的地形象传播的重要性 ······················ (214)
　　二、会展旅游目的地形象传播的基础——受众分析 ··········· (215)
　　三、形象传播的主要渠道与一般策略 ························ (215)
　本章小结 ··· (220)
　本章关键词 ··· (221)
　复习思考题 ··· (221)
　综合案例 ··· (221)

第十章　会展旅游的综合效应 ······································ (225)

　学习目标 ··· (225)
　第一节　会展旅游的积极影响 ···································· (225)
　　一、带来巨大经济收益 ····································· (225)
　　二、带动相关产业发展 ····································· (226)
　　三、促成新型组织形式和组织结构 ·························· (226)
　　四、完善城建设施，改善城市环境 ·························· (227)
　　五、增加标志性建筑和旅游吸引物 ·························· (228)
　　六、提高城市知名度 ·· (228)
　　七、提升城市形象 ··· (228)
　第二节　会展旅游的负面影响 ···································· (231)
　　一、物价上涨 ·· (231)
　　二、设施利用率低 ··· (231)
　　三、基础设施转换难 ·· (232)
　　四、产生热岛效应 ··· (232)
　　五、降低游客体验 ··· (232)
　第三节　会展旅游的区域影响 ···································· (233)
　　一、会展旅游有利于区域国际化 ···························· (233)
　　二、会展旅游有利于区域现代化 ···························· (233)
　　三、会展旅游有利于资源整合 ······························ (234)
　本章小结 ··· (234)
　本章关键词 ··· (234)
　复习思考题 ··· (234)

综合案例 ……………………………………………………… (235)

第十一章 会展旅游的国际比较 ……………………………… (238)
　　学习目标 ……………………………………………………… (238)
　　第一节 国外会展旅游概况 …………………………………… (238)
　　　一、国际会展旅游概况 ……………………………………… (238)
　　　二、国际会展旅游发展趋势 ………………………………… (240)
　　　三、国外会展旅游发达国家发展概况 ……………………… (242)
　　第二节 国内会展旅游现状与展望 …………………………… (253)
　　　一、国内会展旅游的现状概述 ……………………………… (253)
　　　二、我国会展旅游发展的特点 ……………………………… (254)
　　　三、对我国会展旅游发展的展望 …………………………… (255)
　　第三节 国外会展旅游经验对我国的借鉴与启示 …………… (257)
　　　一、会展管理：政府管理和协会管理相结合 ……………… (258)
　　　二、会展营销 ………………………………………………… (259)
　　　三、会展服务 ………………………………………………… (260)
　　　四、会展教育 ………………………………………………… (262)
　　本章小结 ……………………………………………………… (262)
　　本章关键词 …………………………………………………… (263)
　　复习思考题 …………………………………………………… (263)
　　综合案例 ……………………………………………………… (263)

附录1 国际主要会展旅游目的地名录 ……………………… (266)

附录2 我国会展城市及其主要旅游景点 …………………… (276)

主要参考文献 ………………………………………………… (280)

后记 …………………………………………………………… (283)

第一章 会展与会展旅游概述

①掌握会展旅游的含义和组成；②认识会展旅游的特征和意义；③了解会展旅游的历史，把握会展旅游的未来趋势。

第一节 会展与会展旅游

一、会展的概念

会展是指会议、展览和节事活动的统称。目前，会展也一般指在一定地域空间，由许多人聚集在一起形成的，定期或不定期、制度或非制度的，传递和交流信息的群众性社会活动。主要包括三个部分：一是会展展销活动，诸如各种展会、博览会、交易会等；二是各种类型的国内外会议；三是体育竞技活动、文化活动、大型节事活动、民俗风情活动等。从会展包含的以上三方面内容可知，会展与人类社会的进步是密不可分的。人类社会文明进步越快，对物质交流、文化交流需求也越高，会展在人类生活中的地位也越重要。目前，世界性的大型国际会议、体育运动会、文化活动、展览会、交易会等越来越多，对人类社会的经济、文化、旅游活动的影响也越来越大。

二、会展旅游的概念

会展旅游，是近年来国际上兴起的一种新型的旅游行业，是一个新名词、新概念。由于它的新,人们对会展旅游还存在认识上的模糊性,对其所下的定义也没有达成共识。国际上把会展旅游定义为 MICE(即由 Meetings、Incentives、Conventions、Exhibitions 的首字母缩写而成),是指包括各类专业会议、展览会与博览会、奖励旅游、大型文化体育盛事等活动在内的综合性旅游活动,概括起来就是四个方面,即会议旅游、展览旅游、节事活动、奖励旅游。

(一) 会议旅游

会议旅游所指的会议,是人们有组织地聚集在一起进行交流信息、联络感情和制定决策的活动,这里不包括带有展示、交易或竞技性质的展览会、博览会、交易会和运动会。通俗地说,会议旅游就是指由各种类型会议派生的旅游。从旅游需求看,会议旅游是指特定群体到特定地方去参加各类会议活动,并附带有相关的参观、旅游及考察内容的一种旅游活动形式;从旅游供给看,会议旅游是指特定机构或企业以盈利为目的而组织参与各类会议的一种专项旅游产品。会议旅游具有以下特点:

(1) 团队规模大,人员花费多,经济效益高。参加会议的人员比一般的旅游者消费水平高,购物能力强,从而给会议接待者带来可观的经济收入。

(2) 旅游方式新,停留时间长。对于会议旅游者而言,会议旅游包括旅行的经历、新环境的体验、会议期间与他人的交流、享受各种会议服务和旅游接待服务等。参加会议的人员,既要参加会议,又要参观旅游,因此他们逗留的时间比一般旅游者长。

(3) 计划性强,季节影响小。会议旅游的安排取决于会议举行时间,一般不受气候和旅游季节的影响。

(4) 开展难度小,带动作用强。会议旅游可以扩大举办国的政治影响,可以提高会议所在城市的知名度,对举办会议城市的精神文明建设、市政建设、交通设施及环境保护等有积极的促进作用。

(二) 展览旅游

展览旅游是指为参与产品展示、信息交流和经贸洽谈等商务活动的专业人士和参观者而组织的一项专门的旅游和游览活动,包括面向特定群体、规模严格限制的专业展览和面向社会公众、力求最大社会影响的公众展览。相对于会议来说,展览要求的是聚人气、讲规模、重品牌,举办地要有强大的经济实力、良好的基础设施、优越的商业环境、浓郁的文化氛围、便利的通讯和交通。

对于展览旅游的需求者来说,展览旅游包括了参与同展览相关的活动以及除参展、观展以外进行的其他旅游活动,如城市观光、风景游览、购物娱乐等;对于展览旅游的供应者来说,展览旅游就是为观展人员提供与展览相关的服务,以及除展览外的吃、住、行、游、购、娱等旅游服务。

(三) 节事旅游

"节事"是"节日和特殊事件"的简称。节事旅游是指具有特定主题、规模不一、在特定时间和特定区域内定期或不定期举办的、能吸引区域内大量游客参与的集会活动。节事活动作为旅游吸引物往往具有很强的参与性、娱乐性和综合性,力求为旅游者营造一种不同于日常生活的环境和氛围,从而带给节事旅游者多类别、多层次、多方式的旅游体验。

与传统旅游相比,节事活动吸引旅游者为某一目的(如观看体育盛会)在短时间内从世界或区域范围聚集到旅游目的地,具有旅游团体规模大、停留时间长、消费水平高等特点。节事活动使举办活动的城市或旅游地区旅游资源的综合利用率提高,具有强大的产业联动效应。节事活动能汇聚更大的客源流、信息流、技术流、商品流和人才流,对一个城市或地区的国民经济和社会进步产生难以估量的影响和催化作用。因此,节事旅游作为旅游的一种特殊形态,近年来受到了高度重视。如今,各国各类大型节事旅游活动日益成为区域旅游发展中的重要吸引因素。

(四) 奖励旅游

不同机构和不同研究人员根据对奖励旅游的不同认识与理解,从不同角度对奖励旅游现象给出了不同解释。我们在总结这些不同解释的基础上,将奖励旅游定义为:基于工作业绩而对优秀职员及利益相关者进行奖励,给予免费外出旅游。奖励旅游实际上是一种现代管理手段。

通过对国际上会展旅游所包含的内容进行分类阐述和概念界定,我们可以看出,会展旅游并不是会展和旅游的简单加总,会展旅游与旅游也不是独立的两类旅游形式,会展旅游包含在旅游之中,它是以会展业和旅游业的有效互动为基础,以会议和展览为主要吸引物,以城市为支撑,以旅游资源为依托,吸引参展商、专业观众及与会人员前往会展举办地通过"吃、住、行、游、购、娱"六大要素带动相关产业发展,并获取一定收益,同时满足旅游者需求的一种综合性旅游产业。本书把会展旅游定义为:会展旅游是指由会展而产生的一类旅游。之所以给出此定义是基于:①定义没有直接涉及旅游的主体、客体、媒体,符合旅游基础理论对会展旅游概念的要求。②定义阐明了会展在旅游发生过程中的地位。③关于会展自身是否具有旅游资源的属性不做限定。

④强调旅游微观上的分散性和宏观上的完整性。它并不特指具体的游客,因为在会展旅游持续的整个过程一定长于会展本身的时间。

本书侧重从会议旅游、展览旅游、节事旅游三方面对会展旅游进行阐述。

三、会展业、旅游业、会展旅游之间的关系

(一)会展业对旅游业的促进作用

会展本身具有行业性、产业性以及组办规模大等特点,这势必将吸引政府、民间组织的会展团和参观团,以及旅行社组织的观光团队。会展由于会议规格高,参会人员均是有较强消费能力的商务客人、较高文化素质的客人,其消费档次、规模均比普通旅游者要高得多。一个大型或知名展会的举行,对本地旅游业中的酒店、旅行社、景区、旅游交通、购物均会产生较大的促进带动作用。同时,对于一般旅游团队或旅游者来说,若在旅游过程中恰逢举办会展,则会因会展所带来的浓厚气氛而使其旅游情趣大增。

会展旅游还具有时段不受气候和季节影响的特征,从而消除了观光旅游时段性明显的缺点。会展活动大多数安排在城市的旅游淡季,会展旅游的发展有利于提高城市旅游设施和服务的使用率。会展为会展举办地城市提供了一次旅游资源、旅游产品展示的良机,有利于带动会展举办地城市功能的提升、增加会展举办地城市的知名度,这些都为旅游业的进一步发展提供了有利的环境。

(二)旅游业对会展业的辅助作用

无论从会展业的发展历史沿革,还是从会展的具体活动内容来看,旅游业所涉及的六大要素都与会展的举办形影相随。会展的构成要素及圆满完成展会所需的服务正是旅游业在发展过程中积累的优势。在会展旅游的发展过程中,旅游业为会展的举办提供相应服务,协助会展树立品牌,成为会展旅游集约型发展趋向中的关键因素。会展的成功举办除了参会者的规模或专业性等因素之外,一定程度上还有赖于旅游业的参与程度。会展公司主要负责展会的招募、宣传、布展和会场内的组织管理工作,旅游企业则向参展商或参观者提供场外的"六要素"服务,各司其职,各取所长,通过专业化的服务令参展商、参观者和当地居民感到满意,从而吸引更多的参与者,获得更多的、持久的支持,最终树立起展会的品牌,使会展的带动作用得以充分发挥,最终形成以会展带动旅游、以旅游完善会展的局面。表1-1给出了长江三角洲(以下简称"长三角")主要会展城市的旅游资源状况。

表 1-1 长三角主要会展城市的旅游资源状况

城市项目	杭州	上海	南京	宁波
世界遗产	2	0	1	1
国家级风景名胜区	2	0	1	1
4A级旅游景区	17	35	8	19
5A级旅游景区	3	3	2	1
国家级自然保护区	2	2	0	0
国家级森林公园	5	3	1	2
国家重点文物保护单位	38	29	49	32

数据来源：根据中华人民共和国国家旅游局、中国旅游网数据整理所得。

旅游业是会展业发展的必要条件，会展促进旅游，旅游辅助会展，会展和旅游之间是互惠互利的对接关系（如图1-1）。

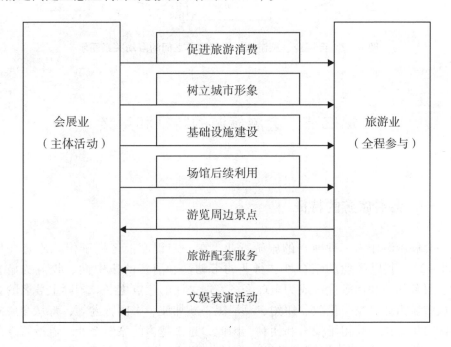

图1-1 会展业与旅游业的对接关系

(三) 会展业、旅游业、会展旅游之间的互动关系

会展业、旅游业以及会展旅游之间有着良性的促进循环关系，会展旅游的发展，离不开会展业和旅游业的互动。会展业发展的基础是成熟的旅游业，而会展旅游基于会展业的发展，并通过会展业进一步促进旅游业的发展。也就是说基于产业基础发展起来的会展业转化为会展旅游来促进旅游业的发展，旅游市场的建立和营销反过来促进会展业的发展，从而带来更多的访客和旅游者（如图1-2）。

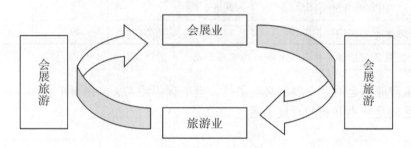

图1-2 会展业、旅游业、会展旅游之间的互动关系图示

第二节 会展旅游的特征和意义

一、会展旅游的特征

会展旅游作为一种新兴的旅游行业，在一定程度上区别于传统旅游（见表1-2），其以产业的结合性、行业的带动性、消费的集中性、收益的显著性、服务的关联性等优势成为全球经济发展关注的焦点之一。国际上著名的会展旅游城市如巴黎、伦敦、纽约、慕尼黑、新加坡、中国香港等，都从会展旅游的市场运作中获得了荣誉和便利。因此，越来越多的旅游企业、旅游管理部门以及旅游院校和相关的科研机构都在积极寻求旅游业与会展业的结合点，研究会展旅游市场的规律和特点，探索会展旅游市场的开发与管理模式。

表1-2 会展旅游与传统旅游的区别

	传统旅游	会展旅游
区域	不限	会展活动举办地
吸引物	不限	会展活动必须是吸引物之一
参与主体	一般旅游者	与会者、参展者和参观者,其中参观者中包括了专业观展者以及观展旅游者(即一般旅游者)
受益者	旅游地、旅游企业	会展活动举办地、会展企业、旅游企业

在一些经济发展势头良好、旅游资源丰富、基础设施完善的城市和地区,会展旅游已成为支柱产业,成为提升城市和地区形象的一个新的促销手段。会展旅游具有以下特点。

(一) 组团规模大

会展所具有的行业引发性,使其吸引了为数众多的参加者和观众。参加会展活动的人数往往要比旅行社通过日常的招徕方式组成的旅游团队规模大。1970年大阪世界博览会吸引游客6420万人,创造了发达国家举办世界博览会的最高纪录;2000年汉诺威世界博览会吸引游客1800万人;2008年8月8日至24日北京奥运会期间,北京市累计接待中外游客652万人次;2011年,西安世界园艺博览会游客接待量突破1500万人次,刷新了历届世园会入园总人数纪录。

小案例1-1

国家会展中心开馆人气"爆棚" 第二展改善细节应对20万人流

2014年10月19日,全球最大会展综合体——国家会展中心(上海)投入试运营。率先投入试运营的是被喻为"四叶草"的国家会展中心(上海)北片区的两片"叶子"里的1~4号馆,而在此的首个展会是展出规模达到10万平方米的"中国国际汽车商品交易会(CIAPE)",除了参展商和专业观众人数可观外,更吸引了大批上海市民从全市各地赶到青浦区徐泾镇来瞧新馆、看新车,首次对公众开放的国家会展中心俨然成了一座巨大的旅游景点。

从早上9点开馆起,潮水般的观众就从四面八方涌来,一直到中午12点前后,北入口大厅和4号馆外的临时观众登记处都排着长队,现场围起了铁栅

栏,安保人员每隔一段时间放50～60位观众进场办理登记手续。据上海市交通委预测,在昨天开始的首次试运营期间,观展客流约5万人次/日,离场高峰客流约2万人次/小时。首日,展会组委会公布观展客流数,已超9万人次,比预计多出约4万人次。

为了确保试运营顺利成功,国家会展中心(上海)试运营期间的相关交通保障方案也正式出炉。上海市交通委表示,目前场馆内部配套设施和外围交通配套设施尚未全部到位,为扎实做好会展交通保障工作,重点依托公共交通体系,以会展日均客流规模3万～10万、10万、10万人次以上三个层级,实行交通保障分级管理,引导会展客流选择轨道交通、公交、大客车等集约化交通出行的比重达75%以上。

继首展迎来13万人次的观众后,国家会展中心面对第二场"考试"。首届"上海时尚生活消费展"今天在"四叶草"开幕,主办方预计,为期5日的展会将吸引上海及周边地区的20万人次观众,周末更将迎来客流高峰。从新设休息区、增加指路标示、全场覆盖免费WiFi到提升安保措施,"四叶草"的"临考"表现愈发从容。

(资料来源:http://news.hexun.com/2014-10-20/169485375.html,和讯新闻网,2014年)

(二) 消费档次高

参展参会人员与一般旅游者不同,他们参加展会过程中的花费通常由政府或公司承担,属于公务消费,因此他们对价格不太敏感,而是更注重服务质量、水平、特色等方面因素。此外,作为商务出行者,他们的吃、住、行、游、购、娱在一定程度上能显出所在单位和政府的实力,单位和政府也希望通过代表者的活动来树立在同行中的形象,加强在客户心目中的印象,因此会展旅游者消费与一般休闲旅游者消费相比,呈现出消费档次高、消费能力强、要求高等特点。特别是在购物方面表现出超乎寻常的购买力,给会展举办地带来可观的经济收入。据统计，会展旅游的人均消费是一般游客的3～5倍。世界上权威国际会议组织——国际大会及会议协会（ICCA）的统计结果显示，每年全世界举办的参加国超过4个、参会外宾人数超过50人的各种国际会议总开销超过2800亿美元。我国国家旅游局公布的海外旅游者抽样调查报告显示，在各种旅游消费中，会议旅游的人均消费最高，达156.64美元。

（三）停留时间长

会展旅游的时间安排取决于会展活动的举办时间，一般持续时间比较长，这就决定了会展旅游者的停留时间比普通旅游者要长，平均停留天数为4～6天，是普通旅游者停留时间的2～3倍。会展参加者常常忙于紧张的公务交往，持续繁忙的工作不仅仅使其在身体方面感觉到累，更重要的是会造成心理和精神上的压力，因此他们迫切希望寻找一个适合休闲、放松身心的地方和方式，展会就近的旅游景点就成为他们的首选。对于外地代表，他们更是希望能到当地具有代表性的旅游景点进行参观，满足他们不枉此行的心愿。这就为旅行社和旅游景区进行市场开发提供了良好的机会。

（四）季节性弱

会展是参展企业借以展示自身形象、推销产品和了解市场信息的有效途径之一，只要能够展示企业形象、推销自身产品和获取有效信息，参展商就会出席展会，而办展商只要了解到有办展的市场需求，也会积极办展。因此，会展旅游在供需两方面、在时间上都不受季节性限制。为了便于会展的举办，会展往往在淡季举行。这对于地方旅游业而言，无疑可以增加淡季旅游产品的销售量，提高企业整体的经济效益。

（五）经济带动作用强

会展旅游涉及行业多，有会展、旅游、酒店、旅行社、房地产、交通、物流等，可推动举办地城市的可持续发展规划与建设，其对举办地城市的经济贡献极其显著。香港展览会议协会2013年发布的年报显示，环球经济虽仍有不明朗因素，但香港展览业依然兴旺，旅游收入与会展访问人数均见上升（见表1-3），再次肯定了香港作为"亚洲展览之都"的地位。此外，由于国际性会议和展览吸引的海外客商不仅数量大，而且消费档次高，比普通旅游所得的外汇收入多。例如，每年在广州举办的"中国进出口商品交易会"（简称"广交会"）每届可吸引来自170多个国家的客商，为广州地区带来了巨额的外汇收入。

表1-3　2007—2013年香港旅游收入以当时价格计算的增加价值

年份	会展访问人数（人次）	旅游收入（百万港元）	年份	会展访问人数（人次）	旅游收入（百万港元）
2002	2794383	34200	2008	4935138	44700
2003	3363180	27500	2009	5030300	51000
2004	3591028	36900	2010	5880300	74600
2005	4820212	42700	2011	6339400	86200
2006	5274738	45300	2012	6537700	94600
2007	5486138	52300	2013	6549100	—

资料来源：根据香港特别行政区政府统计处以及香港展览会议协会网站公布数据测算整理所得。

（六）主题专业性强

会展活动虽然涉及政治、经济、文化、科技、教育、卫生、军事等社会各个方面和各个领域，但总是要在一定的时间和空间范围举办，一次会展活动的内容也绝不是杂乱无章，而是有一定的主题，呈现出专业性。从会展旅游依托的资源与环境、资源市场规模与范围、产品经营与管理等方面来看，这类产品不同于一般的普通观光旅游产品和度假休闲产品，其专业性很强。

小案例1-2

以会展业"反哺"商务旅游

为形成会展与商务旅游的互动，义乌市旅游局详细编制了《义乌市旅游宣传促销工作计划》，市财政每年安排150万元旅游促销专项资金，用于义乌市的商务旅游形象包装、宣传促销及商务旅游奖励。近年来，义博会先后随浙江省旅游局、金华市旅游局或单独对上海、江苏、河南、河北、北京、云南、江西、香港等旅游客源市场大张旗鼓地进行促销。在此基础上，义乌市旅游局先后邀请全国各地数十批大型旅行社来义乌进行踩线考察，接待了来自日本、韩国、新加坡、马来西亚等国家的旅行考察商来义乌体验商务旅游，广泛听取意见和建议，与他们共商义乌会展与商务旅游大计。

为使国内外商旅人士与游客更多、更全面地了解义乌，义乌每年都精印精制《义乌商务旅游图》等宣传品数十万份。同时在中央电视台、浙江电视台、《浙江日报》以及全国各种旅游类主要报纸上全方位宣传推介义乌旅游形象。经过短短几年的努力，会展旅游与商务旅游已成为义乌社会经济发展的一大亮点，每年到义乌来的旅游的人数大幅增长，境外游客数量也不断增加（如图1-3）。

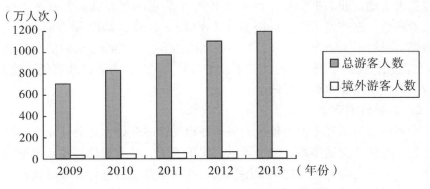

图1-3　2009—2013年义乌商务旅游人数情况

资料来源：根据相关年份的《义乌市国民经济和社会发展统计公报》整理所得。

二、会展旅游的意义

（一）经济意义

会展旅游不仅是一门系统工程、综合经济，它还是一门特殊的服务行业，与相关的行业（包括展览营销、展览工程、广告宣传、运输报关、商旅餐饮、通讯交通、城市建设等）关系密切，涉及面广，所以被称为"城市的面包"。经济学家认为会展旅游是国民经济的"助推器"，其产业带动系数为1∶9，即展览场馆收入为1，其他相关收入为9。会展旅游不仅能给自身带来可观的经济收入，还能刺激区域餐饮、住宿、交通、通讯、零售、物流等多个行业的发展，使区域产业结构得以调整，使城市产业结构得以优化，最终加速城市区域经济的发展。2012年北京市会展业收入达到251亿元，其中，会展举办单位和会展服务单位实现的会展收入138亿元；会议业收入42.3亿元。

（二）社会意义

1. 促进就业

旅游业是世界上最大的就业创造者，全世界每20秒就可创造出一个新的就业机会。举办大量会展不仅可以增加大量暂时的就业机会，而且当会展旅游形成产业，形成有一定规模的经济之后，更能以新增的企业与组织而增加长期的就业机会。如大规模的参会者会相应地增加对导游、翻译、会展服务和接待服务人员以及有相关专业知识的人才的需求，并且由于会展旅游的行业关联性强，其他诸如建筑业、交通运输业等行业也需要大量的人力资源的投入，从而可以扩大劳动就业。据测算，每增加1000平方米的展览面积，就可创造近百个就业机会。据香港展览会议协会（HKECIA）统计，2012年香港共举办145个展览，吸引了1726693名来自世界各地的访客，为香港带动的消费开支高达408亿港元，相当于香港本地生产总值的2%。同时，为香港政府创造近14亿税收，提供了约69600个等同全职职位。

2. 改善城市环境

会展旅游的发展不但会促进会展举办地场馆的建设，还会促使当地政府和企业加强对公共交通体系、星级酒店、娱乐场所、城市绿化、基础设施等方面的建设，同时还会完善周边的旅游景点，并对这些项目进行有效的整合，从而改善城市居民生活环境。例如，义博会对义乌市城市功能完善、环境优化的积极作用日益彰显。通过义博会的连续举办，义乌市城市软硬件设施建设得到加强。义乌市旅游业发展的目标是：到2020年义乌市将建设成为交通发达、功能完善、环境优美、服务一流的国际购物天堂。

3. 提升城市形象

城市是会展旅游的载体。开展会展旅游需要有良好的城市形象，完善的城市功能，优越的交通环境，大型的会展设施及公共服务设施，以及丰富多彩的城市景观及旅游接待设施，等等。这必将促进政府增加城市建设的投入，重视城市形象的塑造，从而形成会展旅游品牌，提高城市在国内、国际的地位，扩大举办国的政治、经济影响，提高举办地城市的知名度，提升都市旅游的形象。

（三）文化意义

1. 丰富居民文化生活

富有地方与民族特色的会展城市文化，具有积极的扩张力和强大的吸引力，能使市民的文化素质和道德水平得到不断提高，这也正是一个城市踏入国际化都市的"门槛"。会展旅游者可见的除了各种展览，还有许多当地的民俗表演、特色食品和手工艺品等等。会展旅游可以吸引不同文化、不同观念的参观者，有利于参观者与当地居民进行交流，扩大参观者的视野。同时，在与外来参观者接触过程中，当地居民也会学到一些先进的观念，丰富了他们的文化生活。

2. 促进国际国内文化交流

不同国家、不同地区有着不同的文化，每个人理解事物都是从自己的经历、文化背景来思考的，当具有不同文化背景的人们聚集在一起时，就会对相互之间的文化产生兴趣。会展旅游者同样追求新奇文化，会展旅游是一种跨文化交流活动，一方面，它可以让不同国家、不同地区的人汇集在一起进行思想、学术和文化的交流与探索，客观上起到了传播和交流科学技术与文化知识的作用；另一方面，会展旅游者在旅游过程中可以与当地居民增进了解，建立和加深不同国家和地区人民之间的友谊，促进旅游业的大发展。此外，会展本身就是一种文化形态，比如2010年上海世博会就是一场世界文化大交融的"盛宴"，它汇集了189个国家的经典文化。世博会把全世界带到了上海，世界的多元文化在此展示和交融。这种跨文化的展示与交流，让世界在这里达成共识：文化需要在传承中创新，更需要在创新中传承。共同守护世界文化的多样性，尊重多元文化的繁荣，这是世博会留给人类最宝贵的财富。上海世博会带给全人类保护文化、创新文化的自觉，在这种自觉下，世界必将以更丰富多彩的文化呈现给人类。

第三节 会展旅游的发展历史和发展趋势

一、会展旅游的发展历史

会展旅游的历史源远流长，其起源可以从1841年说起。1841年7月5日，英国人托马斯·库克领导的Thomas Cook & Ltd组织了570人的团队包租火车从莱斯特去12英里以外的拉夫巴罗参加禁酒大会，这不仅标志着世界近代旅游业的诞生，而且也开创了国际会展旅游的先河。

把1841年托马斯·库克组织一支团队乘火车去异地参加禁酒大会，视为世界近代旅游业诞生的标志，早已成为旅游界的共识。从专项旅游活动的角度，将其看作国际会展旅游的起源，也是完全可以成立的。这个事件作为一项旅游活动，无论从供方还是需方来看，禁酒大会是双方的核心要素，主办方用"禁酒"这一主题吸引旅游者等代表参会，而托马斯·库克一行也正是借着禁酒大会完成了这次旅游——会议旅游。可以说，1841年托马斯·库克一行异地参会事件，标志着国际会展旅游的起源。

1851年，托马斯·库克组织了16.5万名游客赴伦敦参观首届世界博览会；1855年巴黎世博会期间，托马斯·库克又先后组织了50余万名游客前往观摩，在世界上首创出国组团旅游。经过短短十几年，无论是在规模的扩大上，还是在档次的提升上，托马斯·库克都把他首创的会展旅游大大向前推进了一步。

托马斯·库克首创国际会展旅游之后，又进一步积极参与最早两届世博会活动，也从另一侧面清晰地透露了一条重要信息：国际会展旅游从其产生之初就与世博会结下了不解之缘。自1851年英国伦敦举办第一届世博会以来，至2010年上海世博会，世博会经历了160年的发展，先后举办了40多届，如今已享有"经济、科技、文化领域内的奥林匹克盛会"的美誉。世博会诞生以来不断发展的历程，也是国际会展旅游继诞生后不断成长、走向成熟的历史的最好缩影。

综观世博会历史，从诞生至今，160年来绵延不断地向前推进，据40多届世博会不完全统计数据，两届之间时间间隔最长的也就11年，最短的一年之中举办了两届；参展国家少则16个，多达189个；参观人数最少也有72.55万人，最多达7308万人。这充分表明世博会具有强盛的生命力，同时也颇为典型地反映了国际会展旅游从1851年以"托马斯·库克事件"为标志的萌芽状态，不断成长发育、逐步走向成熟的发展轨迹。

一个多世纪以来，国际会展组织特别是会议局协会的形成和壮大，对会展旅游发展的历史进程也起到了举足轻重的推动作用。1896年2月，美国《底特律日报》记者米尔顿·卡克为了激活地方经济，创立了一个名为Convention Bureau（CB）的组织，即会议局协会，它成为带动各城市会议产业并整合相关产业的先驱者、协调者。底特律会议局协会的诞生，标志着会展旅游特别是会议旅游，作为一种专门的经济活动在国际上引起了人们的注意。从20世纪初开始，随着全球社会、经济的发展，会展旅游作为一个产业越来越受到世界各国的高度重视，在实践中形成了一系列会展方面的国际组织。以会议旅游组织为例，1920年，美国成立国际会议局协会，即International Association Convention Bureaus（IACB）；其后，变为IACVB。

会议局协会等组织为促进各国地方经济的发展做出了积极的努力，特别是世界各国各都市会议局协会扮演了"城市营销"中"营销经理"的重要角色。

1963年，国际大会及会议协会（ICCA）的成立，在国际会展旅游市场化进程中产生了较大影响，或者可以说标志着国际会展旅游发展历史中"拐点"的出现。会展旅游从20世纪六七十年代开始，会议旅游与展览旅游相互融合，在全球迅猛发展，进入商业化阶段，在近半个世纪的繁荣发展中逐步形成了一个新兴产业，至21世纪初已经臻于成熟。今天，无论是国际还是国内，会展旅游都已成为旅游业发展最快的部门之一。

小案例 1-3

2013年北京商务及会奖旅游展览会再次迎来飞跃

中国（北京）国际商务及会奖旅游展览会（CIBTM）在其进入第八个年头的日子里再次迎来了飞跃，参展规模、参展商数量均有显著增长，特邀买家数量及质量均居中国及亚洲首位。参展规模和参展商数量，作为最能够反映专业展览的指标之一，直接体现了CIBTM稳健的增长势头，整体展览面积为8250平方米，相较去年增长18%，首次参加CIBTM展会的主展商有36家，约占主参展商总数的44%，主要包括洛杉矶、阿拉斯加、关岛、斯里兰卡、布鲁塞尔、夏威夷等。展会吸引了共有来自中外28个国家和地区485家参展商，他们在三天的展览中向特邀买家和专业观众展示其丰富的会奖产品和服务。此外，展览最终成功邀请全球高质量特邀买家416名，总数比去年增加12%；已在展前产生在线邀约9402名，可谓是整个行业历史性的突破。

连续三年参加CIBTM的澳大利亚旅游局商务会展旅游总经理Penny Lion女士表示："这是澳大利亚商务会奖旅游业界自参加CIBTM以来最大阵容的亮相，体现了我们对中国商务会奖旅游市场的信心，中国是澳大利亚旅游局最重要的市场之一，也是发展最迅速的旅游市场。对于我们实现中国战略规划目标，开拓澳大利亚商务会议奖励旅游业务起着至关重要的作用。"

目前为止，中国已经成为澳大利亚第二大旅游客源国。而中国的商务会奖旅游市场也增长十分迅速，已经成为澳大利亚第三大商务旅游客源市场，仅次于新西兰及美国。2012年间，中国有超过62万人次到访澳大利亚，年增长15.6%；而赴澳商务旅游访客达7万人次，年增长5%，其中因会议到访的人数约1.6万人次，年增长18%。仅2012年，中国赴澳商务旅游访客为澳大利亚带来129亿澳元的经济收入，而在2009年这一次数字为85亿澳元。

（资料来源：http://www.takefoto.cn/viewnews-45884.html，北晚新视觉，2013年）

二、会展旅游的发展趋势

（一）我国会展旅游发展趋势

1. 持续增长趋势

近年来我国会展业迅速发展。据不完全统计，20世纪90年代以来，我国会展业每年以20%左右的速度递增，2007年在北京举办的会议达到了21.3万场；仅2008年在上海举办的展览项目就有544个；2008年在我国举办的以博览会为名的展会数量超过800个，据2012年国际大会及会议协会（ICCA）的统计结果显示，我国以311次全球会议场次，排名全球第10位。可见，我国会展产业集群已初步形成，发展进入"新常态"。今后，我国许多城市将继续发挥主动性，加强基础设施建设，进一步增强旅游业的吸引力，会展旅游将继续成为我国城市国民经济新的增长点。表1-4中列出了我国一些主要会展城市对会展产业的定位及目标。

表1-4 我国主要会展城市对会展产业的定位及目标

会展城市	产业定位	发展目标	空间布局
北京	北京市第三产业的支柱产业	中国政治、文化、科技会展的首位城市，国际经济贸易、社会环境、科技文化、专业品牌会展的主要亚洲会展城市	培育三大会展功能区域；建设五个会展中心区域
上海	服务业的重要组成部分；提升城市形象、增强城市服务功能和促进经济社会建设的新兴产业	把上海建设成亚太地区重要会展中心城市之一，会展业产值占GDP的比重达到0.2%，相当于目前发达国家水平	形成六大重点会展区域
杭州	新兴产业、旅游业新业态的增长点和现代服务业的重要组成部分	保持省内领先优势，争创国内一流发展水平；成为国内具有"生活品质"鲜明品牌特征的会展聚集城市和国际会议目的地	"双核"（钱江两岸）、"多点"
南京	新兴产业、现代服务业的重要组成部分	华东地区仅次于上海的会展名城	"奥体中心"、"国展中心"以及河西会展中心
广州	现代服务业的重点领域	建成国际会展中心城市	以广州国际会展中心、白云国际会展中心为重要基地
深圳	高端服务业中的一个战略重点	创建亚太地区有重要影响力的国际会展中心城市	五大会展中心

(续表 1-4)

会展城市	产业定位	发展目标	空间布局
东莞	商贸流通领域的重要组成部分	创建"中国会展城市"	广东现代国际展览中心、东莞国际会展中心和常平会展中心
长沙	新的经济增长点和重要的支柱产业之一	成为中国中部地区会展名城,会展业的直接营业收入、就业人数和品牌展会数进入全国前十强	
大连	商务服务业	成为面向东北地区最大的会展中心城市,成为中国北方主要的商品展示、订货、交易中心	在星海湾专设会展商务区

2. 国际化趋势

随着世界经济一体化和不同文化背景的人们之间交流日趋频繁,会展业的发展也呈现出全球化的趋势。我国在会展政策、会展项目、会展服务、会展技术、会展实务等方面开始与国际接轨。在制定规范会展旅游业的法规和政策、促进与会展旅游各相关行业的协作与协调发展的同时,我国将与世界国际会展协会的专业组织保持联系,加强交流与合作,学习先进的经验,建立与国际旅游业相适应的管理体制。此外,我国会展业的教育培训也开始步入正轨。为顺应国际展览业发展的大趋势,使中国的国际展览业业务水平缩短与发达国家的距离,北京国际会议展览业协会在 2008 年 8 月底举办了培训班,专门为展览业中、高级经理和从业人员开设培训课程,以促进国内展览业务的发展和展览水平的提升,培养高素质的展览专业人才。北京第二外国语学院将与国际非凡事件学会(ISES)、美国乔治·华盛顿大学、HOJONSON WALES 大学联合开办"节庆会展治理"培训,以解决会展人才不足的问题。2011 年,武夷山市度假区建立占地 200 亩的会展中心及高端会展人才培训基地。

3. 品牌化趋势

品牌是会展旅游发展的灵魂,世界上会展旅游业发达的国家和地区,几乎都拥有自己的品牌展会和著名的旅游目的地。例如,素有"亚洲会展之都"之称的新加坡,其会展旅游之所以能够成为新加坡经济发展的新热点,并呈现出迅猛的发展势头和巨大的发展潜力,主要是源于新加坡的会展已经形成品牌,加上被冠以"花园城市"的美名,成为亚洲会展旅游最发达的国家之一。

创立会展旅游品牌是提高我国会展旅游国际市场竞争力的内在保证。我们要针对特定的会展旅游市场进行营销宣传，实行品牌促销，把有限的资金集中使用到几个影响大、效益高的重点市场。我国将打造更多的会展旅游品牌，如义乌的小商品博览会、江西的红色旅游博览会等。

4. 专业化趋势

专业化是会展旅游的必然选择，表现为：第一，会展内容的专业化，会展必须有明确的主题定位，否则就吸引不了参展商和观众；第二，会展旅游服务的专业化，包括对参展商、观众、相关人员的专业周到服务；第三，活动组织的专业化，会展旅游在会展旅游策划、整体促销、配套服务、会展旅游人才培养等方面走专业化道路。我国会展旅游将不断地与世界国际会展协会的专业组织联系，加强交流合作，学习先进经验，实行专业化管理。积极与国际会展专业组织合作，吸引外国会展旅游的专业公司来国内举办人员培训、举办展览等，鼓励外资参与会展场馆和综合配套设施的建设。2008年，第十届中国杭州西湖国际博览会（以下简称"西博会"）的展览、会议和活动项目的专业化程度又有新的提升，形成了较强的市场品牌和竞争实力，涌现了汽车展、工美展、女装丝绸展等一大批西博会的精品项目。

5. 规范化趋势

任何一个产业发展到一定阶段，必然会表现出规范化的趋势，规范化是产业发展进入成熟阶段的标志。会展旅游经过一定时期的发展，必然表现出新的整合态势，使会展旅游走向规范化。规范化主要包括管理的规范化、竞争的规范化、服务的规范化。随着我国经济体制改革的深入发展，政府不再是直接干预，而是通过法律法规规范市场，规范企业行为，营造一个有利于会展旅游发展的市场环境。2011年12月20日中华人民共和国商务部发布《关于"十二五"期间促进会展业发展的指导意见》；2012年，广东省政府常务会议审议通过的《广东省展会专利保护办法》，旨在为展会知识产权保护长效机制建设工作提供了重要法律保障。2015年，为优化办展环境、促进我市会展业发展，深圳市经贸信息委与深圳市财政委印发《深圳市会展业财政资助专项资金管理办法》，根据深圳会展业的最新资助办法，每年经认定的深圳市品牌展会将给予最高50万元的奖励。

6. 集团化趋势

集团化是提高会展旅游竞争力的必由之路，推进会展旅游集团化可以实现会展企业之间优势互补，从而提高会展旅游的国际竞争力。会展旅游企业的集团化不是企业和企业的简单相加，而是整个行业在资产、人才、管理等方面全方位的融合与提升。会展旅游的集团化可分三步走：①采取横向联合、纵向联合、跨行业合作等灵活多样的组织形式组建会展旅游集团。② 开展品牌竞争，形成众星捧月的局面，形成集团化趋势。③ 实行海外扩张。我国正在为增强各地区会展旅游的竞争，形成强强联合提供良好的城市氛围。如厄瓜多尔作为联合主办国之一与中国联合举办于2012年9月22日至25日在广州举行的"第九届中国国际中小企业博览会"，这是中博会框架内首次与南美国家联合举办，并促进两国的合作与交流。

7. 创新化趋势

会展旅游是一项新兴的经济产业，唯有不断创新才能突出自身特色。会展旅游的创新可分为四个主要方面：经营理念创新、会展旅游产品创新、运作模式创新、服务方式创新。

（二）国际会展旅游发展趋势

1. 低碳化趋势

低碳经济自20世纪末出现后，很快风靡全世界。它不仅是人类为保护地球提出的新口号，也是后工业化时代人类追求健康生活、实现可持续发展的最终目标。低碳旅游就是在低碳经济的大背景下产生的一种新的旅游形式，它是旅游业持续发展的目标。所谓低碳旅游，就是借用低碳经济的理念，以低能耗、低污染为基础的绿色旅游。低碳旅游不仅对旅游资源的规划开发提出了新要求，而且对旅游者和旅游全过程提出了明确要求，它要求在"吃、住、行、游、购、娱"每一个环节中都必须尽量降低能耗、降低污染，以行动来诠释和谐社会、节约社会和文明社会的建设。会展旅游作为一种新的热点旅游形式，更有向低碳化发展的趋势。

2. 人文化趋势

会展旅游的"人文化"首先体现在会展旅游是一种人际活动。会展旅游活动以人的活动为主体，"以人为本"已经成为发展的基本原则和第一原则。它强调把人作为经济和社会发展的核心，把人的发展视为发展的本质、目标和标志。即使在网络经济十分发达的时代背景下，会展旅游仍然会以面对面的交流为主要形式。离开了面对面的交流，会展旅游将黯然失色。会展旅游通过一些体验式的交流活动，缩小了国与国之间、地区与地区之间人们的心理距离，强调了人与人之间的语言沟通和心理默契，有利于人的本能释放和潜能发挥；有利于人们在短时间内接受和学习大量信息，激发潜能，各抒己见；有利于促进国际经济、政治等各方面交流。

会展旅游的"人文化"还体现在要将文化作为生产力植入会展旅游活动中去。"人文化"的会展旅游必须与区域的地缘文化、民风、民俗有机结合，丰富人们的精神生活，创造出人们喜闻乐见的会展活动，实现"文化搭台，经济唱戏"的会展模式，将企业文化、会展文化、旅游文化和区域文化有机地结合起来，充分发挥文化的引导功能、凝聚功能、激励功能和整合功能。2008年北京奥运会提出的"人文奥运"的目标和口号就是与会展旅游的"人文化"趋势相吻合的。

3. 学习化趋势

会展旅游活动营造了一种集聚学习的氛围，这就是面对面交流、学习、信任和协同的氛围。它为国内外政府与企业、企业与企业、企业与消费者，以及社会其他各主体之间学习与交流提供了重要的平台。每个国家都可以通过发展高层次的会展旅游活动，打通向世界学习的"快速通道"，利用组织学习、交易学习、网络学习、空间学习等各种条件和环境，提高个体和组织的创新能力，进而实现跨域经济的跨越式发展。

4. 多元化

会展旅游的蓬勃发展和日趋成熟，其对会展旅游产品类型提出了更高的要求，不仅要求会展旅游产品资源特色化、活动内容多样化、经营战略多元化，而且要求将会展活动与体验旅游、生态旅游、民俗与文化旅游相结合。因此，根据当地的产业优势和旅游资源优势，积极开发有特色的会展旅游产品，促进会展旅游活动的多元发展，成为目的地吸引会展旅游活动的中心工作。

5. 交叉性、边缘性趋势

会展业与旅游业的交叉和有效对接，形成了会展旅游业。会展旅游业的发展是会展业发展的必然趋势，由于城市密集、交通拥挤等客观因素，会展旅游产生了非中心性、边缘性等特征。为了迎合会展参与者对下榻环境、会展旅游产品的需求，越来越多的会展旅游活动的举办者选择一些特殊场所作为其会展目的地，如运动场所、文化娱乐场所、旅游景点、交通设施等，这些现象都预示着会展旅游的边缘化发展趋势，尤其在场馆建设方面有明显的非中心化的特征，国内外许多新建的会展场馆已发展到城市郊区和城市边缘，如柏林会展中心选址城市近郊、上海的新国际博览中心选址浦东等。这种边缘性、非中心化将有效地促进会展旅游业的发展，并将为其提供更大的发展空间。

本章小结

会展是会议、展览和节事活动的统称，会展旅游是指由会展为起因而产生的一类旅游，主要包括会议旅游、展览旅游、节事活动、奖励旅游四方面。可见，会展旅游是伴随会展业和旅游业发展起来的一种新兴行业，但会展旅游并不是会展和旅游的简单叠加，会展、旅游、会展旅游三者之间构成了一种互动关系。会展旅游具有组团规模大、消费档次高、停留时间长、季节性弱、经济带动作用强、主题专业性强的特征。会展旅游的发展对一个国家或地区具有经济、社会、文化等多方面意义，随着会展旅游的不断发展和成熟，会展旅游将呈现出新的发展趋势。

本章关键词

会展 会展旅游 国际化 品牌化 专业化 规范化 集团化 创新化

复习思考题

1. 查找资料，分析业界对会展旅游定义在认识上有哪些异同。
2. 结合会展旅游的特征，分析北京奥运会的举办对我国产生的影响。
3. 谈谈当地会展旅游的现状。

综合案例

会展旅游：马来西亚旅游业增长的新引擎

作为亚太地区的主要旅游目的地，马来西亚有着丰富的旅游资源和发展会展旅游的有利条件，是举办各种会展的最佳选择地之一。正因为会展旅游能带来巨大的经济社会效益，近几年来马来西亚政府一直致力于把自己的国家打造成世界主要的会展旅游地，并希望尽快实现会展旅游总目标：参加会展的旅游人数占入境旅游者人数的10%，会展旅游收入占旅游外汇的20%。

一、马来西亚会展旅游发展的必要性

马来西亚是亚洲著名的海滨休闲度假地。自20世纪90年代以来，旅游业

发展迅速，接待入境旅游人数大幅增长。但是，马来西亚旅游发展的状况并不理想。1999 年马来西亚被 WTO 评为亚太地区第三大受欢迎旅游目的地，但以旅游收入而论，却排名第十，旅游创汇远不及接待人数低于自己的新加坡、泰国，出现旅游接待人数多而旅游外汇少的局面。造成这一现象最重要的原因是马来西亚旅游产品结构单一，较多旅游线路和产品呈现经营老化状态。优化旅游产品结构、提高旅游品质、吸引更多高产出游客，实现旅游接待人数和创汇的快速增长，便成为马来西亚政府亟待解决的问题。在此情形下，会展旅游由于其较大的影响力、较强的创汇能力、较长的游客停留时间及丰厚的利润等特点，在马来西亚备受青睐，被政府视为旅游业增长的动力源。发展会展旅游对马来西亚具有重要的意义。

二、马来西亚会展旅游的现状

在过去的几年中，马来西亚政府充分发挥了会展业对旅游入境人数、创汇收入的重要推动作用及发展潜力，很快实现了马来西亚在国际会展市场上地位的提升，会展旅游正成为马来西亚旅游业增长的新引擎。

（一）马来西亚的会展旅游起步较晚，但发展速度快

与欧洲 100 多年会展旅游的历史相比，马来西亚的会展旅游起步较晚，迄今也只不过 20 多年的历史，但马来西亚会展旅游的发展速度较快。1999 年，马来西亚接待的会展旅游者仅 13.92 万人次，占入境旅游者总数的 1.76%。到 2012 年，马来西亚游客人数达到 2470 万人次，同比增长 10%；马来西亚购物中心联合会主席表示，2013 年，购物消费占海外游客在马来西亚总消费的 26%，直逼占总消费 32% 的酒店消费。海外游客购物消费额达 185.6 亿令吉，较 2011 年提高 5.7%。

（二）举办的会展数量、规模都在增加，形成了一批品牌会展

1998 年，马来西亚政府审批的国际性展览为 33 个，2005 年达到了 64 个。2007 年马来西亚举办了 200 多场大型会展。2012 年，马来西亚会展局为马来西亚带来了 109 场企业奖励会议，接待了 25604 名与会者，获得了约 2.756 亿马币（8544 万美元，6532 万欧元）的经济收益。近几年，马来西亚举办的国际性、地区性会展数量可观，包括第 21 届泛太平洋地区房地产评估师和咨询顾问会议、马来西亚国际清真产品展（MIHAS）、亚洲防务展（DSA）等一批具有相当规模的专业展会。

马来西亚通过举办大量的会议展览，培植了国际家具展、兰卡威国际海航展、吉隆坡国际汽车展、马来西亚国际珠宝展等品牌会展。特别是一年一度的马来西亚国际家具展（MIFF）已成为亚洲地区最大型最完整的家具贸易展览会，是全球十大家具展览之一。2014 年，马来西亚国际家具展一共迎来了近

19472 名参观者,其中超过 1/3 国际买家来自全球 141 个国家及地区,创下 8.92 亿美元的销售佳绩。

(三) 会展业服务体系初步形成

在马来西亚,会展服务体系已初步形成,建立了一些会展组织者、目的地接待公司及与之相关的行业协会。为了适应会展业发展的需求,促进会展旅游的发展,更多的会展中心、会展经营公司、行业协会及一些旅游机构纷纷加入相关的国际会议组织和旅游组织,如马来西亚旅游局加入了 ICCA 组织。由会展中心、专业会展组织、场地管理公司、饭店、旅行社、景区、航空公司、购物中心等组成行业协会,如马来西亚会展组织者供应者协会(MACEOS)则是亚洲展览会议协会联盟(AFECA)及世界博览会联盟的成员。

(四) 会展旅游的硬件设施建设发展非常快

马来西亚可用作会展的场馆设施已初具规模,在全国初步形成了首都、北部、南部三大会展中心,具备举办大型展会的能力。首都吉隆坡的办展地点最为集中,吉隆坡国际会议中心(KLCC)、太子世界贸易中心(PWTC)、绿野国际会展中心(MIECC)、吉隆坡谷中城展览厅(MVEC)、贸发局会展中心(MEEC)以及位于雪兰莪的沙登农业展览馆(MAEPS)等是马来西亚各类展会举办最为频繁的地方,承担着马来西亚 80% 以上的展会任务,大多数国际性会展活动均在这里举办;再加上位于半岛南部的马六甲国际贸易中心(MITC)、柔佛州国际会议中心(PERSADA)和北部兰卡威的国际展览中心(MIEC)以及东马的沙巴国际贸易中心(SITC)总面积约 20 万平方米,对仅有 2800 多万人口的马来西亚来说,已经相当可观。

(五) 吉隆坡已成为亚洲主要会展地

在马来西亚已初步形成了以吉隆坡为中心的国际会展中心城市。马来西亚大部分设施先进的大型会展中心和星级豪华酒店都在吉隆坡,国内的很多大型会展也都在吉隆坡举办。2012 年,吉隆坡举办的大型会议达 69 项,在 ICCA 国际会议城市统计排名中列第 31 位。而建在吉隆坡的吉隆坡会议中心、世界太子贸易中心、马来西亚国际展览中心及布拉特贾也国际会议中心是国举办国际会展最多、深受会展参与者青睐的会展地。尤其是吉隆坡国际会议中心,已崛起成为亚洲主要国际展馆和会议中心,先后荣获 2007 年度、2008 年度《亚洲旅游周刊》"亚洲最佳会展中心奖"和"绿色环球基准"地位。

随着会展业的发展,马来西亚已成亚洲十大会展地之一。

三、马来西亚会展旅游发展的条件分析

(一) 优越的地理位置及便捷的交通

马来西亚位于亚、澳两大陆与太平洋、印度洋两大洋的交汇处,地理位置得天独厚。历史上,马六甲海峡就曾经是东西方交往的必经之道。在世界各地政治经济文化交往极为频繁的现代社会,马来西亚的地理优势更是得以凸显。马来西亚位于东南亚的中心地带,既是太平洋、印度洋黄金水道的枢纽,也是东西方主要海运和飞机航线的交叉点,区位优势明显。不仅如此,马来西亚政府大力投资基础设施建设,已建成了便捷的立体交通网络,满足了会展旅游发展的交通需求。空中航线方面,已有50多家国际航空公司的110多条国际航线飞抵马来西亚。在陆路运输方面,世界级的公路四通八达,纵横交错,首都吉隆坡更是具备完善的交通运输网络,保证游客出行方便快捷;铁路线覆盖整个马来半岛,北接泰国、南通新加坡的国际铁路线更是成为马来西亚的交通大动脉。此外,马来西亚还有发达的海运业,众多的港口通往世界各地,承担了马来西亚大部分的货物运输。

(二) 日益完善的会展设施及配套服务设施

为了满足国际会展业的需求,马来西亚不仅加速会展业的硬件设施建设,建有世界一流的会展中心及大量的五星级酒店,还初步建立了会展旅游的接待服务体系。据不完全统计,马来西亚目前拥有15个以上能提供上千至上万平方米会展地、容纳几千人以上的会展中心,160多家酒店具备国际会议标准设施及服务,能为更多小规模会展提供场地。分布在各城市或旅游度假胜地的各种档次的酒店,能充分满足不同客人的需要。同时,马来西亚的会展中心大都设有会议厅、展览厅、多功能厅、会议室、VIP套房及室外展地,也配有现代化的会展设施,如同声传译、电视电话会议等先进视听系统。还备有商业中心,饮食商店和充足的停车场地。除了配备齐全的会展硬件设施外,马来西亚还提供更多优质的专业会展及配套服务。随着会展业的发展,马来西亚国内已出现了专门负责会展筹办的专业会议机构(PCO)、展览机构(PEO),以及与会展业配套的目的地管理公司(DMC),专门负责实施接待,安排参会者会前、会后的旅游活动。

(三) 旅游资源丰富、旅游形象较好

马来西亚是一个热带岛国,旅游资源极为丰富,既有宜人的气候、明媚的阳光、美丽的海滩、人迹罕至的岛屿、保存得较为完好的原始雨林,也有高大山川及千姿百态的石灰岩溶洞。由于历史、宗教原因,马来西亚也拥有各具特色、风格迥异的历史文化遗迹和各种宗教庙宇建筑。同时,马来西亚还拥有国油双峰塔一类的世界级建筑,豪华的购物商场、现代化的娱乐设施比比皆是。此外,马来西亚还是一个多民族、多元文化国家,由马来文化、华族文化、印度文化及各少数民族文化构成的独特的民俗风情和多元文化,备受对历史文化感兴趣的游客的青睐。马来西亚丰富独特的旅游资源不仅为会展旅游的发展提供了良好的资源支持，更为会议出席者参加会议之外的活动提供了众多的选择。马来西亚还具有良好的旅游形象，先后获得"世界最佳旅游目的地"、"最佳生态旅游目的地"、亚洲"最佳品牌推广和最佳生态游目的地"、"最佳旅游组织"等多个奖项，并被世界经济论坛评为"最值得消费的旅游目的地之一"。

（四）政府的重视与支持

马来西亚政府高度重视会展经济的发展，提出把会展旅游作为旅游业长期发展的重要利润增长点加以重点发展，并从多方面采取措施加大对会展旅游发展的支持力度。1992年马来西亚政府在旅游部下设立了旅游促进局；2008年成立了专门的会议展览局，负责会展活动的举办，致力于把马来西亚建设成为理想的世界会展地。为了提高会展旅游的市场份额，马来西亚还采取了许多措施发展会展旅游市场。如加入国际大会及会议协会（ICCA）、国际博览会联盟（UFI）等国际会展组织，借助这一平台与更多的国际会展主办机构沟通。此外，旅游部还联合海关、移民局、外贸发展局及旅游企业等部门实施优惠政策，鼓励、支持甚至协助会展组织者积极申办更多的地区、国际会展。马来西亚旅游局从2003年开始，每年到欧美、日本、中国等主要客源市场进行以"相聚、体验马来西亚"为主题的旅游推介活动，重点促销会展旅游。在马来西亚的新兴会展地沙巴，奖励旅游团体人数超过100人时，旅游局就可到机场迎接，协助团队快速通关，并举行当地的传统欢迎仪式。

（五）稳定舒适的社会环境

马来西亚是一个多民族国家，各民族团结和谐，政局稳定，人民生活安定，犯罪率较低。而且，马来西亚还具有与会展旅游发展相适应的经济发展总体规模及发展水平。1999年至2013年这15年，马来西亚人均实际GDP增长57%，年均近3.1%，这包含了美国金融危机带来的2009年3.3%的负增长。2010年人均实际GDP增长率高达5.3%，在东盟国家中经济实力仅次于新加坡。2013年GDP达3125亿美元，人均GDP为10400美元。不仅如此，马来西亚还具有优越的语言环境，在马来西亚，除了马来语为国语外，英语是通行语言，是行政、商业甚至民间交往的交流工具。

（资料来源：李永芬：《东南亚纵横》，2009年第7期，有删改）

■讨论题

1. 分析马来西亚发展会展旅游具备的条件。
2. 马来西亚作为会展旅游后起之国，是如何实现自己的总目标的？
3. 为什么说会展旅游是马来西亚旅游业增长的新引擎？

第二章　会议旅游

①理解会议旅游的概念、特点和类型；②掌握会议旅游的运作条件；③了解会议旅游的工作流程；④熟悉会议旅游活动的管理。

第一节　会议旅游的概念、特点和类型

会议经济是一种新型的经济形态，是社会生产力发展到一定历史阶段的自然生产物，它是人类文明进步的重要标志之一。目前，会议经济已渗透到我们的生活，对经济、社会结构、文化等产生了重要影响。会议旅游产业作为会展产业的一个重要组成部分，它所产生的经济贡献和非经济影响已经成为城市发展和形象塑造的新策略，同时也是现代服务业的新的经济增长点。

一、会议旅游的概念

（一）会议的概念

会议的英文名称有很多种：Meeting、Conference、Congress、Convention、Summit。它们在定义上有细微的差别，但一般是指"人们怀着各自相同或不同的目的，围绕一个共同的主题，进行信息交流或聚会、商讨的活动"。会议产业理事会（CLC）将会议定义为"为协商或开展某种特殊活动，大量的人聚集到同一个地点的行为"。会议的主体主要有主办者、承办者和与会者（还包括演讲人），其主要内容是与会者之间进行思想或信息的交流。

现代会议已超出了单一的政府会议格局，朝着多元化方向发展，并且有很多都直接带有商业的目的，产生巨大的经济效益，如各种高峰论坛、行业培训会议等。会议作为会展业的重要组成部分，同样在创造经济效益、促进城市建设、提升城市形象等方面具有特殊的作用。被誉为"国际会议之都"的巴黎每年都要承办300多个国际会议。被英国著名杂志《会议及奖励旅游》评为"全球最佳会议中心"的香港每年举办的大型会议超过400个，来自世界各地的与会人员达到7万人。

会议一般包含以下八个方面的要素。

（1）主办者：会议举办方，也称会议的发起人或东道主。现在一些较大型的会议还有主办者、承办者、协办者之分，但都为会议的举办方，只是其中的分工不同。

（2）与会者：参加会议的对象，是会议的主体。与会者一般以会议涉及的范围和内容而定，会议的大小以与会者的多少或领导层次的高低来判别。

（3）议题：召开会议所需要讨论或解决问题的具体议项。体现召开会议的目的，是为什么要议、议什么的具体目标。

（4）名称：一般指会议的主要议题和会议类别。常见的会标，实际上即已表达了会议的名称。

（5）方式：指用以达到会议效果的一些会议样式、采用的手段。

（6）时间：会议日期或召开会议的具体时间。

（7）地点：会场所在地。大型会议还有主会场、分会场等。

（8）结果：会议结束时实现会议目标的程度，是会议所期望的最终达到的效果。

上述八个要素中，主办者、与会者、议题和结果是会议的基本要素。

（二）会议旅游的概念内涵

会议旅游是指会议接待者利用召开会议的机会，组织与会者参加的或由与会者自行开展的旅游活动。会议之所以被列入商务旅游的范畴，是因为它们共享了很多旅游服务，如交通、住宿、餐饮等。并且通常情况下，会议参加者在会议期间或前后会转换成旅游者。

人们是如何定义会议旅游的呢？在这最基本的问题上，业内存在不少争论。国内学者王保伦等人对会议旅游进行了如下界定：会议旅游是人们由于会议的原因离开自己的长住地前往会议举办地的旅行和短暂逗留活动，以及这一活动引起的各种现象和关系的总和。该定义具有如下含义。

1. 反映会议旅游的外部特征

会议旅游的外部特征即异地性和暂时性，这是包括会议旅游在内的一切旅游形式必须具有的共同特点。

由于会议参加者的分散性，因此对于绝大多数与会者来说，会议举办地和自己的长住地往往有一段距离，近则几十或上百公里（一般为地方性会议），远则数百甚至数千公里（一般为国际会议）。因此，异地性是会议旅游的一个显著特征。异地性为交通运输业和餐饮业带来了可观的收入。据ICCA统计，美国作为世界最大的国际会议举办国，其航空客运量的22.4%、饭店入住率的33.8%均来自国际会议及奖励旅游。

2. 反映会议旅游内涵的综合性

会议旅游不仅仅指会议旅游的活动者（如在常住地与会议举办地之间往返的旅行、在会议举办地出席会议、参加文娱联谊活动、参观考察、游览观光、休闲购物、探亲访友等），还指由会议旅游者的活动引起的各种现象和关系（其中最主要的是会议旅游者与当地会议旅游企业进行会议旅游产品交换这一经济现象及其反映的经济关系）。即使会议旅游只含会议活动，对会议旅游者而言，实际上也至少包括旅行的经历、新环境的体验、会议期间与他人的交流、享受各种会议服务和旅游接待服务等，总之是其旅行和逗留期间的所有活动（亦即经历）。

3. 反映会议旅游的特异性和目的的广泛性

会议旅游是以"会议"来界定的，其概念的核心是"由会议的原因引发的旅游活动"，这是会议旅游与其他旅游形式相区别之处。由会议这一根本原因引发的旅游活动，在目的上具有广泛的特点。例如，参加会议，对会议活动进行采访和报道，陪伴和协助会议代表利用会议之机进行观光游览和娱乐活动，结交新朋友，暂时远离日常工作环境，满足对会议举办地的好奇，赢得同事的尊重等。这些目的的产生都是基于会议旅游最根本的引发原因（或吸引力因素）的。因为会议代表是最主要的旅游者，其主要旅游目的是参加会议，所参加会议也是会议旅游活动的主要目的，但绝非唯一的目的。

由此分析，我们认为会议旅游只有具备了以下三个特征之一才能称之为会议旅游：①会议成为旅游吸引物，能够吸引大量的旅游者前来；②会议成为旅游的一种模式，参会人员的目的是旅游休闲，在旅游的过程中达到沟通、交流和解决问题的目的，目前许多公司的奖励旅游和商务旅游都可能成为这种类型；③会议成为旅游企业业务的一部分，由旅游企业承担会议的策划、接待和会后的所有业务，会议旅游成为旅游企业产品的一部分。

二、会议旅游的特点

会议旅游最早始于欧美地区经济发达国家。据 2012 年 ICCA 的统计，欧美地区经济发达国家举办各种国际会议一直占全世界国际会议总数的 70% 以上。现在一个国家或城市召开国际会议的数量已成为该国或城市发展水平的标志之一。会议旅游也因此具有"旅游皇冠上的宝石"的美称。

（一）影响广泛

会议旅游对于会议举办地的影响非常广泛，涉及政治、经济、社会、文化、环境等各个领域。

首先，在经济上，会议旅游不仅给会议举办地带来良好经济效益，还建立起当地产业界与来自世界各地的专业人士的沟通渠道，从而有利于开拓对外商机。同时，会议旅游的发展具有强大的产业联动作用，促进了会议举办地产业结构的升级和优化，成为当地经济建设的加速器和助推器。

其次，发展会议旅游，扩大了会议举办国的政治影响力，提高了会议举办地的知名度。表现在：①会议旅游者身份高、名气大，本身可以起到会议举办地的形象宣传媒介的作用。对于各国（地区），他们的到来就是一种广告宣传，他们的赞誉更容易在客源地形成口碑效应。②会议旅游活动往往是新闻媒介报道的热点。尤其是大型国际会议，在举办之前甚至还在申办之时就已被各种不同层次、不同类型的媒体广为宣传。长时间的持续宣传大大提高了会议举办地的知名度和美誉度，使当地旅游形象得以提升和推广，而良好的旅游形象又会使会议举办地对各类旅游客源市场具有更大的吸引力。例如，中国海南的博鳌，因为成功举办了"世界经济论坛年会"而被定位为会议的永久会址，博鳌从一个不知名的海边小镇一跃成为全球瞩目的焦点；上海顺利获得 2010 年世博会的举办权，也与'99 全球财富论坛、亚太经济合作会议（APEC 会议）等知名国际会议旅游活动对上海的形象宣传作用分不开。另外，会议旅游作为"触摸世界的窗口"，具有强大的信息交流功能，给会议举办地带来了最新的信息和最先进的知识。会议旅游者多为学者、专家、企业家等各行业的精英，能够给当地带来大量有价值的信息，包括最新的理论知识、先进的管理经验和各地的市场动态等。这些信息是会议旅游者无偿带来的，接待地的相关人士不必花差旅费外出考察和实践即可获得。

最后，发展会议旅游，将促进会议举办地基础设施的建设、环境卫生的维护以及居民综合素质的提高等，从而显著改善当地的生活环境。

(二) 效益显著

一个美国市长曾说过:"如果在我们城里举行会议,那就好像我们头顶上飞着一架飞机,向每个人撒美元。"在澳大利亚,人们把会议旅游比作"金娃娃"。从这些比喻中,足以见得会议旅游蕴藏的经济效益之大。

首先,会议旅游的显著性不仅仅体现在其庞大的产值,更主要体现在它是一个高盈利的市场。会议旅游业是典型的高收入、低产出、高利润的行业,利润率大都在25%以上。产生如此显著的经济效益的原因在于会议旅游者比一般旅游者的消费水平高。在美国,协会类与会代表平均每天旅游花费为188美元,公司类与会代表为193~198美元,消费水平远远高于其他类型的旅游者。伴随着会展经济的全球扩张,许多国际会展业巨头竞争亚洲、非洲、拉丁美洲的发展中国家市场,国际会展业正在出现重心转移之势。在中国加入世贸组织的背景下,中国市场的广大以及中国成为世界新的制造业中心的潜在发展前景,使得来自国外的专业展市场需求空间较大,我国住宿和餐饮业因为会展旅游的发展得到了显著的收益(见表2-1)。

表2-1　2009—2013年我国住宿和餐饮业情况统计表　(单位:亿元)

	2009年	2010年	2011年	2012年	2013年
住宿业营业额	2260.70	2797.84	3261.89	3534.44	3527.99
餐费收入	931.78	1143.87	1321.98	1476.03	1374.45
客房收入	1041.19	1309.76	1535.32	1617.91	1705.43
餐饮业营业额	2686.36	3195.14	3809.05	4419.85	4533.33
餐费收入	2441.31	2893.23	3433.77	3966.73	4056.07

资料来源:根据国家统计局数据整理所得。

导致会议旅游者消费水平高的因素有以下四点。

(1) 与会代表身份高,收入高,消费档次高。参加会议(特别是国际会议)的旅游者一般都是各行各业的精英人士,具有一定的社会地位和较高的职务,属于高收入阶层,因而消费档次高,购买能力强。

(2) 与会代表价格敏感度低。由于出席会议期间的开支大多由各自的单位承担,与会者在进行旅游消费时对价格并不敏感,而是更重视旅游服务的品质,如方便、快捷、舒适等。

(3) 客人逗留时间长。会议旅游者在旅游期间,既要参加会议及相关活动,还要进行观光游览等消遣性活动,因而在会议举办地的停留时间相对于一般的观光旅游者要长。以北京2009—2014年举办的国际会议为例,即使排除会议旅游者在会议前后的旅游活动,会期的平均天数为3.95天。

(4) 旅游消费范围广。会议旅游者不仅给会议举办地带来会务费等直接收入,还要带来交通、住宿、餐饮、游览、娱乐、购物、通讯等一连串相关收入,形成一条"会议旅游消费链"。通常,会议旅游者消费是观光旅游消费的2~3倍。

其次,会议旅游的团队规模大也是给旅游地带来显著经济效益的重要原因。

(1) 与会代表人数多(见表2-2)。尽管各类会议规模相差很大,但作为一次性的消费整体,会议旅游的团队规模要远远超出其他旅游形式。2011年,所有国际性会议的与会总人数已逾550万人,各项国际性会议平均与会人数为535人。其中,美国会议总人数达到563830人。这给会议举办地和会议旅游企业带来了可观的规模经济效益。

表2-2 香港大型国际会议及参会人数列举

年份	会议名称	出席人数
2009	世界眼科学术大会	10200
2010	香港国际美酒展	14000
2011	亚洲国际航空展览会暨论坛	12000
2012	香港眼镜展	13000
2013	COSMOPROF亚太美容展	55000
2014	九月香港珠宝首饰展览会	52000

资料来源:http://mehongkong.com/tc/conventions/success-stories.html,香港会议及展览拓展部,2014年。

(2) 与会代表"连带"游客多。一人开会,多人出游,这是会议旅游的重要现象。会议代表参加会议时往往携带配偶或者陪同者,使得会议旅游者的规模进一步扩大。特别是会议代表的眷属,在开会期间主要是四处游览,逛商店,成为会议旅游购物的主力军。据澳大利亚悉尼市会议与旅游局调查,48%的会议代表至少带有1个同伴,31%的会议代表带2~3个同伴。

(3) 会议附属活动参与者多。为了扩大会议的影响,在会议期间还有许多附属活动配合进行,从而吸引更多的旅游者前来。

再次,会议旅游效益显著性的原因还在于产业关联度高,旅游乘数效应大。会议旅游业具有很强的依托性，其产品和服务的提供依赖于众多其他产业部门的产品与服务的支持。因此，会议旅游消费不但给会议旅游业带来直接的经济效应，同时刺激了建筑、商业、信息、金融、贸易、保险、房地产等诸多产业部门的发展，给会议举办地的国民经济带来更大的间接经济效应。以旅游地收入来衡量，会议旅游直接与间接经济效应比率为1∶2。另外，由于会议旅游直接和间接涉及的行业众多，故可增加会议举办地的各种就业机会。据统计，在欧洲每增加20位出席会议代表就可创造一个就业机会。会议旅游每创造一个直接就业机会就同时带来一个间接就业机会。

（三）发展持续

1841年7月5日，托马斯·库克利用包租火车的方式，组织了570人从英国中部的莱斯特前往拉夫巴罗参加禁酒大会，这次会议旅游活动揭开了近代旅游的序幕。从此，会议旅游迅速发展起来，开始显现其发展持续性的特点。

第二次世界大战以后，人类旅游活动跨入持续增长的现代时期，而此时的会议旅游在发展持续性这一点上表现得尤为突出。随着第二次世界大战后世界生产力水平的发展，各国之间的社会、经济、文化等各方面的联系不断加强，同时，一个国家内部各地区之间的相对稳定，使得各种国家间的政府和非政府组织的作用日益增强。这些组织都积极通过举办会议旅游活动的形式来加强各国成员之间的往来和交流，并不断推进会议旅游制度化和产业化。此外，第二次世界大战后各国的教育事业有了质的飞跃，信息技术突飞猛进，通信手段日新月异，人类社会进入了知识化、信息化时代。一方面信息交流、知识更新成为人们必不可少的生活内容，另一方面人们对异国他乡事物的好奇心与求知欲不断增长，这就必然使会议活动与旅游活动更加紧密地结合在一起。总之，人类社会的进步一直并且必将继续推动会议旅游活动的不断持续发展。目前，每年全世界举办的参加国超过4个、参会外宾超过50人的各国国际会议有40万个以上；会议旅游消费约1000亿美元，并以每年8%～10%的速度增长。

值得指出的是，尽管会议旅游活动的发展也同样会受到政治、经济、社会、自然等诸多因素的影响而出现短暂的波动现象，但由于会议旅游大多属于公务性质，且具有很强的计划性而不会轻易变更，所以其在发展过程中的波动性明显小于消遣旅游活动。甚至在2008年的金融危机时期，会议旅游活动（会议数量）和会议旅游人数（与会者数量）都有所增加。

（四）时间均衡

尽管不同类别的会议旅游在出游时间选择上有各自的特点，但总体而言，会议旅游与消遣性旅游活动相比,在时间分布上具有明显的均衡性,其形成原因在于大部分公司类会议是根据实际需要安排的,不必精心选择时间以扩大参会人数。

相对于公司类会议旅游,协会类会议旅游在时间选择上考虑因素较多。为了吸引更多的与会者,会议主办者较关心会议举办地的旅游资源、气候条件等因素,所以一般都会选择当地一年中最佳季节举办会议。因此,协会类会议旅游表现出一定的时间分布差异性,多数分布在5月、6月、9月、10月。不过,由于会议旅游的举办地大多在城市,城市旅游活动对季节性因素依赖较小,因而这些差异性并不明显。

另外,会议旅游更可能在会议举办地的旅游淡季举行,原因有三点:①会议旅游属于以工作为主要目的的旅游活动,会议旅游者一般会避开假期,选择工作日出游。②会议旅游团队规模大,必须避开消遣性旅游者的出游高峰时间。③协会类和其他组织会议旅游的主办者对价格很敏感,更喜欢在旅游淡季举办会议,以获得优惠的旅游产品价格。总之,会议旅游不仅在总体上呈现出时间均衡性的特点,而且偏向于淡季举行,这就能有效地调节会议举办地淡旺季客源的不平衡,大大提高了当地全年的旅游设施利用率和旅游企业利润率。

(五) 地域差异

会议旅游活动有一个非常明显的特点,即在地理区域分布上极不均衡,会议旅游发展的地区差异很大。从国际会议旅游活动的区域分布情况看,欧美发达国家始终处于发展前列。就洲别而言,根据ICCA统计,以2012举办的国际会议数量计算(见表2-3),欧洲和美洲地区是国际会议举办的主要市场。其中欧洲所占比例最大,为54%,美洲地区所占比例接近22%,那么欧美地区就占据了市场的76%,具有绝对优势。亚太地区次之,但是比例的绝对数值和第一市场差距较大,这一方面说明发展上的不足,另一方面也意味着上升空间的巨大。

表2-3 2012年ICCA国际会议地区统计

地区	国际会议数量(场)	所占比例(%)
欧洲	6069	54
北美与拉丁美洲	2469	22
亚太与中东地区	2370	21
非洲	302	3
合计	11210	100

资料来源:根据ICCA 2012年行业报告整理所得。

国际会议旅游活动在地域上表现为两个集中：一是集中于发达国家，二是集中于欧美地区。相应地，广大发展中国家和欧美以外地区的国际会议旅游接待量则相当小。这种会议旅游发展的地域差异性，显而易见是根源于各国和各洲之间的社会经济发展水平差异。发展会议旅游需要较为雄厚的经济实力和物质基础作为支撑，这正是阻碍经济欠发达国家承办国际会议的主要原因。

不过最近十余年来，国际会议旅游在地域分布上出现了一些显著的变化。尽管欧洲会议旅游接待量仍占会议旅游市场一半以上，但是已经比曾经高达80%的比例下降很多。与此相同，包括亚洲、美国、大洋洲在内的环太平洋地区的市场份额却稳步增长。尤其是亚洲超过北美洲，崛起为世界第二大国际会议旅游举办地，标志着新的会议旅游地域格局已经出现。亚洲国家多年来经济持续发展，已经涌现出一批新兴的经济强国或地区，如韩国、新加坡、泰国、中国香港、中国台湾等。随着经济发展导致的洲内洲际交往日益增多，这些国家或地区都开始重视会议旅游产品的开发、宣传和促销，纷纷设立专门的会议旅游机构，大力修建会议旅游设施，采取各项积极政策以招徕会议旅游者，从而使自身的国际会议旅游接待量得以迅速增加。例如，新加坡政府结合其国际金融中心和自由港的优势，推出一系列发展会议旅游的举措，使许多酒店都能够满足大型国际会议的需要。近些年，新加坡每年都要举办1000多次国际会议，仅与会者就达25万人次之多。目前，新加坡"抢"到的一些国际会议已排到七八年之后。

以上反映的是国际会议旅游活动在全球范围上的地域差异。事实上，会议旅游活动在一个国家内部同样呈现出这一特点，即绝大多数的会议旅游活动都发生在少数经济发达、知名度高的全国或地区性中心城市（见表2-4）。

表2-4　2012年、2013年ICCA国际会议城市排名

2012年排名	城市	会议数（场）	2013年排名	城市	会议数（场）
1	维也纳	195	1	巴黎	204
2	巴黎	181	2	马德里	186
3	柏林	172	3	维也纳	182
4	马德里	164	4	巴塞罗那	179
5	巴塞罗那	154	5	柏林	178
6	伦敦	150	6	新加坡	175
6	新加坡	150	7	伦敦	166
8	哥本哈根	137	8	伊斯坦布尔	146

(续表2-4)

2012年排名	城市	会议数（场）	2013年排名	城市	会议数（场）
9	伊斯坦布尔	128	9	里斯本	125
10	阿姆斯特丹	122	9	首尔	125
11	布拉格	112	11	布拉格	121
12	斯德哥尔摩	110	12	阿姆斯特丹	120
13	北京	109	13	都柏林	114
14	布鲁塞尔	107	18	北京	105
23	香港	96	23	香港	89
35	上海	64	29	上海	72

资料来源：根据ICCA2012年和2013年行业报告整理所得。

小案例2-1

黄山区会议旅游市场火暴呈现三大特点

2011年全市旅游饭店共接待各类会议3753个，接待人数33.35万人次，会议收入3.13亿元。会议客源地市场不断拓展、会议平均规模有所提高、会议旅游综合效益提升等特点呈现，火爆的会议旅游市场成为黄山区春季旅游的一大亮点。

黄山区会议旅游市场主要呈现三大特点。

一是随着黄山区旅游的转型升级，新业态旅游产品层出不穷，增强了旅游吸引力。新兴的旅游产品和线路让会议旅游变得人性化、生动化，得到了会议主办方的认可，越来越多的企业、机构都将会议地点选在了黄山区。会议旅游已成为黄山区旅游业新的经济增长点。

二是随着黄山区旅游品牌形象的不断提升，除了往年的机关单位、学术团体外，众多的国内大型企业、经销商也选择到黄山区来召开会议。这些会议旅游团人数众多、消费标准高、附属活动丰富、逗留时间长并且是游客高峰之外的工作日，平衡了淡旺季的旅游需求。

三是与旅行社普通团队的操作模式相比，会议旅游多是按照客户要求提供"管家式"的会议、差旅服务，据酒店、会议公司人士反映，虽然旅程多以短途为主，但利润却高于旅行社传统团队利润。为争夺方兴未艾的会议旅游

"蛋糕"，黄山区大力开拓会议旅游市场，合理制定营销措施，捆绑销售一系列套餐，千方百计满足客人居停所需，推动黄山区整体经济效益的增长。

（资料来源：http://www.cnta.com/，中华人民共和国国家旅游局网站，有删改）

三、会议旅游的类型

随着各种高科技手段在会议活动中的广泛应用，会议的触角所能延伸的范围越来越广，形式也越来越灵活多样。伴随会议而生的会议旅游也随之衍生出丰富多彩的类型。不同的会议旅游有着不同的特点和需求，会议举办地及各类会议旅游企业要想更好地把握会议旅游市场，抓住会议旅游者需求，进行有针对性的会议旅游宣传促销工作，就必须了解会议旅游的科学划分形式，掌握会议旅游的各种类型。常见的会议旅游分类有以下几种。

（1）按会议主办单位划分：公司类会议旅游、协会类会议旅游、其他组织会议旅游。

（2）按会议活动的特征划分：商务型会议旅游、度假型会议旅游、文化交流型会议旅游、专业学术型会议旅游、政治型会议旅游、培训型会议旅游等。

（3）按会议的性质划分：论坛式会议旅游、研讨式会议旅游、报告式会议旅游等。

（4）按会议的规模划分：小型会议旅游、中型会议旅游、大型会议旅游、特大型会议旅游。

（5）按会议代表的类型划分：会员会议旅游、内部成员会议旅游、业务关系人员会议旅游、公众会议旅游。

（6）按会议的地域范围和影响力划分：国际会议旅游、全国会议旅游、地区会议旅游、本地会议旅游。

（7）按会议举办时间的特点划分：固定性会议旅游、非固定性会议旅游。

（8）按会议的主题划分：医药类会议旅游、科学类会议旅游、工业类会议旅游、技术类会议旅游、教育类会议旅游、农业类会议旅游等。

对会议旅游进行划分的主要目的不是关心开什么会，而是根据参会者及相关人员的目标和要求为其提供相关住宿、餐饮、娱乐等方面的指导、组织、安排、部署，继而在游览、购物、旅行等方面创造需求。

据统计，公司类会议旅游和协会类会议旅游占整个会议旅游市场的80%，因此，我们着重讨论按会议举办单位划分的三种类型会议旅游的特点。

1. 协会会议

协会是会议旅游的最主要客源。地方性协会、全国性协会乃至世界性协会每年都要举办各种会议。协会又分成两种：①贸易性协会。它一般由各类行业组织牵头。②职业和科学协会。它一般由各专业技术和学科领域人员组成，协会涉及的主题范围广泛，如作家协会、校友会等。

协会会议的形式很多，最熟悉的是年会及协会的专业会议、研讨会、管理者会议。

协会会议大多数每年举办一次，会期4～5天，一般放在4月、5月、6月、9月、10月举行。任何一个协会都要提前计划开会时间，有时候提前1～2年，会议的召开并不总在一个地方，协会的会员参加会议都是自愿的。

协会的组织有两种形式：一类是全国性的协会组织，有专职、长期的协会管理成员，如协会秘书长、协会主任；另一类是小型协会组织，没有专职的管理者，一般挂在某行业或科研机构下，由其管理人员兼任协会秘书长。

2. 公司会议

公司会议是本行业、同类型及行业相关的公司在一起举办的会议，近几年这种公司会议发展非常迅速，一般包括以下几种：销售会议、经销商会议、技术会议、管理者会议、培训会议、代理商会议、股东会议等。

公司会议主要集中在市中心酒店、机场旅馆和城郊旅馆，这主要是由于成本的关系，当然不同会议要求又有所差异，如奖励性质的会议与销售会议就不一样。公司会议一般需要有较好的安全性和隐蔽性。

部分公司会议有明显的周期性，如股东会议一年一次。但大多数会议是根据需要来安排的，没有固定的周期。公司会议一般都是在固定的地点重复举行，会议地址的改变很大程度上由公司关键人物来决定。公司会议会期较短，少则1天，多则3天。

3. 其他组织会议

（1）政府会议。很多政府需要在办公地点以外的地方召开会议，出席人员也不限于政府职员，经费来源是行政拨款。

（2）工会组织和政治团体会议。通常每年或两年举行一次，它与政府部门会议具有相同之处。

（3）宗教组织会议。它主要依靠资助或宗教捐助来筹集资金。

不同类型的会议有其各自的特点，会议旅游举办者应根据会议的类型，在营销宣传和运作管理上做出相应的调整，才能更好迎合会展旅游者。

第二节 会议旅游的运作条件分析

一、会议旅游运作的宏观条件

（一）经济水平

衡量一个国家或地区经济水平的主要指标包括：GDP 总量、人均 GDP、年度政府财政收入、年度国际进出口总额、年度吸引境外投资和失业率。

一个国家或地区会议产业的发展依托于其经济发展的总体水平，经济水平是一个国家或地区是否具备承办大型会议的重要条件之一。经济发展水平不仅影响到城市的基础设施建设、会议产业的收入水平等，而且经济发展水平高本身就能够构成一种会议产业的吸引要素。一个国家或地区的经济发展水平也是吸引与会者前来参会、会议举办者选择作为会议举办地的重要吸引因素之一。中国香港地区、新加坡之所以能够每年吸引众多国际会议前来举办就是因为它们发达的城市经济所塑造的良好的商务氛围。经济水平高的城市，能够吸引更多国际会议，从而为旅游业带来大量的会议游客，促进会议旅游的发展。世界上国际会议产业发达城市的服务业所占比重一般较高，有些甚至达到 90%。如 2008 年，新加坡的第三产业占 GDP 比重为 66.1%，首尔为 73%，我国香港地区高达 90%。

（二）政策支持

任何产业的发展都离不开国家及当地政府政策的支持。政府机构特有的权威性及影响力使得其在促进产业发展过程中起到了极大的促进作用。会议产业本身就涉及政府及相关行业组织会议，一届会议要在规模、影响力、权威性上都具备一定实力的话，政府及相关部门的参与至关重要。如世界知名的亚太经济合作会议（APEC）、博鳌经济论坛等无不具有官方背景。另外，除了直接参会，政府对产业发展政策上的支持和倾斜，无疑也为该产业竞争力的提升注入了强心剂。对于政府支持指标，这里选用的是政治中心城市、免费咨询和服务项目、产业优惠政策三项细化指标进行评价。政治中心城市享有地域及资源优势，同时城市知名度也相对较高，是承办会议的吸引力之一；政府及相关部门提供的免费咨询和服务项目，使得会议举办者在会前能够得到一些指导，对其疑问处也能给予解答；而产业优惠政策为会议主办方及承办方都带来了实惠，这些方面能够很好地提升一个国家或地区的会议和会议旅游产业的竞争力。

（三）自然、社会环境

自然和社会环境是旅行者出行考虑的因素之一。自从出现了美国"9·11"恐怖袭击事件、美国西部大停电、北京SARS危机、韩国大邱地铁火灾、东南亚地区的地震海啸等等一系列自然和社会问题之后，多数会议出行者都会考虑会议举办国家或地区是否出现过政治动乱，是否存在自然灾害威胁，当地人是否友善，素质是否良好等等一系列因素。会议主办者、与会者都高度关注会议目的地城市的安全环境。一个大型国际会议的举办，意味着大规模来自世界各地的人们聚集到一个目的地城市，"吃、住、行、游、购、娱"六大要素在几天内都集中于此，其人身安全、财产安全与城市的安全密切相关，因此，城市的安全与否往往成为会议目的地选择的决定性因素。安定的社会环境、和谐的自然环境成为一个国家或地区发展会议旅游必不可少的条件。可见，会议举办国的国际形势要和平稳定，没有战争、恐怖活动或其他突发事件的冲击；主办国不能有主动或被动地对参会者进行有敌意的行动，要与其他国家友好共处，不招致政治抵制。

（四）科学技术

当今时代，科技迅猛发展，并深刻地影响着生产力、生产方式和人们的生活方式，也同样深刻地影响着旅游业。旅游业已成为高技术含量的服务业。会议旅游的参与者多为商务人士，其对科学技术的依赖性更大。举办会议必须要有现代化的技术设备，游客在旅游过程中想要获取相关旅游信息时要能够提供快速的信息化手段，这些都要求举办国家或地区拥有一定的科学技术水平。

二、会议旅游运作的微观条件

（一）人力资源

开展会议不仅需要完善的硬件设施，而且需要一流的会议旅游服务。会议旅游服务的质量取决于提供服务的人员素质。筹备会议以及完成会议旅游接待工作需要大量的专业人才，如专业会议策划人员、专业视听人员、同声翻译人员、导游人员等各类服务人才和各级管理人才。特别是大型国际会议需要大量具有外语能力的人才。人员条件还反映了会议举办地对会议旅游活动的组织管理能力。曾经举办过大型会展活动的国家或地区就往往更容易获得会议举办权,主要原因就是具备人力资源和管理经验的优势。

(二) 有意义的会议主题

会议本身是引发会议旅游活动的最根本的吸引力因素,是所有会议旅游产生的根本原因,是会议旅游资源的核心部分,因此,会议旅游产生的前提是会议的存在。一个地方要发展会议旅游,首先要争取成为会议举办地,即获得会议的举办权。会议并非旅游地固有的旅游资源,是要通过系统的努力和激烈的竞争从会议主办者(如国际组织、跨国公司等)那里争取到,这是会议作为旅游资源与其他旅游资源的重要区别。会议吸引力的大小或其最终能够吸引的旅游者数量取决于会议的价值。会议吸引力的大小或其最终能够吸引的旅游者数量取决于会议价值的因素包括:①会议的性质、规模、等级和知名度;②会议的创意或特色;③会议内容对旅游者的效用;④会议主办者和组织者的权威性;⑤计划与会的知名人士等。

(三) 完善的基础设施

这里的基础设施不仅包括市政基础设施,也包括会议及相关基础设施,如展览、旅游基础设施等。市政基础设施是政府、企业和居民维持正常生活的必要条件,也是会议活动得以顺利进行的前提。它主要包括城市的水电供应系统、交通通信系统、医疗卫生系统等。其中以交通通信系统和环境对国际会议产业发展的影响力最大。交通是会议产业发展的支柱,城市交通,特别是对外交通设施的完善程度直接影响到城市的可进入性和会议接待能力。一个城市是否拥有便捷的对外交通网络、可进入性优劣与否直接影响到城市国际会议举办数量及与会者人数。城市环境,如空气质量等也是城市国际会议产业竞争力的重要衡量指标。

会议基础设施是指为满足与会者吃、住、行、游、购、娱等需求而建立的基础设施,包括会议会展中心、星级酒店、旅游景点、购物中心等。这是发展国际会议产业的必要保证,其发展水平直接影响到该城市国际会议产业的接待能力。会议城市香港拥有举办会议的顶级设施。亚洲国际博览馆拥有亚洲区内唯一连接机场的单层无柱式场地,设施包括提供13500个座位的室内场馆,以及5000个座位的峰会组合;香港会议展览中心面积将逾92000平方米,可配合活动要求而做出不同的安排。除了这两个多功能场馆,香港还有超过60家酒店及其他可容纳多达46000人的会议场地。大部分酒店均具备先进的多媒体

影音设备及无线上网服务。(见表2-5)

表2-5 2008年香港主要会议设施情况统计

名称	总规模		可供举办论坛设施数（间）	设施状况
	面积（平方米）	座位（个）		
香港会议展览中心	63580	4300	52	同声传译、宽带上网、音响设备、录音设备、投影仪等
香港榆景酒店	1300	700	9	宽带上网、音响设备、录音设备、投影仪等
如心海景酒店暨会议中心	3300	1000	7	宽带上网、音响设备、录音设备、投影仪等
香港旺角朗豪酒店	14750	936	8	同声传译、宽带上网、音响设备、录音设备、投影仪等
香港JW万豪酒店	12023	1100	15	同声传译、宽带上网、音响设备、录音设备、投影仪等
香港洲际酒店	1300	1300	11	同声传译、电话、电视会议厅、投影幕布等
香港海景嘉福洲际酒店	899	814	6	宽带上网、音响设备、录音设备、投影仪等
香港美丽华酒店	929	800	8	宽带上网、音响设备、录音设备、投影仪等

（四）丰富的旅游资源

具备丰富旅游资源、文化娱乐资源的城市，对会议组织者和参会者的吸引力越大，因而越容易吸引更多的国际会议前来举办。举办地旅游资源因素是指除去会议因素以外的会议举办地的其他旅游资源。这些旅游资源是引发会议旅游活动的重要吸引力因素，对会议旅游者的数量、构成和会议旅游效益有着重大的影响。不过它们在会议旅游资源中处于从属地位，必须依附于会议因素才能发挥作用。举办地旅游资源因素包括自然景观、历史文物古迹、当地特色的民族文化活动、都市风貌、人文景观、游乐场所、旅游购物条件、风味美食等。这些因素尽管不是会议旅游者产生的根本原因，但会议举办地如果具有这些因素，将大大增强潜在会议旅游者的旅游动机，促使其做出旅游的决定，并有利于会议旅游者范围的扩大，从而能够有效地增加会议旅游者数量。同时，受这些因素吸引的会议旅游者必然会进行会议活动之外的以消遣为目的的旅游活动，使当地的旅游经济效益得以全面提高。

小案例 2-2

新加坡商务会展业领跑东南亚

商务会展与奖励旅游业是新加坡旅游业的主要收入来源。据统计数据显示，2011 年，新加坡商务游客增至 320 万人次，较 2010 年增长 2.6%，商务游客的消费支出增长 4.1%，约达 56 亿新加坡元，其中不包括观光和娱乐消费。2012 年上半年，新加坡的商务会展与旅游游客较上年增长 8%，商务游客的消费支出同比增长 12%，达到约 30.6 亿新加坡元。

主打商务会展牌

随着商务会展旅游的兴起，新加坡将其作为会展业的发展方向，并从中找到了适合新加坡会展业发展的模式。商务会展旅游覆盖会议、奖励、展览和主题活动，是目前全球旅游业最热门的话题。金沙滨海度假城是新加坡政府扶助崛起的一处新的以会展旅游为主要功能的高档综合性度假区。并且，新加坡会展署适时提出了"BeinSingapore"激励性计划、"新加坡商务会议大使计划"、"新加坡商务旅游专家计划"等扶持政策，对商务活动的主办者、公司和团体提供各种个性化、专业化、标准化服务，协助其在新加坡筹备或举行商务活动。

积极拓展，软硬件不断提升

根据国际大会和会议协会（ICCA）的全球排名，新加坡连续 10 年高居亚洲会议城市之首，同时自 2006 年以来在世界会议城市中稳居前 5 位，这在亚洲是独一无二的。

2013 年，新加坡旅游局先后在武汉、北京举办了两场"新加坡数字媒体行业推介会"，重点推荐将于 6 月中旬在新加坡滨海湾金沙举办的几个展会项目。早在 2006 年 6 月，新加坡就推出了为期 10 年的"智慧国 2015"资讯通信产业发展蓝图，意在将新加坡建设成为以资讯驱动的智能化国度和全球化都市。目前，"智慧国 2015"规划目标已经实现过半，信息通信行业已经成为新加坡经济增长最重要的引擎之一，而各类展会则成为新加坡促进与海外合作的重要平台。

在配套设施方面，新加坡不断推陈出新。金沙集团投资的滨海综合娱乐城是最新的旅游景点。2012年10月下旬，新的新加坡滨海邮轮中心投入使用，可以停靠世界最大的邮轮。2014年，还会有一个体育城投入运营。交通是旅游的命脉，新加坡政府充分发挥自身的地理位置优势，发展了四通八达的公共交通。建设航站楼3个，还有多处廉价机场，空中航线通达54个国家（地区）、127个城市，是世界第三大繁忙港口。

（资料来源：http://www.meetingschina.com/News7306.html，中国会议产业网，2013年）

第三节 会议旅游的运作与管理

一、国际会议旅游的工作流程

凡举办会议，不论会议大小，住宿、餐饮、活动缺一不可，会议组织者应该主动与会议主办者打交道。以一个大型国际会议为例，它的流程主要包括申办、承办和总结三个阶段。

（一）申办阶段

国际会议承办的方式主要有会员国轮流主办、地区性轮流主办和竞标方式三种。当然竞标方式最具有挑战性，但由于竞标产生的会议往往受瞩目程度高、权威性高、影响大，因而更加引起主办者的兴趣。一次竞标工作分成三个步骤。

第一步骤是拟订竞标企划书。这是评审委员会对争取单位的第一印象。它的主要内容包括以下几项：政府及各相关单位的支持信函、硬件设备、预算、承办国际会议的记录、饭店、航空、交通和旅游、餐饮、文化节目、专业会议筹办人等。

第二步骤是接待评比人员。评比人员多由评审委员会派出，一般为3~4人，争取实验接待时要注意：用最高礼遇的接待方式；安排好住宿；结合会议相关产业参与简报编发，表现出团队精神；实地参观硬件设施；拜会政府首脑；举行参观活动；送礼品。

第三步骤是了解竞争对手。往往一个会议会有几个申办者，因此要更多地展示自己的竞争优势,以加深评审委员会的了解。

例如,要申办世博会,就要通过申请、考察、投票、注册四道关卡。

1. 申请

按 BIE(国际展览局)规定,有意举办世博会的国家不得迟于举办日期前 9 年向 BIE 提出正式申请,并交纳 10% 的注册费。申请函包括开幕和闭幕日期、主题,以及组委会的法律地位。BIE 将向各成员国政府通报这一申请,并告知他们自通报到达之日起 6 个月内提出他们是否参与竞争的意向。

2. 考察

在提交初步申请的 6 个月后,BIE 执行委员会主席将根据规定组织考察,以确保申请的可行性。考察活动由一位以上副主席主持,若干名代表、专家及秘书长参加。所有费用由申办方承担。考察内容主要包括:主题及定义、开幕日期与期限、地点、面积(总面积,可分配给各参展商面积的上限与下限)、预期参观人数、财政可行性与财政保证措施、申办方计算参展成本及财政与物资配置的方法(以降低各参展国的成本)、对参展国的政策和措施保证、政府和有兴趣参与的各类组织的态度等。

3. 投票

如果申办国的准备工作获得考察团各项的支持,全体会议将按常规在举办日期之前 8 年进行选择。如果申办国不止一个,全体会议将采取无记名方式投票表决。

4. 注册

获得举办权的国家要根据 BIE 制定的一般规则与参展合约(草案)所确定的复审与接纳文件,对展览会进行注册。注册意味着举办国政府正式承担其申请时提出的责任,认可 BIE 提出的标准,以确保世博会的有序发展,保护各成员国的利益。

(二)承办阶段

会议一旦申办成功,即进入承办的操作阶段,通常工作包括:组织筹备委员会;场地的选择;宣传推广;会议材料制作;视听设备的安排;签证与通关;交通和旅游的安排;住宿和餐饮的安排;社交节目的安排;报到的程序与现场的沟通;记者会的安排;紧急事件的处理。

1. 组织筹备委员会

大型会议展览都有一个组织筹备委员会,专职处理所有相关事宜。筹备委员会下有执行委员会,常设机构为秘书处,一般都有住宿旅游餐饮小组,因此要加强与秘书处的联系工作。

2. 会议筹备工作

会议筹备工作一般包括：专人跟踪会务组的工作；确定会议日期和场地要求；确定房间使用数量；确定会议室使用数量；确定餐饮要求；确定社交节目的安排；确定报道流程；现场工作人员接待训练；安排VIP接待事宜；检查各项活动的安排。

3. 协助开好会

开会，看似简单，但我们经常发现，很多组织总是在不停地开会，却达不成任何结果，员工一听开会就烦。由此可见，很多人对如何有效地组织会议所知甚少。

要组织一个高效的会议，必须要做好充分的会前准备工作。很多会议就是因为缺乏完整的会前工作，才导致低质量的讨论过程。其实会前的准备工作，并不只是主事者选定哪些人参与会议及设定讨论事项而已。会前准备工作的作用主要是精选最恰当的讨论方式，使与会者对讨论有清楚的方向可循；清楚地告知与会者应有何种行为表现；节省时间并减少冲突。

4. 做好会议服务工作

会议服务工作一般包括：大会贵宾、工作人员住宿房间安排；晚宴酒会安排；午餐安排；茶点安排；机场接送安排；会场接送安排；社交活动的交通安排；相关活动的交通安排。

（三）总结阶段

会后总结工作不是独立的业务工作，而是管理工作的组成部分，总结的作用是统计整理资料，研究分析已做过的工作，为未来工作提供数据资料、经验和建议。因此，总结对经营和管理有着重要意义和作用。这一阶段的工作包括：会议总结与评估；回访；感谢相关人员。

1. 评估

会议一旦结束，就应该进行评估。评估工作的作用和意义在于为判断已做过的所有工作的效率和效果提供标准和结论，并为提高以后工作的效率和效果提供依据和经验。会议评估要解决以下几个问题：具体评估哪些内容、谁将参与评估、会议评估和后续工作需要多少预算、谁负责发放和回收评估问卷或表格等。

会议总结与评估分三部分：①从筹备到开会的各项工作总结；②效益分析和成本核算；③调查本次会议在市场同类项目中所占的市场份额、优劣势比较、竞争情况等。

2. 回访

会议结束后必须及时做好客户回访工作。会议结束不久，与会代表对会议的印象仍在记忆中。如果此时抓住机会，深入与客户发展关系就容易多了。记忆是印象的延续，印象是在会议上留下的，记忆是在跟踪服务工作中加强的。跟踪服务做得越早，效果就越明显，如果在会议闭幕后不迅速联系，目标客户就会失去在会议上产生的热情，这也就意味着将失去这些客户，因此要做好客户回访工作。

3. 召开总结表彰会

做好感谢工作，对象是所有的会议参加者、重要的支持单位、合作单位以及曾给予大力支持的媒体，都应该给予感谢。对于重要的客户，我们可以采取登门致谢，甚至通过宴请方式表示谢意。

表彰会议服务人员，会议服务是一项复杂的系统工程，会议公司、酒店等各部门都可以开展表彰活动。

做好媒体跟踪报道，主要是对会议进行一个回顾性的报道，将有关情况、有关的统计资料数据，提供给新闻界发表，进一步扩大会议的影响，如会议的各类统计数据，包括会议参加人数、专业含量和观众的反馈意见等。

二、会议旅游活动的管理

（一）会议旅游活动的组织

1. 制订会议旅游活动日程安排表

会议旅游是会议期间或会议结束之后的一种休闲活动，日程安排非常讲究，既不能太松，也不能太紧。会议旅游活动的日程安排、行程路线的制订都必须考虑到会议活动的情况，避免旅游活动与会议冲突。

首先，确定旅游目的地。会议期间的休闲放松，旅游目的地最好是选择会议所在地具有知名度和影响力的景区或娱乐场所，让与会者有机会增加阅历。此外，还要考虑旅游时间的长短，一般会议期间旅游安排时间为半天到一天，会后旅游时间可安排 1～15 天。

其次，掌握旅游活动中的时间。能否合理把握时间的分析是会议旅游成功与否的重要标志。掌握时间的前提是要有周密的计划。制订周密计划的目的在于合理分配时间。时间分配的基本原则是有张有弛，先张后弛。

最后，做好旅游前期准备。出游前要带好旅游途中必备的物品：①必备药品。如驱蚊水、晕车药、消炎药。②其他物品。如摄影爱好者可带上照相机，绘画爱好者可带上画夹，文艺爱好者可带上必要的资料和笔记本电脑。③旅游目的地相关资料。事先了解旅游目的地的资料有助于增强旅游效果。

2. 游览活动安排

为使会议旅游活动顺利进行并获得良好的效果，组织人员必须做到认真策划、精心安排、热情服务。

（1）确定旅游时间、地点。

（2）统计参加会议旅游的人数，并了解人员的基本情况，如国籍、宗教信仰、职业、年龄和性别等，以把握旅途中是否有忌讳的事物。

（3）落实好餐饮、住宿、交通等基本问题。

（4）提醒注意事项，要向出游者预报旅游期间的天气和游览的地形、游览线路和距离长短。说明旅行的集合时间和地点，提醒游客旅游车的型号、颜色、标志、车号、停车地点，以便旅游者能准确到达集合地。

（5）做好导游服务。导游是旅游活动中的关键环节，由于会议旅游不同于一般的旅游活动，特别是旅游的主体是一个特殊的群体，所以对会议旅游的导游人员提出了更高的要求。

3. 娱乐活动的安排

在旅游中，游览和娱乐几乎密不可分。丰富多彩的娱乐活动有助于与会者消除疲劳，缓解会议带来的压力。在有的游览景区同时又有娱乐设施，旅游者在游览的同时可以进行娱乐体验。这里的娱乐安排包括会议方为会议参加者提供的表演、晚会等活动。娱乐活动的安排要注意以下问题：

（1）要统筹安排，避免重复。

（2）避免格调低下的文娱活动。

（3）注意安全。在大型娱乐场所，应提醒与会者不要走散，并注意他们的动向和周围环境的变化，以防不测。

（二）会议旅游活动中的协调管理

为承办好会议旅游活动，会议组织者和会议承办单位必须协调好与相关服务部门之间的关系，保证旅行中各项活动顺利开展。

1. 与餐饮部门的联系

对现代旅游者来说，用餐既是需要，又是旅游中的一种享受。会议休闲旅游安排要涉及在旅游景点及其附近用餐的问题。餐馆的环境、卫生，饭菜的色、香、味，服务人员的举止与装束，餐饮的品种以及符合客人口味的程度等，都会影响与会者对会议活动的最终评价。因此，会议组织者必须事先与有关餐饮业建立合作关系，为游客提供一套美味的休闲大餐。

2. 与住宿部门的联系

会议旅游者参加会议或进行会议旅游后往往会感觉身体疲惫，需要一个舒适的住宿环境来调整自己。宽敞的房间、齐全的设施、人性化的服务是与会者住宿环境的最佳选择。会议举办者要做好房间的预定、安排工作，与宾馆建立长期合作关系，保证宾馆能在会议期间为与会者提供良好的住宿环境。

3. 与娱乐部门的协调

娱乐属于与会者的非基本要求，然而，在现代会展活动中作为扩展知识面，了解旅游目的地的文化艺术已成为与会者日益普遍的要求。娱乐是会议活动的艺术内涵之一，特别是组织好与会者的晚间文化娱乐活动，不仅可以消除与会者白天的紧张情绪，具有寄休息于娱乐中的效果，而且可以丰富、充实会议活动，起到文化交流的作用。这就要求会议组织者和主办者与娱乐部门建立必要的合作关系。一方面保证按时获得所需数量的入场券；另一方面要获得团队的折扣，以保证支出最小化。

4. 与参观游览部门的合作

旅游资源是旅游活动的客体，参观游览是与会者在会议期间旅游活动最基本和最重要的内容。因此，与游览单位的合作关系也就显得特别重要，包括对景点门票、导游、交通方面的落实。

5. 与旅行社的合作

如果将会议团队的旅游活动交给旅行社来组织，就必须根据会议团队的特点，有针对性地选择旅行社。选择的旅行社必须具有良好信誉，且价格方面要合理。表2-6是赴俄商务考察团八日行的行程安排。

表2-6　赴俄商务考察团八日行

日期	行　　程	交通	膳食	酒店
第一天	深圳过关到香港，乘飞机晚上抵达莫斯科，入住酒店	豪华旅游车	晚餐	四星级酒店
第二天	莫斯科市内：早餐后游览"红场"（列宁墓、古姆国立百货商场、瓦里西升天大教堂）；下午与莫斯科工商会俄罗斯企业家见面（配备翻译）	豪华旅游车	三餐	四星级酒店
第三天	莫斯科—车里雅宾斯克：上午参观当地商品批发市场，了解市场；下午与乌拉尔工商会企业家见面，洽谈	豪华旅游车 飞机	三餐	四星级酒店

(续表2-6)

日期	行　程	交通	膳食	酒店
第四天	车里雅宾斯克—圣彼得堡：早餐后游览夏宫；下午参观当地商品批发城，游览涅瓦大街、选购纪念品	豪华旅游车 飞机	三餐	四星级酒店
第五天	圣彼得堡：上午与圣彼得堡工商会俄罗斯企业家见面；下午游览叶卡捷琳娜宫殿，观赏俄罗斯芭蕾舞	豪华旅游车 火车	三餐	四星级酒店
第六天	莫斯科：上午与俄罗斯商品检验中心及中国驻俄罗斯企业座谈，了解俄罗斯进口商品检验法规；下午参观莫斯科百货商场，并比较不同城市市场终端	豪华旅游车	三餐（晚餐俄式大餐）	四星级酒店
第七天	莫斯科—香港：上午游览"世界第八奇景"——克里姆林宫、莫斯科大学、麻雀山；下午游览"欧洲第一塔"——莫斯科电视塔；晚餐后前往莫斯科机场，返回香港	豪华旅游车 飞机	三餐	飞机上
第八天	香港：上午游览会展中心、金紫荆广场、回归纪念碑等；午餐后，返回深圳，行程结束	豪华旅游车	两餐	家

本章小结

　　会议是人们怀着各自相同或不同的目的，围绕一个共同的主题，进行信息交流或聚会、商讨的活动。会议旅游是指会议接待者利用召开会议的机会，组织与会者参加的或由与会者自行开展的旅游活动。这一定义既反映了会议旅游的外部特征，也反映了会议旅游的内部特征。会议旅游具有影响广泛、效益显著、发展持续、时间均衡、地域差异等特点。按照不同划分标准，会议旅游可划分为不同类型，常见的是按会议主办单位划分。会议旅游的运作条件包括宏观条件和微观条件两部分，要成功安排会议旅游活动关键在于做好组织和协调工作。

会议　会议旅游　会议旅游管理

1. 会议旅游有哪些特点？
2. 会议旅游有哪几种类型？对会议旅游进行划分有何意义？
3. 结合实际，谈谈会议旅游的发展需要具备哪些条件。
4. 叙述国际会议旅游申办的流程。

会议大使撬动上海会议旅游"大盘"

会议旅游一直被视为高端旅游市场，国际会议服务是现代服务业中极具经济、社会叠加效应的产业。如何争取到更多高端的国际会议举办权，是上海长期以来思考的问题和奋斗目标。要争取到一个"高尖端"的国际会议，是一项艰巨且综合性很强的系统工程，需要整合社会各界的资源和力量。上海借鉴国际会议发达国家和地区的成功经验，在国内率先推动"会议大使"项目，致力于招徕国际会议，从而推动上海旅游业和相关行业的共同发展。

2014年10月31日，第九批"上海会议大使"颁证仪式成功举办。上海市政府副秘书长肖贵玉出席仪式并为8位新聘"上海会议大使"颁证（见第九批"上海会议大使"名录）。自2006年起，上海市旅游局在全国范围内率先引入"上海会议大使"聘请制度，目前已经累计聘请了98位社会各界精英、行业领军人物担任"上海会议大使"。会议大使，作为一种形象的展示，一种沟通的方式，是一个城市成功吸引和举办国际会议的重要手段。会议大使一方面能够做信息咨询和宣传推广等服务保障工作，通过他们在国际不同领域中的影响力，到国际会议舞台上去竞会、争会；另一方面能够为那些已经确定举行的国际会议提供后勤服务方面的保障，确保这些会议的成功举办。另外，会议大使对推进会展旅游目的地形象建设、提升城市知名度和形象、促进城市建设发展等都具有重要意义。任命"会议大使"是上海整合会议资源，提升现代会展服务业，打造亚洲新兴会展中心设计的一个重要突破口。实施"会议大使"制度，对提升上海的国际城市地位起到积极推动作用，也为上海会议旅游发展打下坚实基础。

第九批"上海会议大使"名录

东华大学副校长刘春红
食品科学与营养学专家
浙江大学教授李铎
第二军医大学东方肝胆外科医院副院长沈锋
上海焊接学会理事长吴毅雄
北京阜外医院介入导管室主任徐波
华东师范大学学前教育与特殊教育学院院长桑标
复旦大学附属妇产科医院特聘教授郭孙伟
上海交通大学医学院附属新华医院小儿外科
国家卫生和计划生育委员会儿童结石病诊疗中心教授贾建业

自2006年聘任第一批"上海会议大使"以来，通过"会议大使"及其同行们的努力，已有很多专业性强、层次高、人数多的国际会议在上海举行。例如，"2006年上海国际图书馆论坛""2006年中国城际轨道交通国际峰会""2007年国际红斑狼疮大会""2007年国际隧道会议""2008年亚太地区外科治疗肥胖症会议""2008年第2届亚太药物代谢国际会议""2008年世界翻译大会""2008年第9届国际实验显微外科会议""2008年电子封装与高密度集成技术国际会议""国际药物临床研究与转化医学研讨会""第14届世界食品科技大会""2008年世界腔内泌尿外科会议""2008年国际儿童医院院长高峰论坛""2009年生化大会""2009年国际桥梁与结构工程协会'当代大桥'学术大会""2009年第30届国际泌尿学会大会""2013年第16届IPNA国际小儿肾脏病大会""2013年亚太消化系统疾病学术周会议""2014年第12届中国介入心脏病学大会"等。这些高层次的学术会议在上海举办，吸引了上万名中外与会代表到访上海，极大地促进了上海会议旅游业的发展。通过上海市旅游局和上海会议大使的紧密合作，上海还成功取得了"2015年第16届世界系统生物学大会"和"2016年亚太小儿心血管会议""2016年城市未来大会"等大中型会议的举办权。

根据"上海会展旅游'十一五'行动计划"的指导精神，到2010年将有50～100名"上海会议大使"，"上海会议大使"聘请工作将作为一种制度延续下去。为做好上海旅游业发展中的配套服务设施，到2010年年底，上海市要新建30余家高星级酒店。其中将在中心城区以外的青浦、闵行、南汇新建

14家高星级酒店。全市范围内的会展相关产业布局将走出主城区，向周边的度假旅游地延伸，其中淀山湖和佘山国际旅游度假区将是西部延伸区的重点，而崇明岛和横沙岛将是东北部延伸区的发展重点。

政策：多方支持与协调

上海市旅游局对"上海会议大使"工作高度重视，对"上海会议大使"形象精心维护，对他们的工作多方面协助。如上海市旅游局向上海图书馆设立在海外馆的"上海之窗"，多次赠送了《上海旅游画册》等旅游宣传资料，加强上海对外宣传和交流工作；上海市旅游局下属的上海旅游会展推广中心定期对"上海会议大使"进行拜访和沟通，对会议大使们的工作进行充分了解，不定期编制《上海会议大使动态》，并向业内发送最新信息，协助会议大使开展国际会议竞会工作。此外，积极满足"上海会议大使"的实际需求。例如，及时向会议大使们提供多语种的上海旅游宣传资料，在"2007年国际红斑狼疮大会"场地预订及期间举行的"病患者慢跑活动"进行了多方面的支持与协调，得到了相关大使们的好评。

随着2010年上海世博会的开幕，上海必将迎来一个旅游业的增长期。但是，如何保持上海旅游产业的可持续发展，使2010年后的上海继续保持吸引力？从这个意义上来说，"上海会议大使"聘请工作正是面对竞争日益激烈的国际旅游业现状而实施的一个前瞻性的举措。

在深入研究国际上"会议大使"开展工作的成功经验基础上，上海市旅游局有选择性地借鉴了国际经验，并结合本土优势和特色制定了上海的"会议大使"工作方案。例如，组织境外会展考察团来沪考察，为会议大使请来的国际会议代表赠送上海旅游地图和旅游指南。儿科医院、儿童医学中心在未来几年准备申办上千人的医学会议，他们担心因会议规模太大而无力承办，但是通过"会议大使"制度的实施，以及市旅游局的协调和保障服务，会议大使们可以在国际竞会的舞台上"长袖善舞"。

上海市旅游局自2001年加入ICCA国际大会与会议协会成为会员以来，积极参与同该国际组织的交流和联系，包括组织多场专业研讨会，参加该组织年会等。近年来逐步深化、健全了对上海市举办国际会议的统计工作，注意每年发布上海国际会议统计分析报告，并向ICCA申报统计结果。在ICCA发布的国际协会会议全球排名中，上海国际会议在世界上的排名逐步上升，这与上海会议大使的努力工作是密不可分的。

可以肯定的是，通过这项制度，上海的国际会议产业必将越来越专业化、国际化。"会议大使"们普遍认为有了相关部门的支持和协助，他们可以专心于专业性会议的国际竞会工作并努力提高会议的层次。

初衷：打造亚太会议旅游目的地

根据上海会展旅游"十二五"时期行动计划，到"十二五"期末，着力完善基础设施、提高接待能力、规范服务质量，构筑"一带、三区、六组团"的会展旅游发展格局，把上海建设成为以"商贸交流"为特色的会展旅游目的地。上海将通过世博会场馆的后续利用与国家会展中心的兴建，力求主要会展场馆面积达到100万平方米以上，并在旅游会展产业方面实施规模化与集聚化战略，构建浦东与虹桥两大会展集聚区；打造一批经上海与其他相关国际组织认定的国际品牌展览与会议。应运而生的"会议大使"制度即是旅游局面对竞争日益加剧的国际会议产业而实施的又一举措。目前，上海是中国内地唯一推出"会议大使"的城市。申办国际会议首先需要会议线索，先要从国际会议协会的定期简报中筛选出有价值的信息，如哪些协会在寻找哪一届年会的地点，如会议周期、曾经开会的国家和城市、成员情况等，据此列出一个正在寻找会议举办地的名单，确定申办的目标范围。接着，顺着各类国际协会和国际组织中国分会的线索，由会内的中国专家，代表中国游说申办下届大会。

推行"会议大使"制度，更深层次的动因除了上海立志要打造亚太地区最重要会议旅游目的地之外，更希望带动整个中国的会议经济，从而拉动会议旅游。因此，上海旅游局的决策者们决定要跳出旅游做旅游，跳出中国到世界舞台上竞夺国际会议。

（资料来源：何苇：《中国会展》2009年第10期，有删改）

■讨论题

1. 会议大使的评选对上海会议旅游有哪些促进作用？
2. 分析上海会议大使成功的经验。

第三章 展览旅游

①掌握展览旅游的概念、特点和参与主体;②熟悉展览旅游的发展条件;③理解展览旅游运作模式,了解展览旅游的产品管理、营销管理和品牌管理。

第一节 展览旅游的概念、特点和参与主体

一、展览旅游的概念

展览是一种古老、特殊的经济交换(流通)形式。从形式上看,原始社会时期的物物交换可以看作是展览的最早萌芽,随着社会经济的发展和社会分工的不断扩大,剩余产品越来越丰富,偶然性的交换逐渐发展成为有固定时间和固定地点的交换,于是传统形式的展览——集市就产生了。在现代,有关展览的内涵不同文献有不同的表述。《辞海》(上海辞书出版社,2002年版)定义为:"用固定或巡回方式,公开展出工农业产品、手工业制品、艺术作品、图书、图片,以及各种重要实物、标本、模型等,供群众参观、欣赏的一种临时性组织。"《简明不列颠百科全书》定义为:"为鼓励公众兴趣、促进生产、发展贸易,或者为了说明一种或多种生产活动的进展和成就,将艺术品、科学成果或工业制品进行有组织的展览。"美国《大百科全书》定义:"一种具有一定规模,定期在固定场所举办的,来自不同地区的有组织的商人聚会。"尽管不同文献定义不同,但对展览共同认可的特征有:信息高度集中;交易选择的空间大;涉足行业前沿;通过一定的艺术形式展示产品和技术;实现双向交

流,扩大影响,树立形象,达成交易、投资或传授知识、教育观众的目的。展览或展览会的名称有很多,如博览会、展销会、博览展销会、交易会、贸易洽谈会、招商会等。其中,展览会和博览会两个术语的使用频率较高。最知名、最具影响力的是世界博览会(International Exhibition or Exposition)。随着我国经济运行的市场化及国际化程度不断提高,展览业在社会经济活动中的影响也越来越引起人们的关注。展览活动已成为企业营销、政府宣传、城市形象、品牌培育的重要工具。

展览旅游是随着展览业的不断壮大和旅游业的成熟而出现的一种新型旅游形式。展览旅游是指以举办展览为前提,以完善的基础设施为支撑,以旅游资源为补充,吸引人们前往展览举办地并为其提供与旅游业有关的服务的一种旅游活动形式。从需求的角度看,展览旅游是指特定群体花费一定的时间、费用和精力,前往一定距离的特定地方,去参加展览活动而进行的有关旅游活动的一段短暂经历;从供给的角度看,展览旅游是旅游企业专为以参与各类展览及相关活动为目的的特定群体而推出的,用以满足其旅游活动需求的一种有偿综合服务。

深刻理解展览旅游的概念应注意两点。首先,展览的举办是展览旅游的前提条件,没有展览,就没有展览旅游。这是展览旅游与其他旅游形式的最大区别。其次,展览旅游并不等于举办展览活动。虽然展览活动是展览旅游的诱因,它吸引着参展者和观展者来到展览活动的举办地。但是,只有依托举办地的其他旅游资源,将参展者和观展者转换成旅游者,实现展览业和旅游业两个不同产业之间的联姻,才能最终形成展览旅游。也就是说,展览旅游者一定是参展者或观展者,而参展者或观展者不一定都是旅游者。因此,展览活动与旅游活动的协同发展要实现三个"转化":一是把展览转化成旅游吸引物,把展览作为一种特殊的旅游资源;二是把展览的参与者转化为旅游者;三是把展览本身拓展到住宿、餐饮、娱乐等,延长旅游者停留时间,提供游览、购物、娱乐等多种旅游需求,增加旅游者的综合消费水平。

展览旅游按照在旅游市场中存在的空间范围不同,具体又可区分为不同的形态,形成一个不同层次的展览旅游概念体系。其一是展览期间的组织接待服务。它是指旅游企业在展览期间为参与者(参展商和观展商等)提供的组织和接待服务,包括订票、订房、订餐、订车、娱乐安排、翻译讲解等服务。其二是展览举办地城市旅游产品。它主要指展览举办地城市的旅游服务,以展览参与者在展览举办地的城市旅游为主,也包括因展览活动的举行而形成的以展览为主要吸引物的旅游服务。无论是大型的国际展览或是中小型的国内展览,一般都会将举办地选定在有知名度的品牌城市。因为展览举办地城市其品牌本身就是极富吸引力的软资源,如人们熟知的世界最早的展览与展览机构就兴起于中世纪英国的"传统之都"伦敦;近代商业意义上的世界第一个展览于1890年在德国的"博览之城"莱比锡举行;现代的展览经济更是高度集中在法国的"浪漫之都"巴黎与德国的"展览城市"汉诺威、"金融之都"法兰克福、"文化之城"慕尼黑等知名城市;此外,国内还有"国际都会"上海、"泛珠龙头"广州、"首善之都"北京等品牌城市。其三是辐射到展览城市之外的其他旅游服务。它主要指延伸至展览举办地城市之外的其他旅游服务,以参会者在展览举办地的省内旅游为主,也包括由此辐射到的其他更远范围的旅游服务。

从以上概念看,展览旅游不同于传统的观光旅游,也不同于一般的休闲旅游,它是一种特殊的旅游形式,其特殊性主要表现在以下几个方面:

第一,展览旅游依附性强。展览旅游是依附于各种类型展览活动的举办而滋生的一种旅游活动形式,是专为满足展览旅游需求而生产和加工的产品和服务。展览旅游是为展览活动的举办提供展会本身之外的,且与旅游业相关的服务,并从中获取一定收益的经济活动。因此,展览旅游关心的不是怎样去举办展览,而要关心举办的是什么展览,以便结合展览的内容和特点,为展览参与者提供服务,从展览本身拓展到住宿、餐饮、娱乐方面,继而争取在游览、购物等方面创造需求。

第二,展览旅游具有主题性。展览活动虽然涉及政治、经济、文化、科技、教育、卫生、军事等社会各个方面和各个领域,但展览行业的市场行为是以某个展览项目的举办为特征,活动总是在一个特定的时间、地点,围绕一个主题进行。因而,展览旅游是主题式的。因此,旅游企业在开发这一旅游产品的同时,还必须按照展览的主题和发展变化调整其服务内容。特别是对专业性展览,旅游企业应该熟悉该行业的发展情况和参展者展览之外的需求,能安排其与本地同行业的交流与参观访问活动。

第三,展览旅游是一种混合型旅游。展览旅游是观光旅游、休闲旅游等单个旅游产品的集合体,是一种混合型旅游。展览旅游产品就是专门为展览参与者提供的旅游产品。展览旅游产品可以是单独的核心旅游产品,也可以是组合旅游产品,即"吃、住、行"与"游、购、娱"中的任何一种、两种或全部的组合。

二、展览旅游的特点

(一)旅游空间的集聚性和限制性

展览业是工业化和城市化的产物,因此,展览举办地一般为经济较发达的城市。城市是人流、物流、资金流、信息流汇聚的地方。展览旅游是以城市的中心地带为主要的旅游消费目的地。展览旅游产品在空间上主要分布在市区甚至是市中心的空间范围。因此，展览旅游游客集聚的空间密度主要集中在主城区或者是个别中心地段或区域。由于旅游区域性比较集中，展览旅游参与者的旅游活动多以就近或顺道观光浏览为主，因此，旅行社针对展览旅游者特点开发的旅游产品应以短线为主，组团灵活。另外，展览旅游者的参与人数多，组团规模大决定了旅游空间的限制性。巨大的游客流量往往会超出城市的环境承载力、交通压力和管理控制力，产生诸多管理问题。

（二）旅游形态的经济性和综合性

展览旅游与其他旅游形态相比，显示出强烈的经济色彩。展览业所依托的工业、商贸、科技企业等产业经济，不仅自身具有极高的经济价值和经济效益，而且带动了旅游业的发展；同时，展览旅游活动的发展反过来又促进了城市工业、商贸、科技企业的发展。所以，展览旅游活动是城市经济发展和繁荣的催化剂。展览举办地所在城市大多是区域性的政治、经济、科技、文化、教育等中心地，旅游文化内涵极其丰厚，这就决定了展览旅游活动和项目的综合性。各种旅游形式如观光旅游、休闲度假旅游、购物旅游等都是展览旅游的开发对象，也能满足展览旅游者的多种旅游需求。

（三）旅游行为的附属性和随意性

展览旅游行为的附属性是由展览旅游者的出游动机所决定的。展览旅游者出行的首要目的是参加或观看展览。由于展览举办地丰富的旅游资源吸引诸多展览参与者，这些人群在满足其出行的首要目的前提下，往往会在展览举办地产生附属性的旅游行为。展览旅游的服务对象是参展人群，如参展商和观展者，参展人群不同于一般的旅游者，他们大多商业意识强，时间观念强，且通常有较强的独立性，追求放松和自由自在，旅游行为具有较强的随意性，展览旅游者往往不需要做专门的计划和准备（组团式旅游除外）。由于展览旅游者在旅游过程中追求精神的愉悦与放松，因此，旅行社要针对他们提供高质量服务，并根据他们的个性需求，制定旅游线路，提供个性化旅游产品。

（四）旅游供给环境的优越性

展览举办地一般为经济较发达的城市。这些发达城市都是在本区域内经过长期建设，具有良好的基础条件和特定优势条件的旅游载体，相比其他旅游区，它们有安定的社会环境、发达的经济基础、方便快捷的交通；有结构合理、多层次的能满足各种旅游者需求的宾馆饭店，能提供符合各种需求且价格合理的优质服务；有先进的展览场馆，现代化的通信设施，以及健全高效的金融、保险、航运、空运等，加之高素质的旅游从业人员，形成了开展展览旅游的优越环境。正是因为展览旅游要求举办地供给环境优越，所以并不是每个城市都可以发展展览旅游的。

（五）旅游效益的显著性

展览旅游的经济效益显著。展览旅游能产生巨大的经济效益有诸多原因。其一，展览旅游者人次多。如 1999 年中国昆明世界园艺博览会作为专业类世界博览会吸引游客 900 万；2000 年汉诺威世界博览会吸引游客 1800 万；2010 年中国上海世界博览会吸引游客 7308 万。另外，展览会按时间分为定期展览会和不定期展览会，定期展览会因开展的规律性和持续性越来越受到重视。定期展览会有一年一次、一年两次、一年四次、两年一次等。因此，展览旅游不仅单次组团规模大，而且展览的周期性将带来旅游人次的总量庞大。其二，展览旅游者消费档次高。展览旅游者一般都是各行各业的精英人士，具有一定的社会地位和较高的职务，属于高收入阶层，因而购买能力强。此外，展览旅游者的出行往往是由于工作需要，产生费用通常由单位担负，并且他们的消费水平在一定程度上代表企业的形象和实力，因此，展览旅游者对价格的敏感度较低，往往更注重质量、特色、服务等方面因素，消费档次高。其三，展览旅游者停留时间长。根据我国以往的经验数据，大中型展览活动举办的时间一般不少于 3 天，除去展览期间组织的休闲娱乐和参观考察外，不少人员还会在展览活动结束后安排个人的旅游活动，这样停留的时间还会延长。其四，展览旅游者消费链条长。由于展览旅游者停留时间长，属于过夜旅游者，因此，展览旅游者不仅给展览举办地带来交通、住宿、餐饮等基本收入，还会带来游览、娱乐、购物等高盈利收入，形成一条"展览旅游消费链"。

此外，展览旅游经济联动作用明显。展览旅游是一个大的系统工程。展览旅游的发展需要举办地城市在社会、经济、环境和文化等多方面的联动，需要依托社会多部门产业的支撑。反过来，展览旅游的发展又能带动社会、经济、环境和文化等各种产业的发展，展览旅游的发展可以直接带动住宿、餐饮、交通、休闲娱乐业的共同发展，也促进了金融、投资、贸易等产业的发展。展览旅游具有明显的带动效应和经济助推器作用。

（六）旅游影响的广泛性

展览旅游不仅给举办地城市带来显著的经济效益，而且具有影响广泛的社会效益、政治效益、环境效益等。其一，展览会的"聚媒效应"有助于提升举办地城市旅游形象。展览本身就是媒介事件，具有很强的"聚媒效应"，是新闻媒介报道的热点。尤其是大型展览会，在举办之前甚至在申办之时就已被各种不同层次、不同类型的媒体广为宣传。长时间的持续宣传大大提高了举办地城市的知名度和美誉度，使当地旅游形象得以提升和推广。2010年上海世博会：吸引了700多家国外媒体、600多家国内媒体的13000多名中外注册记者采访报道，这样的全球宣传效果是难以估量的。其二，展览会的前沿性和时尚性，将有助于提高举办地城市市民素质。展览就是展示最新的商品、技术、项目、风情和文化。一个展会是否成功，在很大程度上取决于业内顶尖企业的出席率，取决于业内最新技术、最新信息展示和发布的多寡。展会为满足人们求新、求异的欲望，会使新颖、时尚、前沿的产品得以充分展示，业内最新技术得以广泛交流。因此，展览会为举办地城市市民打开了眼界，让他们得以全方位触摸文化、科技前沿，这将启迪市民的思维，提高市民的素质。其三，展览会的高要求性有助于完善举办地城市的旅游基础设施。展览会对申办城市的规划、建设提出更高的要求，推动城市进行基础设施建设、交通设施建设、城市规划设计和改造。通过这些建设和改造，可以完善城市的基础设施、机场、道路、桥梁等设施建设，改善城市居民的居住环境，形成良好的生态环境。1998年，里斯本为筹备世博会，将城市的交通、电信和环保等基础设施改造之后，城市面貌焕然一新。举办1999年世界园艺博览会的昆明，提前十年完成了对城市的改造和建设，以全新的城市面貌成功地举办了此届园艺世博会。

小案例 3-1

杭州西博会启示录：始于节会，超越节会

1929年6月6日至10月20日举办的西湖国际博览会（以下简称"西博会"），开了中国展览业的先河。此后，由于历史的原因，西博会停办了70年。2000年，作为中国现代会展业的发源地和风水宝地，杭州决定重拾1929年首届西湖博览会的"金字招牌"，恢复举办西博会，每年一届。迄今，杭州西博会的分会场已有15个，以"没有围墙的博览会"之姿在国内会展节庆业培育出引人注目的"西博现象"。

2000年前，杭州会展经济在国内处落后地位，会展企业仅二三十家，时至今日，企业数量已达300家左右，西博会先后获得"中国十大魅力节庆""中国十大博览赛事节庆""中国最具影响力国家级品牌展会"等荣誉。以西

博会为龙头的会展业则为杭州带来了"中国最具影响力节庆城市"第一名、"最佳节庆城市奖""中国十佳会展城市""中国十大魅力会议目的地首位"等10多项"桂冠"。

2000年以来,西博会共举办各类项目1335个,实现贸易成交额1554.35亿元,协议引进外资113.7亿美元,协议引进内资1610.22亿元。平均每届西博会拉动城市GDP增长约0.5个百分点,西博会已成为杭州经济发展的重要增长点。

西博会给杭州经济社会发展注入了活力、带来了动力,也聚集了人气、凝聚了人心,对杭州经济、政治、文化、社会、环境的影响无处不在、无时不有。在某种意义上说,没有西博会,就没有杭州今天会展业的蓬勃发展;没有西博会,就没有杭州今天旅游业观光、休闲、会展"三位一体"的发展格局;没有西博会,就没有杭州今天在国内外的知名度和美誉度。可以说,西博会是城市旅游的"催化剂",是城市经济的"发动机",是城市文化的"融合器",是城市环境的"美容师",是城市发展成果的"展示台",是城市营销的"大事件",是生活品质的"提升机",是锤炼干部队伍的"大熔炉"。

(资料来源:《杭州西博会启示录:始于节会,超越节会》,2013年,《东方早报》,有删改)

三、展览旅游的参与主体

展览旅游作为一种旅游形式,从展览旅游的全过程看,展览旅游的参与者包括三大类:展览旅游的组织者、展览旅游的需求者和展览旅游的经营者,三者共同构成了展览旅游活动中的主体(见图3-1)。展览旅游的三类参与者在整个展览旅游中具有不同的作用和特点。

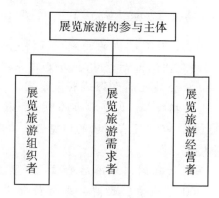

图3-1 展览旅游的参与主体

(一) 展览旅游组织者

展览旅游的形成依赖于展览活动带来的大量人流、物流和资金流,有吸引力的展览是展览旅游形成的核心要素。展览的开展主要掌握在展览旅游的组织者手中。展览旅游的组织者是展览运作过程中的主要参与者,负责展览的组织、策划、招展和招商等事宜,在展览事务中处于主导地位。展览旅游的组织者不但决定展览的性质、特点和形式,而且决定展览的最终效果,所以,展览旅游的组织者状况决定展览旅游的状况。

我国展览旅游的组织者往往包括展览主办者和承办者,按一些地方已经制定的展览法规和一般理解,前者是指负责制定展览的实施方案和计划,对招展、办展活动进行统筹、组织和安排,并对招展、办展活动承担主要责任的单位;后者是指根据与主办单位的协议,负责布展、展品运输、安全保卫以及其他具体展览事项的单位。目前,大体上有三大办展主体,即政府(包括政府及部门、政府临时机构、贸促会等半官方贸易促进机构)、商协会、企业(国有企事业、民营企业、外资企业)。

1. 政府

在我国,展览活动多年来一直是政府促进贸易、投资、技术、文化交流等事业发展的重要手段与载体,加上我国经济体制带有很强的政府主导特征,因此,我国的展览活动大多由政府或半官方机构主导。目前,国内有较大知名度和影响力的,具有一定国际性特征的重点展览会,大部分是由政府及其部门、事业机构主办。例如,目前的几大品牌展会,如广州广交会、厦门投洽会、北京科博会、深圳高交会等都是典型的政府主导型展会。政府主导型展会的目的是贯彻国家政策、引领市场经济活动和交流传播文化,较之商协会、企业举办的展会项目功能,具有政策导向的风向标、政府形象宣传的载体、经济贸易活动的平台、兼顾各方效益等独特优势。但由政府主导的众多展览会,因市场化程度较低,经济效益比较低下。政府主导型的展会的可持续发展需要围绕提高效果、提高效率、提高效益等方面作进一步改革。

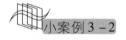
小案例 3-2

中国华东进出口商品交易会(华交会)

"华交会"是由中华人民共和国商务部支持,上海市、江苏省、浙江省、安徽省、福建省、江西省、山东省、南京市、宁波市 9 省市联合主办,每年 3

月1日至5日在上海举行,是中国规模最大、客商最多、辐射面最广、成交额最高的区域性国际经贸盛会。自1991年以来,华交会已成功举办了24届。第24届华交会在上海新国际博览中心举行,展览面积达11.5万平方米,设标准展位5780个,分4个专业展区(服装、家用纺织品、装饰礼品、日用消费品展区),参展企业3441家。境外展商分别来自日本、韩国、伊朗、马来西亚、尼泊尔、哥伦比亚、西萨摩亚、中国香港和中国台湾9个国家和地区。华交会展示的轻纺产品中,高新技术产品、名特产品占有较大的比例。第24届华交会吸引来自全世界117个国家和地区的逾2.1万名客商和国内1.4万余名专业客户到会洽谈,出口成交总额达27.59亿美元。

(资料来源:http://www.ecf.gov.cn/EnewsLetter.aspx?id=9&tid=8,华交会官网,2014年)

2. 商协会

近年来,随着我国市场经济体制和行政管理体制改革的深入,各种同业商会、行业协会(以下简称"同业商协会")有了很大的发展。我国的展览会越来越多地由各种同业商协会和社会团体作为组织者来主办或承办,同业商协会成为组织展览会的一支生力军。同业商协会组织展览活动不仅有利于促进行业交流,而且也为同业商协会扩大影响和获得盈利。随着政府职能的转变,同业商协会的作用得到进一步发挥,在举办展览方面的作用也在进一步增强,呈现项目增多、比重扩大的趋势。

3. 企业

改革开放初期,我国展览业以国有资本为主,目前已有大量的民营资本进入展览业,外国资本也在进一步增加。

国有展览企业主要是外经贸系统和贸促会系统的企业,其中包括两部分:一部分是具有进出口权的大型外贸、工贸总公司,贸促会系统成立的展览公司,有资格主办、承办与本业有关的专业展览;另一部分是政府投资建设的展览场馆,其采取成立直属展览公司或划拨、委托的方式,由有关的国有企业或事业单位负责经营管理,也举办一些展览组织活动。前者大多数已经或正在改制,主要是经营涉外展览或来华展览、出国展览等业务,其中经原外经贸部批准有主办或承办来华展览资格的展览公司200多家,有主办或承办出国展览资格的展览公司 196 家。

随着中国展览业的发展，一大批私营、多元化股权结构的展览企业也应运而生，这些企业完全按照商业化模式运作，在市场竞争中逐渐成长，锻炼出一支具有一定专业水平的队伍，将成为我国展览业未来最具竞争实力的市场主体。除了出国展览和涉外经贸展览，中国展览业的市场进入条件相对很低，因此，有越来越多的民营企业介入展览业，或主营，或兼营。

中国展览市场的快速发展和巨大的需求潜力，对境外展览企业形成了巨大的吸引力。一些国际展览公司或跨国展览集团通过合作办展、合资或独资建设展馆等方式进入我国展览市场，并开始独立办展。一些香港地区的展览公司与内地有关单位作为合作伙伴，已在内地展览业占有重要位置。据不完全统计，目前内地举办的国际专业展约40%有香港地区或海外公司参与。这些公司往往作为海外招展的总组织者负责招揽海外厂商来展。

除上述三类专业展览企业外，一些实力较强的非专业性展览企业通过自行组织或与其他企业、专业展览公司合作办展等方式，也介入了展览组织事务，如大型企业集团。另外，还有与展览宣传、策划、研究有较为密切关系的，以及为展览提供分门别类服务的非专业性展览企业，如广告公司、各种类型的媒体、旅游公司等，偶尔也介入展览的主办、承办事务。

无论国有企业、民营企业、外资企业还是其他类型企业，参与办展的目的主要是为了获得盈利。尽管近年来我国民营展览公司发展很快，数量较多，但从规模、实力、人才与经营管理水平来看，我国展览公司与国际水平尚有很大差距。随着我国市场经济体制改革和展览业市场化、专业化、国际化进程的加快，企业参与展览活动将会呈现新的发展趋势。

（二）展览旅游需求者

展览旅游需求者是指现实的和潜在的展览旅游购买者，是用一定的货币购买展览旅游产品的旅游消费者。展览旅游者是展览旅游的主体与核心，展览旅游业就是围绕这一主体和核心，以相应的价格向消费者提供展览旅游产品和服务。因此，展览旅游者的需求既决定了展览旅游经营者的目标市场，又决定着整个展览旅游业的发展方向。展览旅游的需求者是展览旅游产品的购买者，包括参展企业、参展商和观众。

1. 参展企业

参展企业是展览旅游的购买者。每一个成熟的参展企业都知道，与其他企业的市场营销工具如广告等相比，通过参展能够较好地实现吸引新客户、发现潜在客户、满足销售与成交的需要、维护或树立企业的形象、增加企业对市场的了解等基本市场营销目标。展览会因此又被称为企业最有效的市场营销工具。

展览旅游是参展企业实现特定经济性或社会性目标的必要方式和最佳方式。因此，从旅游动机的层面来看，展览旅游活动的发生仅仅是参展企业经营行为的一个派生结果。对参展企业来说，展览旅游是一种经营和管理手段。因此，参展企业对展览旅游的需求是以完成特定的组织目标为核心的。在展览旅游活动的整个决策过程中，参展企业的意志都具有相当的权威性，除了对目的地和时间的严格要求之外，参展企业还决定选择由什么人参与旅游、对旅游活动的内容予以规定、对旅游活动的各项预算进行严格限制等。

2. **参展商**

参展商是展览旅游的主体之一，也是展览旅游的重要消费者。

参展商是指在展览会上通过展台等手段展示参展企业产品、发布新产品信息、寻求与目标市场进行交流、开发新市场的群体。参展商一般由参展企业销售部、市场部或展览部工作人员组成。参展商是展览旅游的动力源，如果没有参展商的展览行为，就不会产生展览组织者和观众的行为，也就根本不存在展览旅游。参展商数量的多少和行为的活跃与否，直接关系着展览是否具有生命力。事实证明，凡是参展商群体庞大、行业组织支持度高的展览会，吸引的专业观众就越多，成交额就越高，所取得的效果就越明显，影响力就越大，培养成品牌展会的概率就越大，对展览举办地的作用也越大。

对于参展商来说，"旅游"是其工作方式的一种变形。在展览旅游中，参展商既需要维持正常的工作状态，又在一定程度上表现出一般旅游者的倾向。参展商的需求主要在三个方面：其一，执行展览旅游活动内容的基本需求，如对必要性的基础设施和办公设施的需求；其二，保证展览旅游活动的效率的需求，如在交通工具的选择上，可以在参展企业授权的范围内，选择高速的航空运输；其三，出于工作自豪感和消费偏好的需求，在一些具有弹性的选择上可以参考自己的个人喜好，如可以自由选择西餐或者中餐、休闲娱乐景点等。

3. **观众**

观众是展览活动不可缺少的一个重要参与者，也是展览旅游的消费者。观众是吸引参展商参展，从而维持和发展展览项目的最根本保证。展览的观众可分为专业观众和普通观众。所谓专业观众是与展览活动有现实的或潜在的购买关系的人群和企业。他们与参展商签订购买协议的可能性很大，参展商也可以通过他们了解更多的目标市场信息，便于以后产品的开发等。普通观众则指对展会有兴趣者。他们是展览气氛的烘托者，购买和成交的可能性较小。

展览会是参展商和专业观众进行商务洽谈、信息交流的平台。由于专业观众的数量和质量是构成对参展商吸引力的主要因素，专业观众是展览会组织者宣传和吸引的主要目标。因此，参展商和专业观众是展览旅游的核心主体。专业观众一般是出于业务原因参加展览活动，也就是说，他们往往是带着具体的目标和目的来参加展览会的，他们或者是来了解本行业的竞争状况或产品状况，或是来收集一些相关的统计数字，也可能仅是公司派来出席展览的。在多数情况下，参加展览会的专业观众的消费由他们的公司承担。

普通观众则是把参加展览活动看成是一种娱乐方式，对展出的内容有一定兴趣并有了解的欲望，具有一定的购买欲望。尤其是消费品展销会上的观众通常会考虑在展览会上购买展示的产品或服务，部分人是因为展会有礼品赠送而参加或是纯粹看热闹。普通观众的旅游行为和一般的观光休闲旅游者行为是相似的，不同的是，普通观众的旅游吸引物是展览，而一般旅游者的旅游吸引物为旅游景区。

（三）展览旅游经营商

展览旅游经营商是以展览会为凭借，以旅游配套设施为基础，为展览旅游者的展览旅游活动创造便利条件并提供其所需商品和服务的旅游企业，主要包括旅行社、以旅游酒店为代表的餐饮住宿企业、交通运输企业和休闲娱乐企业，基本涵盖了"吃、住、行、游、购、娱"旅游六要素。

1. 旅行社

旅行社业由于其招徕、接待的行业特点，很多比较大型的旅行社在长期的市场运作中积累了丰富的实践经验，具备很强的接待组织能力和协调能力。旅行社的介入，不仅可以为展览参与人员安排接送，代订客房、餐饮、票务，组织参观游览，还可以根据实际需要，适时提供一些建议以供选择。这样，不仅为展览活动参与者省去了很多不必要的琐事和麻烦，还可以使其享受到最优惠的价格和满意的服务。因此，旅行社既可以根据展览的市场定位和目标群体提供相应服务，也可以针对某一知名的展会品牌而组织参会人员的来往，或将展会活动纳入一个旅游线路中，并提供相应的旅游服务，或为参展商在展览之余提供旅游和购物咨询，介绍当地的风景名胜和民情风俗，并按参展商的要求设计合理的短线旅游路线或争取成为展览活动指定的接待方，具体负责整个活动外围事项。

2. 酒店

展览旅游参与者需要"吃""住"方面的服务，这也是旅游六大元素的内容。"吃""住"的提供商一般是酒店、饭店、旅店等住宿和餐饮单位。展览旅游者对于"吃""住"的要求较高，在"吃"上不仅要求卫生、美味，而且还要有一定的品位和档次；在"住"上不仅要舒适、安全、交通方便，还要有能满足展览旅游者工作需求的办公设施等。由于展览的计划性比较强，并附有具体的要求说明或签署了相关的协议，因此饭店可以提前进行准备和调整。在保有较好的通信网络、商务中心和辅助性服务等项目的同时，饭店还要重视客户记录的保留和存档，并定期与展览组织者、参展企业等保持联系，了解市场的新动向和新需求，以便及时抓住时机为其提供服务。

3. 交通运输企业

旅游离不开交通。"行"是旅游的六大要素之一，对于展览旅游也是如此。在展览旅游中，参展商和参观者必定要发生位移，交通运输企业就要为他们提供交通运输服务，促成这种位移的实现。在展览旅游中的交通运输企业不包括为展览运送展览物品和展览器材等的运输服务提供者。交通运输服务商包括航空、铁路、公路、航运等企业和部门。一般来说，参加展览旅游的人在出发前都会事先安排好旅游中的交通事宜。特别是参展商，他们往往会由展览活动的组织者安排往返交通，甚至是展览前后或期间的旅游考察交通。若展览组织者没有为参展商安排交通，则要由参展商自己安排交通事宜或者通过旅游中介机构，如旅行社预订和安排交通事宜。

4. 休闲娱乐企业

展览旅游重要的要素就是"游"。在展览旅游中，作为一般参观展览的旅游者，他们的主要游览对象是展览会，而其他旅游设施只是辅助或延伸。这是因为，展览旅游是以展览为诱因的旅游形式，与其他休闲旅游最本质的区别在于它以参加或参观展览为最主要内容和目的的。当然，一个展览旅游目的地对游客的吸引力也要依赖于除展览以外的其他休闲娱乐旅游企业。展览举办地的整体形象和旅游资源，也是展览的组织者和参与者着重考虑的内容之一。此外，展览的举办地一般是极具现代化气息的城市，城市本身的经济活力能为展览旅游者提供各种便捷的服务和更多的商机，它对展览旅游者也具有较强的吸引力。

第二节 展览旅游的发展条件

展览旅游的发展是以城市作为载体的，一个城市要想成功举办展览活动，就必须具备一定的条件，尤其是大型国际展览旅游活动的开展对举办地的要求更是苛刻。离开一定的社会经济条件，展览旅游不可能顺利开展，也难以达到预期目的，对社会经济发展的贡献也难以实现。国内外展览旅游的发展实践表明，展览旅游的发展受多方面的条件制约。

一、展览旅游的经济条件

（一）雄厚的经济实力

展览业成本较高，无论举办何种展览活动都需要一定的经济实力和资金投入。大型国际展览的开展更需雄厚的经济实力背景。随着展览旅游的市场化运作已成必然趋势，靠政府拨款、社会捐赠等非商业性筹资方式已不能满足开支，商业化筹资手段开始占主导地位。举办地自身的经济总体实力是成功举办展览旅游活动的基础。

（二）良好的产业基础

城市展览旅游的发展，需要依托当地的主导或优势产业，因为只有主导或优势产业才能培育出有特色、有实力的展览项目。主导产业优势愈明显，品牌效应愈强，展会愈容易吸引参展企业和客户，从而赢得声誉，扩大影响。国际展览旅游发达的国家，其展览旅游的发展，在很大程度上是依托本国的优势产业发展起来的，而我国展览旅游发展比较好的城市，也与自身支柱产业发展程度有着很强的联系。

（三）广阔的客源市场

展览举办地应是展览商所提供展品（包括产品、技术和服务）的主要客源需求市场。交通工具和高新技术的发展虽然极大地提高了产品的运输效率，但这并没有从根本上改变展览举办地要和展览需求市场相吻合的基本原则。举办展览的根本目的就在于推广和销售，特别是以推介产品为目的的各类专业展览会更是必须将展览举办地定位在产品的市场需求区。

（四）相对成熟的旅游经济

展览旅游的发展需要以展览举办地相对成熟的旅游经济为背景。旅游业的兴旺发达是办好展览旅游的必备条件。一个城市发达的旅游业会提高城市展览活动的吸引力，世界上著名的展览城市如汉诺威、法兰克福、米兰、新加坡等都是著名的旅游城市。

（五）相对发达的第三产业

展览业与旅游业都具有很强的产业关联性，这决定了展览旅游的产业关联性很强。它与城市的商业、交通、通讯、运输、餐饮有着千丝万缕的联系，需要这些行业共同提供完善的服务，满足参展商和观展者的多样化需要。

二、展览旅游的资源条件

（一）现代化的展览场馆

展览活动的发展对展览场馆具有极大的依赖性。展览场馆是展览旅游经济发展的载体，是开展展览旅游的物质基础和先决条件。没有现代化的展览场馆，就很难开展大规模的、有特色的展览活动。展览场馆的建设不仅要具有一定的规模，更重要的是场馆内部要有完善的配套设施和多样化的功能布局，这样才能满足举办各种不同类型展览的需要。一些特殊展会，如科学技术的展会，在选择展馆上对科学技术设施条件相当敏感，越来越多的展馆为了吸引更多的大型国际性展览，越来越关注展会的特殊要求。如位于浦东的上海国际博览中心，它的超前性、高标准及单层无柱式结构的展厅和其他设施所包含的高新技术成分，大大提高了布展的灵活性、布展使用面积及整体的办展效果。

（二）丰富的旅游资源

旅游资源作为展览旅游的吸引物，影响展览旅游者对展览旅游城市的选择。丰富的高品位及高知名度的旅游资源更容易吸引展览旅游者。一般的展览城市都拥有良好的自然环境和文化环境，或风景秀丽、气候宜人，或文化底蕴丰厚、人文气息浓郁，具有较强的可观赏性，城市本身具有较大的吸引力，使其很容易培育品牌展会、知名展会，进而成为展览中心。世界著名的展览城市如汉诺威、法兰克福、米兰、新加坡等都具有独特的旅游资源。

（三）高素质的人力资源

从业人员的素质高低，在很大程度上影响城市展览旅游的可持续发展。由于展览活动所涉及的人数多、规模大，组织工作细节复杂、要求高、文化内涵深，因而对从业人员的要求比较高，必须是具有高度的专业性、熟练掌握外语、懂得电脑、通晓经营管理和专业知识的复合型人才，同时要具有展览业与旅游业的交叉经验。人才素质的高低直接影响到展览活动的组织和管理水平。

没有高素质的专业展览人才特别是高水平的展览活动策划、组织和管理人才，就很难举办大型国际性的展览活动。

三、展览旅游的区位条件

区位条件是指特定地域的地理位置、交通条件等能否满足展览活动的需要。区位条件对展览旅游经济的影响主要是通过地理位置、交通、信息等相互作用、密切联系而发挥作用的。区位条件的优劣与否，主要取决于地理位置、交通条件和信息条件的优劣，而这三者之间又是密切相关的。地理位置优越的地域，往往交通发达，信息丰富且传递迅速。优越的区位条件，蕴藏着巨大的经济潜力。

（一）优越的地理位置

优越的地理位置是举办展会的必要条件。展览会涉及参展商品、客商以及观众的运送和传输，大量的商品、技术、资金、信息汇集在极为有限的时间与空间里，需要迅速扩散到广泛的群体中。优越的地理位置将极大地降低参展商成本并为展会参与人员带来便利。凡是成功的展览举办城市，地理位置都很突出。如新加坡虽然地域狭小，但占据亚洲贸易主要通道，优越的地理位置使其成为亚洲展览旅游的主要目的地。

（二）便捷的交通条件

交通对展览旅游的发展有着不可忽视的影响，往往成为展览举办地的制约因素。展览旅游活动交通条件包括外部交通条件和内部交通条件。外部交通条件是展览旅游客源地到展览所在城市的依托，通常涉及的是大范围的空间，主要是指连通出发地城市到目的地城市的航空交通、铁路交通以及快巴交通等。与外部交通条件相对应，内部交通条件是指展览举办城市市内的交通。如城市内的公路、水路交通等，通达方式主要有出租汽车、公共汽车、贵宾专线车、地铁、观光车以及船只等。外部交通条件的完善程度和内部交通条件的完备程度在很大程度上决定了一个城市集散动力的强弱。城市内外部交通设施越完善，则集散动力就越强；相反，城市内外部交通设施完善程度越低，则集散动力就越弱。集散动力资源的完善程度以及其质量的高低对一个展览旅游的发展有着很重要的影响。这是因为参加展会的大多是商务游客，这类游客的一个显著特点是办事效率高，时间安排紧凑。四通八达的城市内外部交通网络无疑体现了"为顾客创造价值"的新理念。

四、展览旅游的文化条件

一次展览活动的举办往往伴随着大量的人流。不同地区,乃至不同国家的人群聚集在一块,由于不同地区、不同国家的人的成长环境、风俗习惯等存在很大的差异,所以,一种宽松包容的文化环境就显得特别重要。这就要求举办地的文化具有一定的开放性、稳定性,有一定的包容性、甄别力、创新力,才能允许反映各种风格、不同文化传统的展览活动的开展,才能保证展览旅游有序地发展。展览活动的举办有利于举办地城市的国际化发展、多元化发展,提高市民素质;同时,有序的社会文化氛围能够为展览活动提供较为稳定的环境,使展览活动有一个质的稳定性,又在不断创新中发展新的文化和文明,进而实现现代化文明进程。

五、展览旅游的政策条件

政府的政策支持,对展览旅游的发展起着不可忽视的作用。由于展览旅游是一项综合性的产业,它的发展牵涉到许多行业和部门,通过对相关产业的拉动作用,与其他经济部门相辅相成,互相促进,共同推动整个国民经济的快速发展。因此,这需要各级政府高度重视展览旅游的发展,为其发展提供良好健康的政治环境,制定有利于展览旅游发展的优惠政策,并提供资金上的支持,同时在基础设施方面给予政策的协调与扶持,在国际市场的开拓上更需要政府的大力配合,所以发展展览旅游需要政府做出适当合理的导向性、倾向性政策。

展览旅游的发展条件很多,但各种要素之间不是割裂的,而是相互关联、相辅相成地交织在一起的。其中经济要素是核心条件,资源要素是基础条件,区位要素是保障条件,文化要素是拓宽条件,政策要素是支持条件。各条件要素相互作用,相互促进,通过整合,发挥协同作用,促进展览旅游的发展。

小案例 3-3

中国-东盟博览会为什么选择南宁

中国-东盟博览会是由中国国务院总理温家宝倡议,由中国和东盟 10 国经贸主管部门及东盟秘书处共同主办,广西壮族自治区人民政府承办的国家级、国际性经贸交流盛会,每年在广西南宁举办。中国-东盟博览会为什么选择在南宁？

首先，南宁有便利的区位条件。南宁市是广西壮族自治区首府，也是中国南部对外开放的重要城市，又处于中国与东盟两大板块的结合部，是我国通向东盟的重要枢纽及前沿城市。目前，南宁已形成了四通八达的水陆空立体交通网。其中空中走廊已开通飞往北京、上海、广州、香港等国内各大城市及越南河内、泰国曼谷的 200 多条国际、国内及地区航线。

其次，南宁有开放的文化环境。南宁是中国华南经济区的枢纽城市，更是中国进入东盟自由贸易区的"桥头堡"城市，处于我国对东盟开放的最前沿，与文莱、柬埔寨、印度尼西亚、老挝、菲律宾、新加坡、马来西亚、缅甸、泰国、越南等东盟成员国有着极为密切的联系，东盟国家的许多企业落户南宁。

再次，南宁市政府的支持态度。南宁市从 2002 年起实施城市建设管理"一年小变化、三年中变化、六年大变化"的"136"工程。在此基础上，自 2004 年开始，南宁利用"两会一节"的契机进行更大规模的城市改造。每年城市建设的投入都在百亿以上，2014 年，随着中国－东盟电子商务产业园落户，吴圩机场第二高速公路建设、南宁会展中心"升级换代"等措施，更好地服务中国－东盟博览会及各类高规格展会，吸引更多国内外参展商到南宁参展交流，提升南宁的城市形象。除了政府为中国－东盟博览会的举办创造了良好的硬件设施、提供了便利的配套服务等，此外，政府还为中国－东盟博览会的成功举办提供了一系列的优惠措施。

最后，南宁有先进的展览设施和发达的旅游业。南宁国际会展中心和广西展览馆具备承办国际展会的条件。特别是南宁国际会展中心，其整体结构、配套设施和功能设定在国内展馆中均占领先地位。素有"绿城"之称的南宁，是中国优秀旅游城市，旅游业较发达。

(资料来源：http://news.gxnews.com.cn，广西新闻网，2014 年，有删改)

第三节 展览旅游的运作与管理

一、展览旅游的运作模式

（一）展览旅游运作模式的内涵

运作模式是指对某种事物或现象的运作系统所作出的简练描述。展览旅游与展览活动是紧密联系的,展览旅游的运作模式不能独立于展览活动之外,也不仅仅是展览业简单的延伸。展览旅游的运作是以展览旅游者为核心,以展览活动为基础,以旅游企业为经营主体,既为展览活动的旅游属性服务,又进行游、购、娱等外围活动以及观展游客的组织,如图3-2。

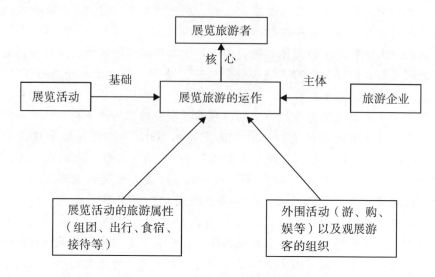

图3-2 展览旅游运作模式示意图

(二) 展览旅游运作模式的具体内容

展览旅游业的运作分为三层次:第一层次是具有权威性、服务性的政府主管机构,其主要职能在于宏观调控与政策扶持。第二层次是具有民间性、非营利性的行业协会,主要负责行规的制定、行业间的协调与管理等工作。第三层次是具有自主性、营利性的企业,其主要职责是创立品牌,逐步提高国际竞争力。最终形成政府总体导向、行业协会自律协调、企业分工协作的市场化运作模式。

1. 政府总体导向

展览旅游是一个专业性强、综合性强、主题性强和竞争性也强的行业,这些特点决定了展览旅游是一个政府引导型产业。政府应该在展览旅游发展中扮演一个积极的角色。政府重视是我国展览旅游快速发展的重要保障。政府要充分认识发展展览旅游的重要意义,积极发挥政府的宏观调控职能,引导展览旅游业走上健康持续发展的良性轨道。

在展览旅游运作模式中,政府主要要处理好以下事务:

第一，加大政府宏观调控力度，增强在展览旅游发展中的作用。政府要加强对展览旅游业的宏观调控和政策方面的支持力度，制定全国、区域及城市的展览旅游业发展规划。新加坡是公认的亚洲展览大国，主管展览机构是新加坡贸易发展局。它从发展国际贸易、提升新加坡区域中心地位等宏观角度，制订了一整套扶持、服务、规范、协调和发展计划。

第二，建立唯一的中央级管理机构，设立全国性的展览旅游行业管理协会。展览旅游发达的国家都设有唯一的中央级管理机构，并将管理展览行业的职能和全国性的展览旅游行业管理协会紧密联系在一起。国家级的展览管理机构的主要职能体现在制定全国性的展览管理法律、法规及相关政策，支配使用政府展览预算，代表政府出席国际展览行业的各种活动、规划等。

第三，规划、投资和管理展览基础设施。饭店和展馆是展览旅游最重要的基础设施。高档宾馆和展馆的建设与建设大型公共基础设施一样，应有宏观调控。发达国家的展馆少有私人拥有，即使是市场经济比较发达、完善的美国，展馆一般也由各州各市的政府机构——展览旅游局进行投资建设。德国的展馆均由政府投资，是典型的国有企业。展览设施建设要科学规划、合理布局，展览旅游业的发展规模应该同国民经济的发展规模相适应，展览场馆过多或过少都不利于展览旅游业的发展。各个地方应该从实际出发，因地制宜，在市场调查和预测的基础上，合理规划场馆的布局。

第四，精心开发展览旅游产品及创建精品工程，实施品牌战略。展览旅游是一项专业性很强的专项旅游，在创建展览精品工程中应遵循市场导向原则、主体性原则、特色性原则、文化性原则、参与性原则和经济可行性原则等。展览旅游产品的品牌可以从完善的展览旅游产品功能、稳定的展览产品质量、一流的展览旅游企业形象、高水准的参展企业的经营与管理、高文化含量、高经济效益、高社会效益等方面来创建。

2. 行会自律协调

随着市场化程度的加深，展览旅游业发展进程的加快，政府在展览经济中扮演的角色将逐步转变，变直接主办为宏观管理，变前台演出为幕后支持，并通过制定相应的政策法规，为展览经济的健康发展创造条件。与此同时，相关的展览行业协会将发挥越来越重要的作用。

行业协会在市场中的优势地位决定了行业协会将是市场中展览活动的组织者。行业协会熟悉国内外的行业情况，与国际相应的行业协会建立着合作关系，与国内企业的联系更为紧密，内引外联，具有很好的组织展览的有利条件。就目前情况来看，为能更好地促进我国展览旅游业的发展，贸促会、展览协会和旅游协会应摒弃行业偏见和行业利益，共同参与到展览旅游市场的规划和管理中来,加强共同参与和优势互补观念,使制定的规则能真正地起到规范展览旅游市场发展的作用,使其符合市场发展的实际需要,并依据市场的变化及时修改和完善现有的规则和做法,使之利于展览市场的进一步发展。旅游业的发展脱离不开展览市场的开拓,展览业的发展摆脱不了旅游业所提供的服务,双方相得益彰,互利互惠。因此,要逐渐打破行业垄断,放宽非国有企业、民营企业进入展览业的限制,并发挥协会组织的作用,加强行业自律和协调,建立起宽松的市场准入环境。

3. 企业分工合作

展览行业的市场行为是以某个展览项目的举办为特征,活动总是在特定的时间和地点围绕一个主题进行,其核心是产品的展示和信息的交流。一次成功的展览举办需要许多相关的配套设施和众多环节的紧密衔接和配合。现有的展览机构大多是为某一具体的展览活动服务的,缺乏对展览参加人员提供相应的服务。展会一旦有一定规模,展览的主办者就无法对展览参加人员的"吃、住、行、游、购、娱"等所有相关事宜做到面面俱到,使参会人员对会后时间的安排不知所措,很容易造成一些混乱和对展会的负面评价。在展览旅游活动中,展览公司与旅游企业相互合作,共同推动展览旅游市场正常运作。展览公司招募、组织和安排参加者,并接待展览参观者,同时寻求旅游企业的支持;旅游企业配合展览公司,为参加者和参观者提供相应的服务,并满足展览公司提出的不同要求。

展览旅游的深度发展客观要求展览业和旅游业之间呈现良好的对接状态,其最终标准是旅游业能够全程参加展览活动,介入会前策划、会中服务,组织会后旅游。因此,旅游企业所能做的就是依靠自身长期经营旅游业务所积累的行业优势为展览活动提供所需的相关服务。这就需要旅游企业针对展览的主题、营销计划、服务接待计划进行分析,更重要的是和展览公司进行专业化分工,选择企业自身能够参与的部分。旅游企业要与展览公司进行专业化分工,展览公司负责展会的招募、宣传、布展和会场内的组织管理工作。在配套服务上,旅游企业应积极为参展商、与会者和观众提供"吃、住、行、游、购、娱"等一系列服务,并尽量将丰富多彩的旅游节庆活动与大型会议或展览结合起来。在场馆的后续利用上,除展览企业继续开展大型展会吸引观众以外,旅游部门可考虑将具有本城市特色的现代化场馆作为都市观光的一个重要目的地,以提高场馆的利用率。

二、展览旅游的产品管理

（一）展览旅游产品的内涵

旅游产品是为满足旅游者的愉悦需要而在一定的地域被生产或开发出来以供销售的物象或劳务。因此，展览旅游产品是指旅游业为满足展览参与者休闲的愉悦需求而专门开发的旅游产品，简而言之，就是专门为参与展览旅行者提供的旅游产品。也就是说展览旅游产品必须是旅游产品，即使少数展览产品（旅游、休闲博览会）本身具备旅游产品的特征，但是它的运作仍然是展览模式，属于展览活动。

（二）展览旅游产品的分类

按活动范围划分，可将展览旅游产品分为展会内产品和展会外产品。展会内产品，即在展览馆以内的范围里，由旅游业提供的休闲、饮食、娱乐等服务，如咖啡厅、小卖部和快餐店等。展会外产品，即在展览馆以外的范围，由旅游业提供的"吃、住、行、游、购、娱"等服务，其中最典型的就是旅游目的地、旅游景区（景点）、饮食、购物或娱乐场所。

按展览旅游者需求划分，可展览旅游产品分为：基础性产品、边缘性产品和发展性产品。基础性产品是针对展览旅游者的展览需求而提供的相关服务，其服务过程应贯穿并深入整个展览活动的全过程，服务项目包括展览礼宾、秘书、翻译、食宿、用车、导购、票务、展览指南等方面的服务。边缘性产品是针对展览旅游者的休闲娱乐需求而提供的服务。发展性产品是针对展览旅游者的自我发展需求而提供的服务。

（三）展览旅游产品开发原则

1. 内容主题性

展览行业的市场活动总是在某一特定时间、地点围绕某个主题进行的，因此，以展览业为基石的展览旅游产品的开发，也必须以展览的主题与品牌为依托。例如，针对园艺等自然类主题的博览会，可开发能反映各种园林艺术的生态游产品；针对农产品等农业类主题的博览会，可开发类似于乡村旅游、农家乐等观光体验型的农业旅游产品；针对汽车、工业类博览会可利用当地的工业环境开发设计出一系列的工业旅游线路。展览活动具有主题性，不同类型的展览都可设计相应不同主题的旅游线路，展览旅游产品的开发必须围绕并突出展览的主题而进行,从而使展览和旅游优势互补,互动共同发展。事实表明,当优秀的旅游资源和知名的展览品牌相结合时,则会产生更大的共振效应,使旅游与展览的潜力得以完全释放。

2. 产品文化性

从一定意义上讲,展览旅游产品是一种"文化创造",即通过适当方式,将展览资源所蕴含的无形的文化内涵用具体的物化产品进行表现。因此,开发展览旅游产品的一个重要内容,就是运用综合手段开发积极健康向上、具有地域文化特色的旅游产品。例如,啤酒节旅游项目的主题应体现"啤酒文化""消夏""休闲"等理念;海洋博览会旅游项目的主题应倾向于体现"海洋""时尚""竞赛"等文化理念;上海世博旅游项目的主题可体现"城市""环保""文化"等文化理念;等等。

3. 形式多样性

需求的多样性决定了产品的多样性。旅游产品要符合展览旅游者的需求的特点决定了展览旅游产品要具有多样性的特点。展览旅游者的独立性极强,所以提供的产品应该选择性多一些,给旅游者自由选择的余地,以适应旅游者独立性较强的特点,更能全面满足其需要,也可以让他们根据自身需要,机动灵活地选取相应的旅游产品。

4. 时间短期性

大部分展览旅游者由于参加展览是工作,特别是商务展览,因而参展商、采购商和专业观众都具有一定的工作压力,时间观念较强。参加长期旅游活动对于他们而言不论是时间和精力都不允许,所以他们一般选择距离近、交通便利、选择性强和时间容易支配的中短期旅游。展览旅游产品的时间以半日游、一日游或二日游居多。

5. 服务专业性

由于展览旅游者通常具有较高的文化修养,与一般旅游者相比,他们对服务的水准要求更高。因此,展览旅游的从业人员应具有丰富的专业知识,在展览活动期间能为展览旅游者提供高标准服务,以此吸引展览旅游者。特别是在基础设施方面,展览旅游者对商务文秘、计算机网络、通信设备等必要的办公设备的需求,是其有别于普通旅游者的一个主要方面,旅游企业应尽力为其提供周密细致的全程服务。

 小案例 3-4

长春汽博会——汽车工业旅游大有可为

始于 1999 年的长春汽博会,到 2014 年的第十一届已达到了展览面积 20 万平方米、参展车辆 1200 台、观众突破 68.5 万人次的规模,销售车辆 19100 台,成交额 42 亿元,成为继上海车展之后中国又一个通过 UFI(全球展览业协会)认证的车展。长春市应凭借汽博会和汽配会的品牌会展优势,依托独具特色的汽车工业旅游资源,大力打造汽车工业会展旅游品牌。借举办汽博会和汽配会之机,推出以参观游览一汽生产线和汽车厂厂区集参观游览、科普教育为一体融知识性、娱乐性、参与性为一炉的汽车产业旅游产品,如现代化汽车生产观光旅游、世界名车风采观光旅游、汽车博物馆、汽车公园和汽车竞技场地等,定会受到广大旅游者的青睐。长春市客车厂生产的铁路客车远销国际,具有很高的知名度,开发"铁路客车之旅"亦会吸引大量的旅游者。

(资料来源:http://news.365jilin.com/html/20140720/2063634.shtml,吉和网,2014 年,有删改)

三、展览旅游的营销管理

展览旅游的快速发展,离不开对外宣传和市场营销。展览旅游市场营销是连接展览旅游产品与展览旅游市场的基本环节,是展览旅游管理的中心环节。展览旅游市场营销作为市场营销的一个分支,具备市场营销的一般内涵。它是以交换为中心,以展览旅游者为导向,以此来协调各种旅游经济活动,力求通过提供有形产品和无形服务使展览旅游者满意来实现展览旅游的经济和社会目标。

(一)重视城市作为营销主体的地位,实现形象营销

展览旅游的发展是以城市作为载体的,一个城市要想成功举办展览活动,就必须具备一定的条件,尤其是大型国际展览旅游活动的开展对举办地的要求更是苛刻。因此,城市在展览旅游的市场营销活动中承担着向展览组织者、展览旅游者展示城市优越的办展环境和展览旅游带来的巨大效益的任务。同时,城市的政府和相关管理部门还担任着为展览组织者提供目的地相关产品信息、代表目的地从事展览促销、提供其他相关服务以及协调避免重复办展的功能。展览旅游城市往往具有独特鲜明的形象魅力,如巴黎的浪漫、纽约的繁华、香港的动感等。正面的城市形象对吸引展览旅游者的作用很大,而负面的城市形

象则在一定程度上阻碍展览旅游者的到来。因此，将目的地形象营销用于提高城市对展览组织者和展览旅游者的吸引力具有一定的现实意义。

（二）加强旅游企业和展览公司的对接，实现联合营销

参与展览旅游营销的企业主要包括展览公司和旅游企业。展览公司通过举办展览活动招徕展览参与者（其中包括潜在的旅游者），旅游企业则负责将潜在的旅游者转化为现实的旅游者，也就是要把为展览旅游者提供的服务从展览本身拓展到住宿、餐饮、娱乐，乃至游览、购物、旅行等方面。当前，由于缺乏对展览旅游业的全面认识，旅游业与展览业还没有完全实现对接，从而严重影响了展览旅游市场的发展。应该看到，展览旅游市场的成功发展，无论对旅游企业还是对展览公司来说，都是有利的。一方面，旅游企业通过展览活动的开展获取更多的客源，扩大自身的发展空间。展览旅游是随着展览活动的举办而产生的，对于旅游企业来说，更应该主动介入。另一方面，发达的旅游业一定程度上可以吸引到更多的宾客参与展览活动，从而促进展览业的发展。所以，旅游企业和展览企业要树立"双赢"意识，加强联合，密切合作，将旅游产品的宣传工作渗透到展览的每一个阶段。

（三）把握展览旅游市场开发的本质目标，实现经营角色的转换

一般的旅游市场，其购买者和消费者是同一个群体，但展览旅游市场则不同。绝大多数情况下，展览旅游的购买者和消费者是分离的，即展览旅游的购买者是企业，而消费者却是企业的员工。这种属性决定了展览旅游市场开发的深层次目标并不在于代订机票、订房等表面文章，而是进入企业管理层面，通过调查企业的差旅管理政策提出建议，制订合理的计划和管理流程，协助企业进行集团化采购并有效地控制成本，即充当企业的战略伙伴和差旅顾问。这一目标决定了旅游企业在开发展览旅游市场时要综合考虑两个方面的需要，首先是企业管理者的需要，其次则是展览游客的需要，即站在企业管理者的角度为展览游客提供满意的服务。为此，经营展览旅游的企业必须转变角色，从展览旅游产品的组织者和提供者转变为企业开展展览旅游的顾问，要在展览旅游活动中尽可能地揉入该企业的理念和管理目标，以便在维护双方共同利益的同时谋求长期合作。

（四）"区别"对待国际、国内展览旅游市场

国际展览旅游具有明显的文化差异，从而在服务的选择和旅游需求方面表现出很大的分别，需要"区别"对待。如欧洲人比较喜欢以免费早餐作为他

们最喜爱的酒店增值服务；相对所有受访者，美国人、墨西哥人倾向于有上网设施；而亚洲人则比其他各国受访者更重视展览中心设施。我国在发展国际展览旅游的时候，必须注意到文化差异对展览游客的影响，为不同文化背景的展览游客提供差异化、具有本土文化气息的展览旅游产品和服务，以充分满足游客的需求，从深度上提升我国展览旅游开发和接待的水准。另外，国际、国内展览旅游发展所处阶段不同，市场开发手段和策略也应该有所区别。对于趋于成熟的国际展览旅游市场，我国虽然缺乏相应的软、硬件条件，但我国丰富的旅游资源、庞大的市场有着巨大的吸引力。在开发国际展览旅游市场时，应充分发挥这些优势，全面参与到竞争中去。而国内的绝大部分企业还缺乏明确的展览旅游观念，需要一定时期的培育过程。

四、展览旅游的品牌管理

在如今开放和竞争的市场中，品牌成为竞争的焦点。从某种意义上讲，谁拥有品牌谁就拥有市场，谁就掌握了市场竞争的主动权。展览旅游也不例外，品牌是展览旅游发展的灵魂。展览旅游品牌化既有利于增强市场竞争力，又有利于避免资源浪费，也是抵御国际品牌冲击和应对国内行业竞争的需要。

中国发展展览旅游的时间不长，但因其巨大的经济效益和社会效益，一兴起就受到了广泛的关注。我国各大中小城市竞相开发展览旅游业，目前已形成了三大层级。第一层级的代表城市为北京、上海、广州，因其经济、政治、科技文化实力雄厚成为中国展览旅游的龙头老大，并且逐步向着国际著名的展览旅游城市迈进，在中国具有绝对的发展展览旅游的优势；第二层级的代表城市为天津、大连、青岛、南京、杭州、宁波、深圳、珠海、厦门等，其在第一层级城市的辐射下，结合自身的优势，采取积极的区域合作发展道路也形成了自己的品牌，如大连著名的国际服装博览会；第三层级的代表城市有成都、昆明、重庆、西安、南宁等，在西部大开发的政策下近年来这些城市的展览业发展迅速，并且结合自身浓郁的地域特色形成品牌展会，如中国－东盟博览会等。在激烈的展览旅游市场竞争中，品牌管理至关重要。

（一）树立展览旅游品牌意识

发展展览旅游要提高认识，确立发展展览旅游品牌的现代化观念。首先得弄清展览旅游不是商务活动和观光旅游的简单叠加，而是高级的、专项的新型旅游产品。其次是要形成展览旅游的品牌意识，品牌意识是一种价值观、文化观的认同，消费者之所以信赖知名品牌，就在于这些品牌已经在消费心理和行为上形成了特定的文化沉淀和思维定式。因此,提高品牌意识、打造强势品牌,是实施品牌战略的关键。被称为"时尚之都"的法国巴黎,其产业特色就是时装、化妆品、香水等时尚产品,因此培养了许多时装展、化妆品展等国际著名展会。

(二)优化展览旅游品牌实施环境

品牌战略的实施离不开好的发展环境,其环境包括政策的支持及好的管理体制。由于展览活动是一种特殊的社会经济活动,实施品牌战略要有好的管理机制,使各方面有实施品牌的内在压力和长远动力,这就需要在政府的领导下,创建好的展览旅游品牌实施的发展环境。因而,展览业不能简单地提出"政企分开"的政策建议,而是要弄清政府在展会活动中的职能定位,根据展览活动的特点处理政企关系。对于大型的、有较高社会价值的展览活动,仍由政府主办,但具体的动作方式可采取市场化的招投标方法。如中国-东盟博览会、中国-东盟商务与投资峰会等关系到国家形象的大型展会,如果没有政府出面很难顺利运作。而对于具有明确营利性目的的商业展览,政府应把主动权交给企业,并予以有效引导和支持,以维护行业的自由公平竞争,为企业创造良好的经营环境。

(三)创建展览旅游品牌精品工程

展览旅游品牌创建特点,与其他旅游品牌创建时更着重于对旅游地地脉、文脉和实体旅游资源的分析相比,具有更为浓厚的经济和政治色彩,更侧重于对当地经济、政治及文化科技背景的分析。一个地方办什么展览,其主题的确定并非是任意的,必须根植于它的经济、政治、文化基础才能生存发展壮大。比如,北京作为中国的政治文化中心,其展览旅游以政府型展览居多;上海是我国的国际化大都市,其经济基础强大,国际性展览众多;昆明、成都作为西部休闲城市,以休闲展览旅游产品为基础打造休闲之都。

本章小结

展览旅游是以举办展览为前提,以完善的基础设施为支撑,以旅游资源为补充,吸引人们前往展览举办地并为其提供与旅游业有关的服务的一种旅游活动形式。展览旅游的发展是以城市作为载体的,一个城市要想成功举办展览活动,必须具备一定的条件。展览旅游的运作是以展览旅游者为核心,以展览活动为基础,以旅游企业为经营主体,采取政府总体导向、行业协会自律协调、企业分工协作的市场化运作模式。展览旅游产品是展览旅游管理的基本环节,会展旅游组织者要根据展览旅游者的需求特点设计展览旅游产品。展览旅游市场营销是连接展览旅游产品与展览旅游市场的基本环节,是展览旅游管理的中心环节。在激烈的展览旅游市场竞争中,品牌管理至关重要,应树立展览旅游品牌意识,优化展览旅游品牌实施环境,创建展览旅游品牌精品工程。

展览旅游　展览旅游特点　展览旅游参与主体　展览旅游的发展条件　展览旅游运作模式

1. 结合自己的理解,阐述展览旅游的发展条件。
2. 简答展览旅游产品的开发原则。
3. 如何理解政府主导型的展会在我国展览业中的地位和作用?
4. 结合某一具体展览,谈谈展览旅游的运作模式。

成功典范:义乌国际小商品博览会

一、义博会概况

中国义乌国际小商品博览会(以下简称"义博会")是唯一经国务院批准的日用消费品类国际性展览会。其前身是中国义乌小商品博览会,创办于1995年,从2002年开始升格为由商务部参与主办的国际性展会。到目前为止,已成功举办20届。义博会已成为目前国内最具规模、最有影响、最富成效的日用消费品展会,是国内由商务部举办的继广交会、华交会后的第三大展会,先后被评为2005年度中国管理水平最佳展览会、2006年度中国(参展效果)最佳展览会、2007年度中国长三角地区优质会展项目。第18届义乌小商品博览会顺利通过BPA Worldwide 2012年度的展会认证。义博会既是BPA Worldwide认证会员,也是UFI的受认可展会。

二、义博会的发展条件

作为县级城市,义乌的影响力和辐射力都不及北京、上海等大城市。从中国小商品城名优新小商品博览会到中国义乌国际小商品博览会,从名不见经传的地区性展览到商务部主办、规模全国第三的专业国际展会,义乌在创造了市场奇迹后,再次续写了展览神话。义博会的成功在于义乌选择了一条正确的发展道路，充分认识自身优势，因地制宜，形成自己的特色。

（一）高度发达的市场体系

敢为人先的义乌人，首次提出"允许农民进城经商，允许长途贩运，允许城市市场开放，允许多渠道竞争"的新政策，从实际出发，催生了义乌市场的适时诞生。义乌小商品市场始建于1982年，历经第一代露天市场—第二代棚架市场—第三代室内市场—第四代店门市场—第五代商城市场的转变。义乌已经建成高度发达的市场体系，囊括了世界各地数十万家日用品生产企业的产品，经营户、生产企业是巨大的潜在参展商资源。每天20万人次的客流量，13000多名常驻外商，2400多家境外驻义商务机构，每年超过30万人次的来义外商，构成了庞大的采购商群体。

（二）独具魅力的产业资源

义乌小商品市场的繁荣在于它有一个高度发达的产业物质基础作支撑。义乌的经济所有制结构呈现多元化，个体私营经济发达，以商贸业为龙头，培育了服装、针织、饰品、彩印、拉链等优势产业和产品，形成了具有区域特色的块状经济。据统计，由义乌生产、经销的袜子在全国袜子市场占有70%的份额，义乌成了名副其实的"中国袜子之乡"。服装、味精、饰品、红木家具等也名扬国内外。义乌为国内四大衬衫生产基地之一；以袜业为主的针织行业生产总量占到全国的2/5；拉链产量占全国的1/4，销量占全国市场的1/3强；成为国内两大毛纺织品生产基地之一。

（三）得天独厚的地理位置

义乌位于浙江省中部，金衢盆地东缘，东临东阳（横店影视城），南接永康（方岩），西连金华（双龙洞）、兰溪（地下长河、诸葛村），北界浦江（仙华山）、诸暨（五泄）。外围西至安徽黄山，北连杭州西湖，东北有奉化溪口，东接天台国清寺，东南有温州雁荡山。它们都有相当高的知名度。杭金线、杭温线公路在义乌交汇，形成以义乌为中心的交通与旅游网络。

（四）物流便捷

义乌物流发达，是浙江省三大物流中心之一。市内拥有200余条联托运线路，直达国内300多个大中城市；建有浙中地区唯一的民用机场；紧邻宁波、上海港，海运发达，形成了公路、铁路、航空立体化的交通运输网络。现代物流基础设施先进，功能完善、高效。

三、义博会的运作模式

（一）政府层面，加强引导与服务

政府的因势利导，对义博会的发展起着重要的作用。20世纪80年代初，当时的义乌县政府由围堵商贩改为逐渐公开"不管制"政策，为义乌市场从无到有创造了可能。1982年，义乌县委、县政府提出"四个允许"，做出正式开放小商品市场的决定；1984年，义乌县委、县政府提出"兴商建县"战略，之后，义乌市委、市政府又继续提出"兴商建市"，为义乌发展把好了方向，各种支持性建设与政策相继推出，如几代市场扩建、变迁，对小商品交易实行"划行规市"，筹建行业协会，成立工业开发区，整改联托运市场，申请义乌机场军民合用，成立"365便民服务中心"等服务型机构，推广土地拍卖制度、暂住证制度等推动企业发展的制度，以及在日常运作中招商引资、打击假冒伪劣产品、提供人员培训等等，成就了义乌中小企业集群的迅速膨胀。在历届义博会举办中，地方政府定位思路明确，采用展贸结合的正确理念与定位，并科学地实施了以展览带动城市品位和扩大贸易成交决策，并做好展会的外围工作。比如，义乌城市资源、公共资源的开发与建设，义博会期间的治安、交通、后勤接待、文艺晚会等公共事务非企业所能胜任的，都由政府出面解决。同时，义乌市委、市政府加大对公共资源管理扶持力度，创造良好的展览配套环境，扶持中国小商品城会展中心集团公司投资1.5亿元建设专业展馆。2002年经国务院批准，义博会升格为国家级的国际性展会。2013年，国家商务部以文件形式向全国各省、自治区、直辖市、计划单列市及新疆建设兵团商务主管部门下发《商务部办公厅关于做好第19届中国义乌国际小商品博览会相关工作的通知》，这是国家商务部第二次以文件形式鼓励各地优质企业参加义博会。商务部、外交部全力支持义博会的各项工作，加大义博会的对外宣传推介力度，为义博会参会客商开辟一条方便、快捷的绿色通道。国家的支持，无疑对义博会快速成长起到很大的促进作用。

(二) 协会企业，各司其职

义乌会展业的快速健康发展，很大程度上得益于尊重市场规律。政府、行业协会、企业的作用根据市场化的要求进行调整。政府从市场逐步淡出，把发展展会的职能转移到主要为展览市场主体服务和创造良好的发展环境上来，通过制定产业规划、扶持政策和市场规则等手段，建立起公平竞争、规范有序的会展业发展环境。对企业举办的展览项目，积极推行"一站式"服务，提高办事效率和服务质量。行业协会充当政府与企业间的纽带和桥梁。展览业协会发布交流会展资讯，制定行业标准规范，组织行业培训评估，沟通政府与企业的联系，协调处理行业事务，执行行业自律公约。展览公司是义乌会展业发展的主体，充分发挥市场配置资源的基础作用。

四、义博会，助推义乌前行

(一) 助推义乌市场战略转型

义乌市场从"买全国、卖全国"到"买全球、卖全球"的战略转型，与一年一度义博会的有力助推不无关系。义博会发展的第一个阶段，境外企业到义乌设立办事处只有 20 家，后来逐年增加，2007 年有 1200 多家，2009 年已达 2000 多家。2014 年，第 20 届义博会共设有国际标准展位 4500 个，有来自 22 个国家和地区的 2529 家企业参展。展会共吸引了来自 170 个国家和地区的 207159 名客商参会，其中境外客商 23835 人，实现成交额 170.74 亿元，同比增长 2.76%。其中，外贸成交额 17.5 亿美元，占总成交额的 62.73%，同比增长 3.21%。

（二）加速义乌企业成长步伐

企业要在义博会上获得认可，取得成功，必须有最新科技成果、最新创意产品，这促使企业不断创新。义博会不断专业化和国际性的引导，加速了义乌企业的成长步伐。许多企业借助义博会悄然完成着"变脸"与战略的"转型"。第 20 届义博会，助推了义乌一大批本地企业的高速成长。义博会不但是一个商品交易的舞台，而且还是一面义乌企业提升的镜鉴，以同行为镜，可以照出企业自身的优劣和长短。

（三）提升城市综合实力和品质

每一年，义乌都会把一些重大的市场类和城市基础设施类建设项目的竣工和投入使用的时间节点，放在义博会之前。如 2006 年义博会前竣工并启用的重点工程有义乌铁路新货站通站大道、机场路凌云互通、新火车客站通站道路；2008 年义博会前竣工使用的项目有国际商贸城三期市场一阶段工程、新副食品市场、新家具市场及商博大桥主桥试通行；2009 年国际博览中心建成并作为义博会展馆。2014 年义博会前竣工的是总投资 5.4658 亿元的城北路下穿隧道工程。这些工程的投入使用，大大提升了义乌城市品位，推动义乌新一轮发展。

经过多年的摸索和实践，作为一个国际性的商贸盛会，事实证明义博会是成功的，是活力四射、前途无量的。但它的成功对于商城义乌来说，作用却不仅仅是盘活了资源，激活了流通，提高了贸易地位，更是搭建了一个有效平台，一个全面展示义乌形象的大舞台。

（资料来源：http://dlib.edu.cnki.net，中国知识资源库，2014 年，有删改）

■讨论题

1. 请谈谈义博会成功的关键因素。
2. 结合义博会的成功经验，谈谈对新型中小展览城市的启示。

第四章　节事旅游

①了解节事旅游的概念、特点和类型；②熟悉节事旅游的形成条件；③掌握节事旅游运作的基本流程；④掌握节事旅游管理的关键问题。

第一节　节事旅游的概念、特点和类型

一、节事旅游的概念

"节事"是"节日和特殊事件"的简称，是指具有特定主题、规模不一、在特定时间和特定区域内定期或不定期举办的、能吸引区域内大量游客参与的集会活动。节事活动作为旅游吸引物往往具有很强的参与性、娱乐性和综合性，力求为旅游者营造一种不同于日常生活的环境和氛围，从而带给节事游客多类别、多层次、多方式的旅游体验。

近年来，内容丰富、影响面广、参与者众的节事活动数量急剧增加，除了种类繁多的各种节日，大型集会、运动会、大型文艺演出、庙会、旅游节等纷纷涌现，遍地开花。各类大型节事旅游活动已日益成为各国各地区旅游发展中的重要吸引因素。

随着节事活动的开展，节事旅游在全球各地蓬勃兴起，受到高度重视。所谓节事旅游，是指依托某一项或某一系列节事旅游资源，通过开展丰富、开放性强、参与性强的各项活动，以吸引大量受众参与为基本原则，以活动带动一系列旅游消费、进而带动地方经济增长为最终目的所有活动总和。简而言之，

节事旅游是由节事活动作为旅游吸引物而引起的旅游活动。

节事旅游本质上是一种社会文化活动，是人们利用经济手段对地方（或城市）文化价值的创造和发扬。在知识经济时代，节事旅游活动也不失为一种保护地方文化、提升旅游综合效应的有效手段，因而仍将大有发展前途。

二、节事旅游的特点

节事旅游是一种比较特殊的旅游类型。跟一般的旅游活动类别相比，节事旅游有其明显的特点。

（一）鲜明的地方性

某一个节事活动的举办通常是以地方特色文化、习俗等为基础的，因而，它的存在有赖于其他资源与环境要素的陪衬和协调。不同的旅游节事活动分布在与各自相适应的环境中，带有强烈的地方色彩。这也使得相应的节事旅游活动带有鲜明的地方色彩。实际上，这也正是节事旅游吸引众多游客的根本所在。

（二）较强的参与性

参与性是节事旅游的显著特性之一。与传统旅游中把人排斥在旅游吸引物之外不同，节事旅游往往尽量让游客参与其中，亲身体验各项活动。例如，节事活动中的游行、狂欢等活动需要大量参与者来制造节庆氛围，各种比赛和演出也需要相关人员和商家的参与，否则这些活动就无法开展；同时，游客也通过参与获得特别的乐趣。

（三）活动的集中性

节事活动的举办一般集中在某一特定的时间段内，有固定的时间期限，活动安排紧凑，因而，节事旅游活动也带有明显的集中性特点。具体表现为在节事活动举办的期间内，大量游客涌入举办地参与节事活动，体验当地文化，人流、物流迅速集中；而一旦节事活动结束，游客又会很快从当地撤离。当然，如果节事活动具有相当大的魅力，游客集中停留的时间会延长。

（四）影响的广泛性

节事活动，尤其是一些大型节事活动会涉及政治、文化、科技、教育、体育等社会各个方面和各个领域，一旦举办，往往会引起广泛的关注，产生

"轰动效应"。例如,2008年北京奥运会的举办得到全中国人民的支持,也是当年全世界关注的焦点;同样,2010年的上海世博会也是一场具有全球性影响的盛会。

(五) 效益的综合性

节事旅游活动的筹办能在短时间内吸引大批的游客前来旅游观光,并且,多数节事游客消费水平高、重复消费能力强。这既能给节事旅游目的地带来巨大的直接经济效益,又会带来社会、文化等多方面的综合性效益。

贵阳的"避暑节"旅游

2006年,贵阳凭借"夏无酷暑,冬无严寒,空气不干燥,四季无风沙"的宜人气候,博得了"上有天堂,下有苏杭,气候宜人数贵阳"之美誉,从众多竞争城市中脱颖而出,荣登"中国避暑之都"之榜首;次年再度加冕,且在"全球避暑旅游名城2007年口碑金榜"排名第九,超过了夏威夷、温哥华、悉尼等名城。为了强力打造这张城市新名片,贵阳市旅游局于2007年举办了首届"中国贵阳避暑节",此后年年延续并创新,给贵阳带来了巨大的综合效益。

1. 经济效益

避暑节旅游节庆活动场次密集、规模庞大、参与者众多,带动了各景区景点以及餐饮旅店业、交通运输业、商业等各相关产业的发展。据贵阳市旅游局的统计,2007年首届避暑节期间,贵阳市共实现旅游收入57亿元,同比增长达到了47.58%,占全年总收入的近一半,旅游接待人次也较上年增长了20.05%;2013年,贵阳旅游收入已经达到728.66亿元,7年间,贵阳旅游收入翻了十几倍。每年节庆期间,旅游宾馆和酒店的入住率平均保持在80%以上,形成了庞大的"避暑经济"。

2. 社会文化效益

第一,有利于贵阳旅游业和区域形象的塑造。在Google搜索引擎中输入"避暑之都"四个关键字,出现846000项查询结果,在前100项信息中,"避暑之都"的冠名都是贵阳。贵阳的高知名度和美誉度,避暑节功不可没。第二,有利于贵阳传统文化、民族风情等的传播和发扬。避暑节期间,举办了具有民族特色的布依"六月六"歌会、仡佬族"吃新节"等活动,使这些优秀的历史文化积淀展示在世人面前,并在不断丰富完善的过程中得到传承和发扬。第三,增强了贵阳居民的认同感和荣誉感。通过旅游节庆举办过程中的互动参与,使居民充分感受城市发展的脉动,增强其自豪感。

3. 后续旅游效应

随着历届避暑节的成功举办,贵阳"中国避暑之都"这一金字招牌已深入人心。2008年,贵阳市将"避暑节"升级为"避暑季",并计划用五年时间向全国、全世界力推"森林之城、避暑之都"、"爽爽的贵阳"两张城市名片,以提升贵阳的"软实力",促进全市经济、社会、文化全面持续发展。

(资料来源:http://dlib.edu.cnki.net,中国知识资源总库,有删改)

三、节事旅游的类型

(一)按节事活动出现的时间分类

按照节事活动的起源、功能,可以将节事旅游分为传统民俗类节事旅游和现代商业类节事旅游。

1. 传统民俗类节事旅游

传统民俗类节事是指那些在历史发展过程中长期积淀形成的,能够全面、集中、形象地体现出民族的共同心理、性格特征、价值观念等的周期性节事。

这类节事活动往往都蕴涵着美丽的传说和独特的民俗风情,吸引着游客前来体验。例如,中国在五千多年的历史发展中形成了许多节事活动,如元宵观灯、清明戴柳、中秋赏月、重阳登高、年节守岁;有汤圆、月饼、粽子、年糕、饺子、馄饨、菊花酒等四季变换的特色美食。近年来,随着中西方文化的交流和融合,不少国外游客特地到中国来体验"中国年",参加赛龙舟、赏月等活动,吃各色美食,感受中国的魅力。

2. 现代商业类节事旅游

现代商业节事活动是各城市、地区和企业根据各自的资源和实际情况，人为策划举办的带有地方民族文化氛围的活动。

与传统民俗节事旅游相比，现代商业节事旅游的功能主要体现在通过旅游节事的策划和举办，促进当地与外界的经济贸易往来，促进人流、物流、资金流的快速流通，注重现实的中短期经济效益，实现"旅游搭台、经贸唱戏"。例如，大连国际服装节、昆明国际旅游节、上海旅游节、中国宜昌长江三峡国际旅游节、青岛啤酒节等等。由于现代商业类节事旅游具有强大的经济功能，所以它往往与举办地的城市品牌紧密相连，极大地影响和提升一个地区的经济发展，成为该地区招商引资、提升地区综合竞争力的重要手段和途径。

（二）按节事活动的内容和性质分类

按照节事活动的内容和性质，可以将节事旅游分为下列五大类。

1. 民族和宗教节事旅游

随着旅游业的发展，许多长期以来属于某一民族、某一宗教组织内部的节事活动，如中国一些著名的民族节庆，像傣族的泼水节、维吾尔族和回族的古尔邦节、蒙古族的那达慕大会、彝族火把节，以及一些传统的庙会演变过来的地方旅游节，像陕西法门寺庙会、上海城隍庙会等，都成为游客向往的盛会。

2. 文化艺术节事旅游

为了传承和弘扬当地文化，进一步发展旅游业，很多地方纷纷举办一些文化艺术性的节庆活动，比如歌会、灯会、锣鼓节、唢呐节、年画节、杂技节、武术节、书法节，以及电视节、电影节、戏剧节、木偶节等等，吸引游客前来旅游。

3. 景观展示节事旅游

有些地区有非常优美而独特的景观，很多节事活动就专为宣传、推广这些景观，提高区域旅游知名度而创造。如哈尔滨冰雪节、张家界森林节、洛阳牡丹花会、罗平油菜花节、钱塘观潮节、南京国际梅花节等。

4. 特产展销节事旅游

许多地区因其特产而闻名，相应的特产展销节事活动也开展起来，如山东潍坊的风筝节、新疆哈密的哈密瓜节、河南伊川的杜康节、江西景德镇的陶瓷节、杭州的茶文化节、浙江绍兴的黄酒节、新疆吐鲁番的葡萄节、苏州的中国丝绸旅游节等等，每年都吸引大批经销商和游客前往。

5. 休闲娱乐节事活动旅游

休闲娱乐节事活动种类繁多，且这些活动与当地的传统并不一定要有很大的关联。例如，济南的足球文化节、泰山国际登山节、深圳华侨城的狂欢节、清江国际闯滩节，以及各种各样的美食节、老人节等。

第二节　节事旅游的形成条件

一、节事旅游形成的资源条件

节事旅游的资源既包括传统意义上的自然、人文旅游资源，也包括能成为节事载体的物质文明和精神文明等潜在的旅游资源，如美食、特产、文化、习俗等。节事旅游举办地自然旅游资源在节事旅游的举办过程中具有主导地位，决定了节事活动的主题和特点。举办地优美独特的自然景观、丰富的自然资源对于树立节事活动良好的形象具有重要作用。

节事旅游资源是人类发展史和民族发展史的社会印证及人类文化、文明的缩影。一般来讲，任何一个区域都有历史上形成的地方性民俗文化和宗教意义上的民俗节事性旅游资源，这些旅游资源是节事旅游形成的基础。节事旅游活动的开展对当地人文历史文化具有充分的依赖性。文化节事旅游能集中展现民族习俗文化、服饰文化、休闲娱乐文化和饮食文化等各个方面。这些文化活动内容上的怪诞神秘、多样化和丰富性能引起大众的参与热情，满足现代人们求新、求异的心理要求。独特的地方文化是节事旅游活动得以系列化延续的保证和源泉。节事旅游活动应该反映主办地传统的独特魅力和文化意境，节事旅游活动安排应该突出展示地方独一无二的文化，揭示更深层的文化内涵和历史渊源。节事文化是满足人们精神需要的一个重要组成部分。对外地游客来说，独特的、有差异性的文化能激起他们的参与欲望；对本地居民来说，这种文化能增强他们的文化自豪感。

除了历史形成的节事旅游资源外，对原有的节事旅游资源——民俗活动进行系统和全面的调研，可以发现有些可以作为现代节事旅游的基础素材，通过包装、创新和升华，整合或开发出具有新的有特色的现代节事旅游资源。节事旅游资源的整合，必须是节事旅游资源与区域内的其他形式的旅游地在旅游产品、旅游线路、交通、营销等方面进行合作，形成区域联动发展。加强区域的联合和协作，可以扬长避短，发挥各自的资源优势，实现优势互补，增强区域旅游发展优势，还可借助周围旅游区提升自己的知名度，扩大自己的客源市场，促进产品的销售，降低促销成本，增强区域旅游的吸引力和竞争力。同时，在合作的基础上，还要坚持分工的原则，即在统一的合作框架下，要依据各个地方自身的特色，形成各个地方在发展节事旅游产品、开发节事旅游市场中的分工责任。

二、节事旅游形成的市场条件

在当前旅游市场已由"卖方市场"转向"买方市场"的形势下，旅游者的主导地位得到了进一步的增强。因此，从某种意义上讲，旅游者的市场需求决定着节事旅游的成败与兴衰，节事旅游者需求的产生促使节事旅游市场的形成。研究旅游者对节事旅游的需求状况是节事旅游产生和发展的保证。随着旅游消费的深入化和多元化，旅游者要求对传统的旅游资源进行深层开发，对异地文化有着长盛不衰的兴趣，特别是对那些具有独特文化色彩、带有地方神秘性的旅游节事资源尤其感兴趣。同时，现代旅游者早已不满足于观赏，而越来越喜爱直接体验，亲身经历旅游目的地的大型活动，以了解当地的民俗文化和风土人情等，从中体会到传统的观赏式旅游所体会不到的乐趣。节事旅游很重要的一点就是挖掘当地的异质民族文化。民俗风情作为一个民族或一个地区的生活方式，在节日喜庆中能充分体现一种原汁原味的真实感和人情味，使旅游者得到直接和充分的体验。比如，在众多的美食节、音乐节、啤酒节中，旅游者往往能一饱眼福、耳福、口福，多感官体验，既可做观赏者，又可做参与者，大大提高了旅游者的参与兴趣。与社会经济发展水平密切相关的居民平均收入水平，决定了节事旅游需求的规模和质量，这将对节事旅游的发展产生重要影响。大多数节事旅游的客源市场具有明显的区域性，节事旅游的吸引范围是以其为中心的2小时旅行圈，圈内经济发展水平、居民收入特别是可自由支配收入直接影响着节事旅游的发展。

三、节事旅游形成的保障条件

（一）社会经济条件

节事旅游举办地的社会经济发展状况将在需求和供给两个方面影响当地节事旅游的发展。举办地的社会经济基础在很大程度上决定了举办地基础设施和旅游上层设施的水平和质量，决定了节事旅游的规模、节期和水平。随着节事旅游的市场化运作已成必然趋势，靠政府拨款、社会捐赠等非商业性筹资方式已不能满足开支，商业化筹资手段开始占主导地位，举办地自身的经济技术实力是成功举办节事旅游的基石。

（二）旅游交通条件

交通条件是节事旅游举办地后天赋予的，依赖于现代交通工具，使游客发生空间位移的便利程度，即节事旅游举办地的可进入性。对外交通状况直接决定了节事旅游举办地客源市场的广度和与周边旅游地进行整合的可能性。

（三）政府高度重视

政府高度重视是节事旅游取得成功的最重要外力。在全国大力推进旅游消费的大背景下，各个省旅游局对旅游业发展指导思想、产品结构和旅游促销方式做出重大调整，把开发旅游资源、夯实旅游基础设施作为重中之重，积极发展县域旅游经济，培育旅游精品线路和节事旅游，才使得旅游业呈现出勃勃生机。对节事旅游市场的发展而言，政府的高度重视同样是保障节事旅游市场繁荣的重要支持条件。

综上所述，在节事旅游需求内驱力的推动、节事旅游吸引力的拉动以及节事旅游举办地保健条件的保障三者的共同作用下，最终促进了节事旅游市场的形成和发展。

第三节　节事旅游的运作与管理

一、节事旅游的运作流程

节事旅游运作有可遵循的基本流程，一般包括前期准备、内容策划、方案评估三个阶段，主要环节有开发条件分析、主题设计、节事活动主体策划、营销策划、策划方案评估。如图4-1所示。

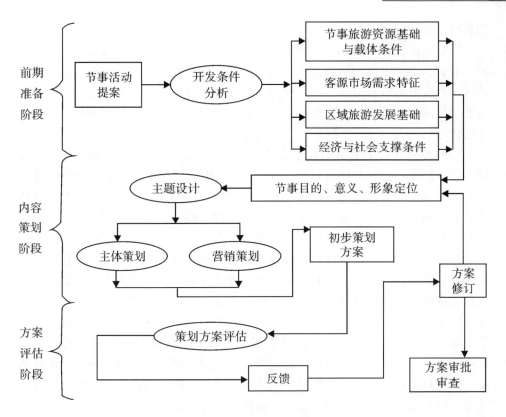

图4-1 节事旅游运作流程

（一）前期准备

确定要举办旅游节事活动之后，就要进行策划的前期准备。这一阶段主要的工作包括策划任务的确定、人员的组织和资料的收集。而其中最重要的工作环节是对当地节事旅游的开发条件进行分析。

举办旅游节事需要有一定的条件，包括节事旅游资源基础与载体、客源市场需求特征、区域旅游业发展基础、经济与社会支撑条件等。只有这些条件良好，协调均衡，成功发展节事旅游才有可能。因此，节事旅游策划的第一步，是在调研的基础上，对产品开发条件进行分析。

1. 节事旅游资源基础与载体条件分析

（1）原有的民俗节事资源基础。一般来讲，任何一个区域都有历史上形成的地方性民俗文化和宗教意义上的民俗节事旅游资源，对这些原有的民俗节事资源基础进行系统和全面的调研，可以发现供现代旅游节事产品开发用的基础素材，通过包装、升华，策划出具有地方特色的现代旅游节事产品。

原有民俗节事资源调研的内容包括原有民俗节事的种类、数量、主题、内容、形式、参加主体和影响范围。之后，对该区各种民俗节事的知名度、规模效应、开发潜力进行分析，对其能否策划成为现代旅游节事产品进行评价，并按照现代旅游节事的开发方向，确定可能采取的对原有民俗节事进行升华和创新的途径。

（2）创造性旅游节事的载体选择。除了由原来的民俗节事演化而来的现代节事旅游产品以外，还可以"无中生有"创造新的旅游节事，即通过选择适当的节事载体，创造出新的节事旅游产品。这里的"载体"既指丰富的传统意义上的自然、人文旅游资源，又包括美食、特产、文化、习俗等这些能成为节事载体的物质文明和精神文明资源。

创造性旅游节事的载体选择要体现地方特色，此外，对于文化与精神文明层面上的载体，选择时应注意其对社会心理的影响力；对于物质与景观层面的载体，选择时应注意其规模化和美誉度。例如，河南安阳殷商文化节、曲阜孔子国际文化节、甘肃天水太昊伏羲祭典，以及岳阳国际龙舟节、绍兴古城风情节、西藏羌塘赛马节等，分别选择了影响力较大的地方特色文化和习俗为载体；云南文山三七节、大连国际服装节、青岛国际啤酒节等现代商业性旅游节事，则选择了已形成规模的物质文明为节事载体；哈尔滨冰雪节、南京国际梅花节、罗平油菜花节等选择了以地方特色景观为载体。

（3）旅游节事的空间竞争条件分析。无论选择什么样的旅游节事载体，都要考虑国内、区域内有无相同主题、相同活动内容的节事庆活动，如果有，就应该搞清楚双方或多方在旅游节事开发上的优劣势现状、相互之间的影响力度等，进行对比分析，以便在进行节事主题、节事活动内容策划时采取相应的措施，在竞争中占据优势。

2. 客源市场需求特征分析

作为一种旅游产品，旅游节事的开发应从游客感知角度出发，考虑到客源市场的需求特征，了解客源市场对可能开发的节事活动的反映。客源市场的需求特征可以通过受众问卷调查的方式获得，一般包括目标客源市场对不同节事主题的反映、对节事内容安排的反映和选择、对旅游节事时间段的偏好、对举办时间长短和节事周期的看法等。另外，还可以通过调查了解与相似或相同节事产品竞争的优劣势。

以旅游节事活动举办时间为例，结合客源市场需求特征，要考虑到适合旅游的月份的季节差异，包括气温、降水、天气情况。这是因为，节事活动举办时间一般较短，如果安排在不太适宜出游或旅游目的地适宜性较差的季节举办,则会严重影响客源量。

3. **区域旅游业发展基础分析**

这里的区域旅游业发展基础,是指区域内原有旅游产品的发展状况。俗话说,"好花当需绿叶扶",从整个区域旅游发展格局来看,如果将红红火火的旅游节事活动比喻成"一朵红花",则区域中必须要有其他的旅游产品作为"绿叶"来补充。这是因为,从游客的角度来讲,他们需要的不仅仅是参加几天短暂的庆典、仪式,而是要通过参加节事获得特殊的旅游体验。节事活动的举办只不过是一种旅游活动的组织形式,游客更需要的是在节庆氛围中参加各种具有地方特色的旅游活动。丰富的旅游项目、游览内容以及旅游活动安排的合理化是旅游节事产生吸引力的源泉。旅游节事应作为区域旅游网络中的一个"结"来看待,要能与周围其他景区景点联系起来开发,否则孤掌难鸣。

因此,在策划一个节事旅游产品之初,应该充分考虑到区域旅游业发展基础,将区域内的日常旅游活动、旅游产品融于旅游活动中,形成区域旅游与旅游节事之间的良性互动。

4. **经济与社会支撑条件**

旅游节事的举办是一项系统工程,关联到多个行业,需要一定的经济与社会支撑条件。

(1) 经济条件。旅游节事活动的组织、广告宣传,以及为举办旅游节事进行的环境卫生、市容市貌、旅游交通、通讯等基础设施的改造等,都需要一定的费用支出,特别是大型的国际旅游节事更需要一定的经济先期投入。因此,在策划节事旅游产品时,应考虑到地区举办旅游节事的经济条件,确定地方财政、企业和群众对旅游节事举办的经济支撑力度;否则,旅游节事活动是无法落实的。

(2) 社会条件。对社会条件的考虑主要包括:一是旅游节事的主题与活动内容是否为社会制度所允许。例如,在我国的社会主义制度下,不允许带有"黄色"的节事内容。二是地方上的积极性。例如,地方政府对旅游节事活动的设想,地方交通、通讯、医疗、环卫、治安部门以及媒体等对举办某一旅游节事的看法和配合与支持力度;相关地方法律法规对旅游节事的制约与影响;等等。

(3) 群众基础。旅游节事具有多重属性,一方面,它既是旅游的经济活动;另一方面,又属于民俗活动的范畴。而每一种民俗活动都有其民俗传承性,也就是有其群众基础。因此,旅游节事活动主办的主体或者说主要参加者,往往都是当地的群众;旅游节事活动参加人数的多寡、气氛的热烈程度,也一般取决于当地群众对活动的喜好程度。可以说,群众基础和他们的参与热情是旅游节事成功举办的关键。所以,在策划节事旅游产品时,一定要注意当地群众的看法,征求群众的意见,获取群众的支持。

小案例 4-2

潍坊国际风筝节——潍坊人民的骄傲

山东潍坊是各国公认的"世界风筝之都",国际风筝联合会的总部就设在潍坊风筝博物馆;潍坊也是中国的风筝之乡,风筝制作历史悠久,属中国三大风筝派系之一,与京、津风筝齐名鼎立。一年一度"潍坊国际风筝节"是国际风筝盛会,一般定于每年4月20日至25日举行,自1984年举办第1届以来,至2013年已经是第30届,一直吸引着大批中外风筝专家和爱好者及游人前来观赏、竞技和游览。

潍坊人非常喜欢风筝,男女老少无不为风筝节感到骄傲,争相参与其中。在风筝节上,游客可以看到明清时期典型的民间建筑四合院式的风筝作坊,并能看到艺人们扎制风筝的技艺全过程;在参观民俗旅游村时,可以与农民同吃、同住、同娱乐,体验这里与风筝相关的各种朴实民俗,如木版年画、桃文化、葫芦文化等。来自外地的游客往往被浓郁的乡土气息和民风民俗所感染,流连忘返。潍坊国际风筝节作为我国比较成功的旅游节事典型,群众基础在其中扮演了重要的角色。

(资料来源:http://baike.baidu.com/link?url=toB8co5nI10o35ukRUbqR4zTjw7nHd3V9mwAPTfcmfHfvAXLt4erlw308vuzYLNGU25lLTEPEiMhsFC8be2uGK,百度百科)

(二) 内容策划阶段

旅游节事内容策划阶段的主要工作包括节事活动的主题设计、主体策划和营销策划。

1. 节事活动主题设计

对于策划者来讲,整个节事活动应该有一条内在的、看不见的主轴线来贯穿,这就是节事旅游的主题。旅游节事一般是以特定的主题为核心,开展一系列能够体现、升华主题的活动和表演,鲜明的主题是使旅游节事避免平淡无奇的关键所在。因此,主题策划是整个节事旅游策划的灵魂,是点睛之笔,直接决定了旅游节事的吸引力,是整个节事能否取得成功的首要条件。

节事旅游主题的设计包括两个过程:一是对地方文脉进行辨析、概括、凝聚、提升；二是策划者根据节事举办目的，基于文脉，设计出具有创意的主题要素。

（1）文脉辨析与提炼。文脉是指旅游地所在地域的自然地理背景、历史文化传统、社会心理积淀、经济发展水平的四维时空组合。

文脉辨析的目的是对举办地的"地方精神"进行把握。通过文脉辨析，一是要把握能够体现区域自身特色的、文脉信息散布于区域各个角落的主脉络；二是要整合能够开发旅游节事的载体资源，从而使策划出的旅游节事突出特色内涵，使节事开发理念有"根"可循。

（2）主题要素设计。在把握当地节事旅游开发条件和文脉的基础上，策划者要寻找出具有"唯一性"和"特殊性"、可以张扬个性、体现特色的旅游节事主题；然后，紧扣举办地的形象定位，选择和加工主题，确定主题内涵，务求卓尔不群。这要求策划者具有敏锐的市场感觉以捕捉潜在的市场机会，并运用娴熟的商业运作经验，对主题进行提炼、包装和设计。

节事主题要素包括节事名称和节事活动主题。其中，节事名称来源于节事载体资源，并且，提炼节事名称所依托的载体资源一般为地方地脉和文脉的主脉络之一，从而使节事名称体现"地方性"，使游客从名称中就能感受到强烈的旅游目的地信息；此外，节事名称应有鲜明性和包容性，使游客一目了然，并使他们感到自己身处主题范围之内。节事活动主题是按照节事主办的目的、意义定位，提炼出的节事旅游产品活动所要表达的主题思想，是组织整个旅游节事活动的中心线索。例如，河南郑州少林国际武术节将"弘扬少林武术精神"作为节事开发的主题，并用"天下武功出少林"的主题口号来强化；浙江奉化2009弥勒文化节的活动主题是"大慈之行，圣地之约"，"行"字含有行动、实践、德行等多重含义，对在实践中弘扬"大慈"这一弥勒精神核心进行了精炼表述，"约"字则连接起奉化作为弥勒圣地与广大信众、游客之间的精神纽带，含义深远。

2. 节事活动主体策划

主体策划是指对节事活动开展的形式、组成项目，以及活动开展时的氛围所进行的精心设计，是游客能够直接参与、体验的部分；此外，还要对各活动项目的时空安排进行策划。

（1）节事活动组成项目设计。主要包括节日庆典仪式活动设计、旅游活动设计、文化商贸活动设计。①节日庆典仪式活动。包括开幕式、闭幕式与宗教仪式等。其中，开幕式是旅游节事的开篇，意义重大，应当让游客能够感受到浓烈的节日气氛；闭幕式是一次旅游节事的完美总结，应当起到点睛的作用，营造"意犹未尽"的难舍感，吸引游客的下一次到来；宗教仪式应保持一定的严肃性,让游客从中感受到历史的变迁与文化的积淀。节日庆典仪式活动应该严肃性与欢快性相结合,适当增加轻松、欢快的表演性内容。另外,因为节日庆典仪式活动是旅游节事的标志性活动,其主旋律应注意紧扣节事主题。②旅游活动。旅游活动是游客参与旅游节事的核心内容,是围绕旅游节事主题形成的系列旅游活动。在策划节事旅游活动时要注意两点:一是"地方特色"是旅游目的地产生吸引力的源泉,旅游活动应体现目的地的独特魅力和文化意境,满足游客求新、求异、求奇、求知的需求;二是旅游活动应当围绕主题展开,提供观光、休闲、娱乐,体验多种旅游功能产品,满足游客的多样化需要。③文化商贸活动。"旅游搭台、经贸唱戏"与"文化搭台、经贸唱戏"已经成为现代旅游节事的一个特征和重要目的,也是延伸旅游节事影响和扩大旅游节事效益的重要途径。可以策划各种文化研讨会、商品交易会、地方特产展销、公益活动等会议会展,作为旅游节事的"副产品"。

(2)节事氛围设计。从游客感知和心理需求角度来讲,旅游节事作为一种旅游吸引物,除了传统的娱乐性和观赏性的因子外,还应具有强烈的节日感应气氛和心理震撼力,进而作为一种区域旅游形象标志性活动提供给游客。因此,在旅游节事主体策划中,如何"造氛围"是非常重要的一部分。节事氛围设计包括"人—地"感知氛围设计与"人—人"感知氛围设计。

"人—地"感知氛围涉及旅游活动组织、场景设计与布置两方面。旅游活动组织要求在进行策划时要考虑兴奋要素、娱乐要素、炫耀要素等庆典气氛因子。而场景设计与布置范围既包括节事依托城镇与主会场,又包括第一印象区、光环效应区和最后印象区。节事主会场应由专业美工精心设计,一般以彩旗、鞭炮、灯笼、鲜花、盆景、音乐、色彩处理、锣鼓等渲染、构造节事气氛,节事主题的字样应突出表现;依托城镇一般以传统的彩车、花轿、秧歌、高跷、旱船、歌舞、龙狮等活动以及现代的节目演出、篝火晚会等来烘托节事氛围;招徕性的标语、旗帜与节事徽标是节事期间区域范围内常用的视觉形象强化手段。

在"人—人"感知氛围营造方面,"图个热闹"是游客最基本的需要。旅游节事策划者应考虑如何聚集节事的"人气",这要求当地社区群众的积极参与、对旅游活动的游客参与性进行设计等。一般来讲,文化旅游节的氛围应通过各种各样的民间文艺活动表演,来体现地方特色文化的源远流长、博大精深、对居民生活的深刻影响。例如,郑州少林国际武术节上组成了不同性别、不同年龄层次的武术方队表演,就连老太太、儿童、青少年都组队参加,反映了武术文化在中原大地的深刻影响,给游客造成一种心灵冲击力和震撼力。一些文化节还可以营造一定的宗教氛围来体现地方特色,烘托主题氛围;商业旅游节还应营造一定的商业、信息传播的氛围；以美食、观光为主题的旅游节事氛围一般以欢乐祥和为基调。

(3) 节事活动时空安排。旅游节事活动的安排组织要考虑其整体空间布局与时间安排。

空间布局要注意标志性节事活动的场所选择及与其他旅游活动场所的呼应；另外，还应当通过节事活动带动旅游目的地其他地区的发展，如在周边地方设置分会场等。时间布局上，要注意节事活动点的划分，并且整个节事活动的举办时间既要考虑旅游目的地的适游时间，又要考虑游客的心理需求特征和出行特征。

3. 节事旅游营销策划

节事旅游营销是将节事旅游与市场营销结合起来，把市场营销运用到节事旅游中，以节事活动本身作为核心旅游资源和吸引物，对节事旅游市场进行分析，在此基础上细分节事旅游市场，并选择目标市场，运用适当的产品策略、定价策略、渠道策略和促销策略，以扩大节事旅游的影响力，吸引更多人参与到节事旅游中来，产生良好的经济效益、社会效益、生态效益和文化效益，达到最佳的营销效果。

旅游节事活动时间短，产品性质特殊，临时调度难度大，对营销的要求很高。旅游节事活动的成功与否，在很大程度上取决于其营销工作，因此营销策划是达到旅游节事举办目的的关键环节之一。一般来说，节事营销策划可以从下列四个方面展开：

(1) 产品开发策略。节事旅游产品作为一种特殊的产品是指在节事旅游过程中，能够给节事消费者带来效用和满足所有服务与物品的总和，包括以服务为主要内容的吃、住、行、游、购、娱和其他辅助设施条件的综合性产品。

和其他类型的旅游产品一样，节事旅游产品也可以划分为三个层次：

第一，核心产品部分。节事旅游核心产品是产品使用价值的主要载体。在旅游产品中，这个核心部分指的是为节事消费者提供的与节事资源、节事设施相结合的节事旅游服务。比如，青岛啤酒节的核心产品部分就是为消费者提供的一种激情、狂欢的体验和感受，并享受高质量的服务。

第二，有形产品部分。节事旅游的有形产品部分是指出售时可供展示的产品的具体形式，即产品的品质、商标、包装和外观等，体现在旅游产品上即为具体产品的质量、特色、风格、声誉、品牌、价格等。例如，啤酒节上各个啤酒商家的产品齐聚啤酒城，它们是啤酒节有形产品展示的主体，其他一些包括各种烧烤等餐饮和嘉年华娱乐活动也是啤酒节活动的有形产品。

第三，延伸产品部分。节事旅游延伸产品部分是指为了加强产品对节事消费者的吸引力而为他们提供的各种附加价值的总和，比如送货、咨询、优惠等。节事产品的延伸部分很难和有形部分区别开来，具体可以指优惠条件、免费提供的各种服务、付款条件、推销方式等。

（2）产品定价策略。节事旅游产品价格策略是旅游市场营销组合策略的重要组成部分。由于节事旅游产品价格相对于其他因素灵活性更大，所以节事旅游产品价格制定得合理与否，策略运用得是否恰当，直接关系到旅游企业市场营销组合的科学性、合理性，进而影响到旅游企业市场营销的成功。

一般来说，旅游产品定价策略包括旅游产品的定价原理、定价策略和定价方法等内容，节事旅游产品的价格制定要以产品或服务的价值为基础。影响节事旅游产品价格制定的因素有很多，包括节事活动的主题吸引力、节事活动的规模、节事活动的知名度和影响力、目标市场的购买能力、政府公益活动等。价格的制定要考虑多方面的因素，如定价过高就会缺乏足够的客源市场，活动也缺乏活力；如定价太低则很难体现产品和服务的价值，也很有可能低端化，不利于节事活动的健康发展。总之，要综合考虑，科学定价。

（3）营销渠道策略。节事旅游产品的生产经营活动与旅游消费者的购买、使用过程往往受到多种因素的制约，在时间、空间上存在一定的差异。同时，在客源量大、客源结构复杂的条件下，旅游企业除发挥自身的营销资源外，还必须运用旅游市场中的中介组织力量，与之形成较为稳定的营销利益共同体，促使节事旅游产品在广阔的空间内为广大游客所知晓、理解、认可和购买。

节事旅游产品从生产者到消费者的通道叫节事旅游渠道，节事旅游的渠道有直接和间接两种。直接销售是指主办方自己从事产品的销售业务，这样做的好处是减少了中间商的开支，弊端是要建立烦琐的票务系统，可能缺乏这方面专业的人员。间接销售是指举办方通过中间商、代理商、批发商等中介组织进行产品、服务的销售和管理。这样做的好处是可以拓宽分销网络，弊端是增加办节成本。

（4）旅游促销策略。节事旅游促销是指节事旅游营销者将节事旅游产品和服务方面的信息，通过各种传播、吸引和说服的方式，传递给旅游产品的购买者或潜在购买者，促使其了解、信赖并购买自己的产品和服务，以达到扩大销售的目的。节事旅游促销的实质就是要实现旅游营销者与旅游产品潜在购买者之间的信息沟通。

旅游营销者为了有效地与购买者沟通信息，可通过发布广告的形式传播有关旅游产品的信息；可通过各种营销推广活动传递短期刺激购买的有关信息；也可通过公共关系手段树立或改善自身在公众心目中的形象；还可通过派遣推销员面对面地说服潜在购买者。广告、人员推销、营业推广和公共关系四种因素的组合和综合运用就是促销组合。

此外,旅游节事营销应采取分时段的旅游节事营销策略,在不同的阶段根据不同的目标公众,策划设计相应的宣传策略和创意营销表现形式。如表4-1所示。

表4-1 旅游节事营销时期与内容

节事活动时期	分阶段营销内容
准备初期	一般宜采用概念营销,策划一些新闻发布会、新闻报道等软性宣传方式,把此次旅游节事活动的理念、主题、宗旨、意义等让所有的公众知晓,并炒热此活动,让各类潜在参加者了解活动中蕴藏的机会,吸引他们的注意力和视线
准备中期	让节事主办者主动参加旅游产品交易会,与旅行社、旅游公司、海内外批发商联系。可以设计一些招贴画、小册子、旅游节事宣传片,以及通过策划一些旅游节事咨询活动等途径来促销。同时,利用节事创造一定的商业机会,吸引商家参与,借助商界人士达到营销目的
举办前夕	加大宣传的力度和密度,特别是在当地火车站、汽车站、机场等第一印象区的促销活动,与潜在和现实的参与者进行沟通,可以采取旅游节事倒计时策略。这一时期的宣传应该是全方位、多层次的宣传,不仅包括理念、宗旨的宣传,还包括活动内容等具体性的宣传;不仅要有软性的新闻宣传,还要有硬性的广告宣传,加大宣传、包装和促销力度;不仅要有正面宣传,必要时还要有负面宣传。总之,要为活动造势
举办期间	安排各种媒体报道节事盛况,继续塑造与传播区域旅游形象,并为周期中的下一次节事活动造势

(三)方案评估阶段

旅游节事策划方案的评估是在旅游节事策划方案初步完成后,在广泛征求意见的基础上,从技术、经济、财务和社会等各个方面对旅游节事的可行性与合理性进行全面的审核和评估,是对节事策划方案的完善和补充,是对策划进行优化的阶段。

经过评估和优化后的方案是最终的策划方案,具有策划的科学性、全面性、前瞻性和可操作性。最终策划方案经过审批审查,即可付诸实施。

二、节事旅游的关系管理

节事旅游的管理内容包括提供节事活动旅游咨询、投诉处理、交通、信息化服务、救助、志愿者、文化、商业、住宿餐饮、娱乐服务等各个方面,各方关系的协调至关重要。目前,我国旅游业实行的仍然是政府主导战略,政府在人员征调、资源调配等方面有无与伦比的优势。因此,旅游节事活动,尤其是大型旅游节事活动的举办,应该有政府相关部门的及时介入,并牵头协调各方关系。具体来说包括以下三点:

第一,协调当地的供电、供水、治安、交通等社会基础服务提供部门的关系。可制订一个统一的行动计划,明确各方权责,确保在旅游节事开展过程中各方共同发力,为节事旅游的顺利开展保驾护航。

第二,协调与各投资商、各参与企业的关系,做好招商引资。衡量节事活动成功的一个关键因素是资金的保障和足够的参加企业,因此,招商的组织就特别重要。政府专业职能部门应及早介入,利用政府网站、电视、报纸等媒体宣传招商,并保持与各投资商、各参与企业的良好关系,扩大影响。

第三,协调与当地群众的关系。旅游节事的举办离不开当地群众的参与。因此,政府等部门应积极发动群众,并及时处理因节事旅游的举办对当地原有生活秩序带来的冲击和压力,确保广大群众对节事活动的理解和支持。

三、节事旅游的信息管理

节事旅游的信息管理主要包括网上旅游信息公开与节事旅游咨询服务提供两部分工作。

(一) 网上旅游信息公开

节事活动举办前后,要充分利用互联网、电子商务、电子支付等手段,发布相关信息资料,实现与游客互动,提供有竞争力的网上住宿预订、票务预订、旅游线路和产品预订等来吸引游客购买,从而提高节事活动管理的效率。

南宁国际民歌艺术节在这方面就做得很好,专门开辟了一个网站(网址:www.nnsong.com)对该节进行宣传。在该网站上,访问者可以获得关于南宁国际民歌艺术节的各种信息,包括艺术节的活动项目、历届艺术节的回顾等。在网站上还设有票务中心,游客可以进行网上订购。另外,网站上还设置了一个手机访问民歌节短信网的链接,此短信网进一步扩大了民歌节的营销面,也方便了游客随时随地了解民歌节的信息。

(二) 节事旅游咨询服务提供

在节事活动策划和举办期间,旅游管理部门应尽早介入,对节事旅游咨询服务进行准备。一方面,要按照客流分布尽量合理均匀地配置咨询服务设施,如信息服务点、问讯处等;另一方面,提供的节事旅游咨询服务应包括公益性和经营性两部分。公益性服务包括免费信息查询、宣传品发放、各种事故的救援和帮助信息等,经营性服务主要包括:发送或出售地图;旅游纪念品销售或展示;票务(如飞机票、火车票、轮船票、长途高速客车票、旅游专线车票、景点门票、剧院演出票等)预订服务;客房预订服务或餐厅订位服务;出售旅游产品和线路,组织一日游等。另外,还可以通过票务管理,合理引导出入口的参观者分布。

四、节事旅游的交通管理

旅游节事活动的举办会使客流量在短时间内聚集,往往造成交通拥堵。因此,做好交通管理至关重要。

第一,在旅游节事举办之前,应该根据策划的节事产品内容、规模,充分考虑举办地交通对节事期间客流高峰的承受能力,并针对节事期间的客流特征对当地的旅游基础设施等做出相应的调整与改良措施。

第二,完善交通组织体制与协调机制。如成立专门的道路及管理机构,调动所在地方交通机构,进行统一的交通规划;明确交通管理责任等。

第三,进行必要的交通需求管理。包括鼓励观众分散参观,鼓励乘坐轨道公交及合乘;使用票务政策调整出行分布;实行公民日常出行错时政策、科学停车规划和收费调节政策等。

第四,完善交通应急预案。制定并优选出紧急备用道路,制定紧急情况下的交通疏导方案等。

五、节事旅游的安全管理

完备有序的安保措施是保障旅游活动成功举办的必要先决条件,对于节事旅游而言更是如此。所有旅游节事活动的举办都要特别重视安全应急问题。

第一,进行严格的安全检查。可以在节事活动举办场地周围设置类似机场、海关安全检查的设施，或者雇佣专业的保安公司，使用先进的安全检测设备和多样变换的检查方法，最大限度地防止不法分子进入活动现场滋事。

第二，确立严密的安全巡查制度。雇佣有责任心的保安人员，并对其进行安全知识培训。在旅游节事活动期间，保安人员应随时对场地进行巡逻，对游客进行安全提醒，发现安全隐患及时排除，对旅游节事举办全程进行安全监控。

第三，对游客进行安全常识教育。可以通过节事旅游相关网站、发放安全小手册等措施，向游客宣传安全常识，提高游客自身的安全意识。

第四，旅游节事举办方，尤其是政府部门，最好成立安保中心，制定安全应急预案，万一发生安全事故，可以做到迅速响应，发挥安全保卫作用。而在节事活动举办现场，要建立起相应的救助服务体系。救助服务分为特殊救助服务、紧急救助和突发事件处理服务。特殊救助服务指为老、弱、病、残、孕、幼等游客群体提供的特殊援助，包括轮椅出借、童车出借、儿童托管、婴儿护理、失物招领等服务；紧急救助服务包括警务站、医疗保障点、医疗急救站、医疗急救用直升机起降点等。

小案例 4-3

用辛勤汗水兑现达沃斯论坛安全承诺

9月10日至12日，2014年夏季达沃斯论坛在天津成功举办。来自90多个国家和地区的1600位参会嘉宾齐聚一堂，共商经济大事。

承担论坛消防安保工作的天津市消防总队，面对占地近36万平方米的天津梅江国际会展中心主会场和14家会议接待酒店、48家特色商场等任务重、点多线长的消防安保工作，周密安排，严密措施，圆满完成了达沃斯论坛保卫任务。

开展"三大战役"打牢基础

早在3月初，天津总队就拟定了《2014年夏季达沃斯论坛消防保卫工作方案》《2014天津夏季达沃斯论坛消防保卫勤务方案》等各类方案和预案，多次组织人员对各区域、部位、哨位逐个评估安全风险，研究力量配置、完善执勤部署，把论坛消防安保工作部署细化到兵、时间细化到分、责任细化到人。期间，天津总队在全市部署开展了"三大战役"，为论坛消防安全万无一失打牢根基。

实兵演练战役——从8月份开始，天津总队以论坛涉及区域和单位为重点,逐家开展了多次灭火救援演练,重新修订完善预案。对涉会单位及周边重点单位组织实战演练800余家次,演练率达到100%,有效提高了会场及接待酒店的火灾事故处置、人员疏散等应急反应能力。

宣传培训战役——天津总队先后组织2000余名官兵,深入社区、学校、企业、农村、家庭,宣传消防常识;在天津梅江国际会展中心主会场1000平方米的LED屏幕滚动播放消防公益广告,在14家会议接待酒店每个床头放置消防安全提示卡;组织1000余名场馆负责人、论坛志愿者分批次进行了培训,将消防安全融入论坛服务的全过程。

后援保障战役——天津总队成立了内部督察组,采取日查与夜查相结合、重点查与普遍查相结合、明查与暗查相结合等方式,对论坛安保执勤官兵纪律作风、在岗在位等情况进行检查,对发现的问题及时给予纠正并督促整改。同时,根据天气变化,组织医师深入各执勤点位进行巡诊,确保了每名参战官兵以良好状态投入到安保工作中。

将隐患消除在场馆运营之前

作为2014年夏季达沃斯论坛的主要活动场所,梅江会展中心是论坛召开期间消防保卫工作的核心。为确保会展中心工程按时投入使用,天津总队针对工程建设工期紧、任务重的特点,在场馆建设之初即提前介入,实行了分段消防审核审批,做到随报、即审、速批,为工程各阶段建设尽快投入施工缩短了时限,提供了便捷服务。

结合工程施工现场单位多、人员多、可燃材料多、明火作业多的特点,总队派专人开展施工现场消防监督工作,制定了消防安全管理制度,加强施工人员的消防安全培训,规范了工程施工现场的消防安全管理,确保将消防隐患消除在场馆正式运营之前。同时,天津总队对本届达沃斯论坛涉及的社会单位实施了消防设施、电气设备和线路严格检测,重点部位、岗位的人员全部培训,应急和灭火预案全员演练等安保措施,督促单位规范消防安全管理,为论坛顺利举办创造了良好的消防安全环境。

8月28日,天津总队抽调业务骨干组成督导检查组,对所有涉会场所及周边单位开展专项督察,重点检查火灾隐患排查整治和论坛安保专项工作。同时,协调安监、商务、旅游等部门组成联合检查组,按照部门分工分头查处火灾隐患。论坛期间,从主场馆到各个主题区域,从接待酒店到各特色商场,没有发生一起冒烟事故。

论坛期间连续执勤60余小时

为打好达沃斯论坛消防安保攻坚战,9月1日至9日,天津总队连续4次举行实兵彩排演练,模拟会期可能出现的一切问题,并制定出了相应的对策,进一步明确执勤原则、个人安保责任区。9月10日一早,在梅江会展中心主会场,244名消防官兵以饱满的精神走上自己的执勤岗位,总队领导坐镇前沿安保指挥部,全面调度指挥。全市消防官兵进入战备状态,做好随时处置突发情况的一切准备。

执勤中,消防官兵以每2小时巡查1次的频率,巡查各自的责任区。灭火岗位官兵穿着战斗服坐在消防车上,克服酷暑和疲劳,严阵以待,随时出击。

从10日开幕仪式到12日下午在梅江会展中心落幕,论坛共举办140场主题会议,消防官兵连续执勤上勤60余个小时,投入警力20000余人次,出动消防车2500辆次。他们用汗水守护着论坛现场每一场会议的平安。

(资料来源:http://www.cnki.net/,中国知识资源库,2014年)

六、节事旅游的投诉管理

在旅游节事举办过程中,应及时处理游客的投诉,保证游客权益,以维护节事旅游目的地的良好形象。

节事旅游的投诉管理工作包括:①完善旅游节事的投诉受理和处理机制。可在旅游节事举办地建立起旅游投诉内外受理联动机制,确立投诉公示制度,以监管当地旅游市场的秩序。②应设置投诉处理服务中心或相应场所,并且配备业务熟练、服务热情的投诉处理人员;在网站、宣传资料上,要对投诉电话、信箱进行公开。③采取相应措施,确保游客投诉的处理及时、妥善,并建立完整的记录档案。

七、节事旅游的志愿者管理

志愿者在旅游节事活动的组织和管理工作中发挥着越来越重要的作用。而如何对志愿者进行管理,使其发挥应有的作用,是一个值得关注的问题。

旅游节事举办地可以设立志愿者服务站,并由主办方的人力资源管理部门负责节事活动志愿者组织和管理工作,合理进行志愿者的招募和培训。一般而言,在节事活动的筹办阶段,可组织志愿者进行节事活动的宣传推介、环境整治、活动组织、外语培训、氛围营造等方面的工作;在举办阶段,可让志愿者提供包括翻译接待、秩序维护、医疗救助、交通协管、文明督导、礼仪讲解、向导指引、信息咨询、导游导购等各种服务。

本章小结

节事旅游，是指依托某一项或某一系列节事旅游资源，通过开展丰富的、开放性和参与性强的各项活动，以吸引大量受众参与为基本原则，以活动带动一系列旅游消费，进而带动地方经济增长为最终目的的所有活动总和。节事旅游具有鲜明的地方性、较强的参与性、活动的集中性、影响的广泛性和效益的综合性特点。在节事旅游需求内驱力的推动和节事旅游吸引力的拉动及节事旅游举办地保健条件的保障三者的共同作用下，最终促进了节事旅游市场的形成和发展。节事旅游的策划必须遵循基本流程，在节事活动举办期间，人员会大量聚集，在节日氛围中人们的情绪往往比较松弛和兴奋，容易引发各种事故。因此，对节事旅游进行严密周详的组织和管理显得异常重要。

本章关键词

节事旅游　节事旅游的形成条件　节事旅游运作基本流程　节事旅游组织与管理的基本环节

复习思考题

1. 节事旅游运作应该遵循哪些流程？
2. 旅游节事活动可以策划哪些组成项目？
3. 结合某一地区，谈谈当地节事旅游的形成条件。
4. "食在广州"闻名海内外。从1987年起，广州旅游部门每年都要组织一次"广州国际美食节"活动。美食节期间，广州各类酒家、饭店都拿出自家的名牌产品参加评选，每届美食节都评选出各类名菜、名点、名小食或创新菜式百余款，不断为繁荣的广州饮食业添加新品种。请你为今年的广州国际美食节拟一份运作方案。

综合案例

巴西狂欢节缘何享誉世界

2月正是南美一年中火热的季节。作为全球最盛大的表演之一，为期5天的巴西狂欢节在2014年吸引了100多万名游客参与。

里约热内卢著名的莫西达德舞校媒体部负责人罗德里格斯告诉本报记者，

在巴西人的生命与血液里，流淌着一种开放、宽容、乐观的精神，正是由于巴西人将这种精神融入了狂欢节的舞蹈与音乐之中，传递给世界，"让狂欢节成为地球人的伟大节日"。

筹备精心　政府支持

"白天世界上没有巴西，夜里巴西就是整个世界。"这是巴西诗人曼努埃尔·班德拉对巴西狂欢节的评价。2月中下旬，当狂欢节来到这个南美大国，学校停课、公司放假，人们戴上面具，走上街头，彻夜歌唱、舞蹈、饮酒、交流。

这场视觉盛宴是如何被打造出来的？

表演者，他们是狂欢节当之无愧的主角。在里约，这个主角是一个个桑巴舞蹈学校。为了在桑巴表演大赛中夺冠或晋级，他们通常都要花一年的时间进行准备。

"每年的狂欢节表演一结束，学校就马上进入下一个狂欢节的筹备工作，包括音乐主题的确定、花车、服装的制作等。"罗德里格斯说。

狂欢节的创意是开放的。在保持传统的同时兼收并蓄、推陈出新，是决定表演者是否能够脱颖而出的关键要素。据官方介绍，许多桑巴学校都将目光转向国外，将很多外国民族舞蹈和流行音乐引入创作中，在演出脱颖而出。南部城市阿雷格里港还曾邀请过中国艺术团参加狂欢节。莫西达德舞校今年的演出同样得益于创新。"我们在演出中尝试了一种从未在桑巴游行中出现过的、夸张的舞蹈演绎方式。"罗德里格斯说。

狂欢节借国际巨星扩大了影响力。一些演出团体常会寻求与国际巨星合作。比如，巴西东北部城市萨尔瓦多狂欢节的某著名乐队，就曾与流行音乐之王迈克·杰克逊合作过。

狂欢节得到了政府全力支持。作为一个大规模的群体性活动，狂欢节的成功举办必须要解决经费、场地、安保、交通等方方面面的问题，而各地政府都为解决这些问题提供了很大帮助。每年狂欢节，巴西政府都要组成专门的机构来协调各项事务。在萨尔瓦多，市政府为今年的狂欢节投入500万雷亚尔（约合200万美元）和3000多名安保人员。

里约狂欢节桑巴游行以体积巨大的花车表演和3000～5000人的表演团队著称，演出者们经常为找不到合适的演出地点而苦恼。1983年，政府请来曾设计巴西首都巴西利亚的著名设计师尼迈耶设计了一条专属于狂欢节的桑巴大道，长约700米，两边是高高的看台。许多人将此称为巴西狂欢节史上的转折点，"至此里约狂欢节变得更加专业和商业化，也为其日后的国际化奠定了基础"。

2006年，里约市政府又斥资5000万美元，为里约市的主要桑巴学校建立了一个用于制作和停放狂欢节花车的基地，不但彻底解决了体量巨大的花车每每阻塞交通的问题，更让这一基地成为里约市的一个知名景点，许多错过了狂欢节的游客会到这里参观花车制作。

为了吸引更多游客，一些市政府早早就把推介会开到了西班牙等许多国家，萨尔瓦多市还在欧洲、美洲一些地区设立了工作室，推荐萨尔瓦多文化和狂欢节。而每年里约的狂欢节，组织者都要向全球各主要媒体发放通知，并为他们提供宣传品。

企业和社团为狂欢节的成功举行提供了巨大的资金支持。"两个啤酒公司共800万雷亚尔、一家银行200万雷亚尔……"萨尔瓦多市文化和旅游部部长埃里克·比那·门多萨向我们介绍今年赞助商的捐款。这些钱或是用于资助演出团体日常训练，或用于举办狂欢节的各项支出，还用于资助音乐学校，使孩子们能够获得免费学习音乐的机会——无论怎样使用，他们都使得狂欢节的表演具有更高水平。

人们为什么爱巴西狂欢节？

也许因为激情。狂欢节的表演，是融入了巴西人激情的演出。这种用激情浇灌出的表演仿佛具有魔力，能够点燃每一个参观者血液中的激情因子，在表演者和参观者之间形成共振。

也许因为文化。如果你在激情之外还能稍微留意下狂欢节上的许多细节，你会发现文化的身影无处不在。每个表演团体中总有这样一个群体：老太太们。她们上场时穿着识别度颇高的巴伊亚裙——裙子撑大宛如一朵巨大的花朵。如果你了解桑巴与非洲的关系，你就会知道这是演出者们在向桑巴表演的非洲血统致敬。在表演的队伍中，可以看到各种肤色的舞者。

"我能从表演中看到巴西的文化，无论音乐还是舞蹈，都是巴西文化的具象表现。这种文化如此与众不同，即使之前没有亲身参与，从电视中看狂欢节时也能意识到它和美国文化的不同。"丹尼尔说，文化是最打动他的地方。

也许因为欢乐。"你可以离开父母，跟朋友一起，做平时不敢做的事情，大声歌唱、随意跳舞、穿奇特的衣服，整晚你都不会累。"24岁的萨尔瓦多女孩海娜塔说。在这种快乐面前，人们抛下社会角色和阶层差异，大家走在一起。里约的狂欢节发源于贫民窟，是19世纪50年代由恢复自由身份的黑奴从萨尔瓦多带至里约。自那时起，狂欢节就从来没有脱离过贫民窟这个背景。无论生活在多么糟糕的环境中，一年中总有这么几天，人们可以脱离世俗的种种羁绊，进入纯粹的快乐之中。

也许因为随之而来的收益。以里约为例，据巴西《环球报》报道，今年的里约狂欢节共吸引约100万名游客，较去年增加8.9%。大量游客的涌入也推动了消费经济的增长，狂欢节期间消费不菲，每名游客每天约需800美元，狂欢节将为里约带来7.82亿美元的收入。

狂欢节是巴西的，也是世界的。狂欢节不仅提供娱乐，而且是一张巴西名片，它展现了巴西人的思想和生活方式，给世界提供了一个了解巴西文化的窗口。

（资料来源：http://www.chinanews.com/，中国新闻网，2015年）

■讨论题

1. 与巴西狂欢节相比，我国的节事旅游存在哪些问题？
2. 结合巴西狂欢节成功经验，谈谈我国节事旅游应如何加强管理。

第五章　会展旅游管理

①了解会展旅游政府管理的两种类型及其实施依据；②掌握会展旅游政府主导管理的具体领域；③了解国内外会展旅游行业协会管理现状；④掌握会展旅游行业协会的职能；⑤熟悉危机的特点及危机管理程序；⑥掌握会展旅游危机管理的措施。

会展旅游管理包括宏观管理、中观管理和微观管理三个层次。所谓宏观管理，即有政府及其部门对会展旅游行业实施的行政管理，如制定发展政策、规范行业行为等；所谓中观管理，即会展行业协会对会展企业的管理；所谓微观管理，即会展的组织者对会展活动实施过程的管理。由于旅游发展外部环境的不确定性的存在以及企业经营内部环境的变化，会展旅游的危机管理也成为会展旅游管理中非常重要的一个方面。

第一节　会展旅游政府管理

会展旅游的政府管理是指政府及其部门通过组织或制度的方式采取有形或无形、直接或间接的方式去实现对整个会展旅游行业或产业的总量控制和规范协调并实施指导和监督，从而达到会展行业或产业的有序管理和有序发展。

由于旅游业和会展业发展阶段的不同，发展水平的不同，政府对会展旅游的管理一般可以分为政府主导和政府调控两种类型。

一、政府主导

回顾20世纪世界经济史,可以得到一个重要的结论:"二战"后加速成长的国家和地区,几乎无一例外地选择了政府主导这条路。中国旅游业发展的20年,也是摸索、形成并坚持政府主导型战略的20年。

政府主导,就是按照会展旅游业自身的特点,在以市场为主配置资源的基础上,充分发挥政府的主导作用,争取会展旅游业更大的发展,多在旅游业的初级和发展阶段,旅游市场和旅游经济发展不够完善的情况下采用。政府的这种主导作用主要表现为在旅游业的初级阶段的政策扶持和旅游业发展阶段的市场引导。在会展旅游行业中,政府主导的核心在于发挥政府对会展旅游市场的干预作用,政府的功能是通过政策的方式,调控会展旅游经济的宏观运行,引导并约束微观会展旅游企业的行为,为企业公平竞争制定行之有效的行业规则。

(一)政府主导的必要性

1. 会展旅游产品具有公共物品属性,需要政府主导提供旅游基础设施

旅游资源是公共性资源,即在一定的政治地理范围内,同一旅游资源具有共享性和非排他性,无法阻止"免费搭车者"。旅游资源的这一特性的存在导致了旅游市场机制的失灵,这样,就要求发挥政府主导作用。会展场馆建设对于会展旅游而言是不可或缺的基础和必备条件,会展场馆具有公益性质和基础服务性,专用性强,投资大,回收期限长,没有政府财政的参与或政策的扶持,纯粹市场化运作难度很大,同时会展旅游对城市基础服务和接待设施要求较高,这就需要政府积极参与会展场馆及会展旅游相关旅游基础设施的建设,如旅游交通、旅游厕所等公共产品。

同时,会展旅游的发展有赖于城市公共服务体系的支撑。由于会展业的集聚性,瞬时产生了人流、物流和信息流,对城市的公共服务有着很大的需求,政府必须调动政府资源,强化服务,提高会展旅游发展的综合保障能力。

2. 会展旅游产品的综合性和旅游主体的多样性,需要政府对旅游的各个环节进行有效协调

会展旅游产品和普通旅游产品一样,同样具有较强的综合性,涉及面广,是"吃、住、行、游、购、娱"六大要素的综合,产业关联度高。发展会展旅游,有利于促进服务业内部结构的优化,提高服务业的整体水平。根据市场经济规律,综合性强的产品一般应由政府牵头组织开发。

会展旅游活动是一个综合性很强的活动,产业链中既涉及会展主办、会展承办、会展搭建、会展运输、会展服务、会展安保等参与主体,又涉及来源广泛的会展旅游者,这就需要政府依靠自身优势调动各类参与主体,充分利用各类会展资源,从而更好地开展会展旅游。

3. 旅游促销具有层次性,需要政府参与旅游形象宣传

旅游产品的促销具有鲜明的层次性,第一层是旅游形象宣传,如国家旅游形象、省级旅游形象、地区旅游形象;第二层是跨区域旅游线路或旅游大区宣传,这是仅次于形象宣传的旅游促销内容;第三层是企业的产品促销。第一、二层次的促销宣传需要政府的主导和参与,其中旅游形象宣传是政府牵头、企业参与,即政府出面组织大型旅游形象宣传,旅游企业通过缴税或上交特殊费用等方式统一贡献财力;跨区域旅游线路或旅游大区宣传主要是政府间的合作、协调,强调的是通过统一行动,统一步调。

会展旅游不只以追求经济效益为主要目标,在促进地方产业发展、招商引资、树立良好形象、扩大政治宣传等社会效益的实现方面也是会展旅游活动开展的重要目标。而这些目标的实现,只有政府参与才能做到。

4. 世界各国的旅游发展实践证明,政府主导型管理具有较强的实用性

从发展中国家来看,由于市场机制不健全,政府主导的程度一般都比较高,以高效率的政府行为弥补了市场缺陷,并以此加速了市场的发育。从发达国家来看,发达国家在旅游业发展中大都在不同时期、不同程度地采取了政府主导,这是确保其高速发展的根本保证。世界各大会展强国会展业发展的实践也表明,在会展业发展的过程中,政府起着举足轻重的作用。

5. 中国的旅游业发展实际,需要实行政府主导

与发达国家相比,我国会展业旅游起步晚,尚处于行业发展的初级阶段,尽管近年来有了一定程度的发展,但是会展旅游作为一个新兴行业,发展程度相对较低,行业管理、市场开拓、基础设施建设等都有待提高和完善。这就需要政府出面,加大对会展旅游基础设施等公共产品的建设力度,对会展旅游的发展给予政策支持和倾斜,培育并引导当地会展旅游市场的形成与拓展。

(二)政府主导领域

在会展旅游的发展中,政府主导作用要得到有效的、有针对性的发挥,就必须结合会展旅游发展的现状,明确政府在会展旅游发展中所扮演的角色和合理的职能范围。在一个国家或地区的旅游产业发展中,政府主导所涉及的领域一般包括以下八个领域。

1. 观念引导

会展旅游是在我国刚刚兴起又具有较大潜力的旅游形式,是一个新生事物，会展旅游业也是一个新兴产业，政府要引导全社会正确地认识会展旅游活动，不仅要走出会展旅游是"公费旅游"的认识误区，更要将会展旅游活动看成是一种积极向上的消费方式，是高质量、高品位的现代生活的必要部分和重要标志；对会展旅游政府应采取积极推动的态度，在全社会范围内给予引导，使全社会形成对会展旅游的正常的明确的认识。

2. 政策制定

政策研究、论证与制定，是各国政府主导发展本国经济或特殊行业的一个基本手段。政策可由政府直接掌握，具有强制性、直接性、权威性等特点，在我国旅游业发展的过程中，大政方针的研究与制定是政府主导的主要职能。政府首先要制定产业发展政策，引导会展旅游业发展。产业发展政策具有协调、导向、创新、特殊保护等基本功能，通过对产业关系的利益相关者行为的引导，可以实现其他经济政策无法达到的目标。产业发展政策的重点包括产业技术政策、产业布局政策、产业保护政策、产业促进政策、产业金融政策、产业可持续发展政策等。对会展旅游业而言，产业发展政策应包括三个方面：一是会展旅游业的产业布局政策。由于资源、资本和人口等要素在空间范围内并非均匀分布，完全依赖市场机制来决定产业在区域间的分布，虽然可以使产业要素的密集度得到充分的发挥，但不利于在一国范围内会展业的长期健康发展。我国会展旅游尽管近几年发展较快，但是会展旅游资源现状不可能适应遍地开花式的发展，因此，必须制定地区扶持政策，对会展旅游的重点发展区域和非重点区域进行合理划分，对符合地区产业布局政策的展会，给予税收减免、财政补贴等政策。二是会展旅游业的产业保护政策。"品牌"在展会活动中是一种重要的无形资产，是决定展会规模、影响力以及竞争力的重要因素，因此，必须对名牌展会加以保护和扶持；同时，加快同类或相似展会的重组步伐，推动会展业的规模化、集团化发展，从而促进会展旅游的快速发展。三是会展旅游业的产业促进政策。有条件的地方政府可以考虑设立会展发展专项资金，用于对规模大、社会效益好、有发展潜力的会展活动的奖励性补贴，用于地区会展旅游总体形象推广和重大会展活动的保障性支出，以及用于会展旅游专业人才的培训等。

3. 旅游规划

政府对一个产业的宏观管理，一个重要手段就是对发展目标的设定以及制定实现这一目标的一系列措施。政府主导发展会展旅游业，首先必须由政府主导形成会展旅游产业发展规划。这一规划也具有很强的层次性和补充性。第一层次：国家宏观规划，即国家会展旅游产业发展规划，对国家会展旅游发展的总体思路、总体布局、发展目标、主要措施进行宏观上的诠释。第二层次：地区宏观规划,即省级会展旅游产业发展规划,需要按照国家宏观规划,根据本地区实际予以科学制定,是国家宏观规划的深化、细化和补充。第三层次:地方发展规划,即指省级以下各地会展旅游发展规划,这一层次,重点更突出,目标更具体,措施更翔实。当前一些地方政府专门组成了规划小组,以党委政府名义进行,将规划的研究、论证与实施过程提升为较为权威的政府行为。

4. 设施建设

政府的服务角色首先体现在会展场馆及基础设施的建设上。会展旅游发展必须具备的一个前提条件是应该有展示中心——会展场馆。随着科学技术的迅猛发展,会展场馆的配套设施的更新速度非常快。因此,在会展场馆的建设上需要投入巨大的资金。耗资上亿元的会展场馆,对于普通企业来说心有余而力不足。地方政府应在会展场馆的建设上发挥主导作用。这里的主导作用可以是财政拨款直接投资,也可以是以股份制的形式吸收社会上的闲散资金用于场馆的建设。在展馆建设上要有科学规划,避免小而散,要走国际化、专业化、大型化、品牌化之路。如北京的展馆建设在专业化、品牌化上已初露端倪,其三大展馆——中国国际展览中心、中国国际贸易中心、中国国际科技会展中心已基本上分别形成了车展、房展、科技展品牌。地方的基础设施状况是发展会展旅游的基础条件。这些基础设施包括对内对外交通、现代化的通信设施、接待服务设施等。与会展场馆相同,基础设施属于公共物品,由于不具有消费上的排他性和竞争性,只凭借市场的配置就会发生供给不足的问题,因此必须由地方政府主导建设。

5. 投资引导

政府提供资金,启动全社会投资,引导和保护投资行为,是以政府独有的力量壮大旅游生产力规模的一条可行途径。首先,政府直接提供会展旅游运行中的公共产品或准公共产品,以弥补市场失灵的缺陷。其次,政府对会展场馆及重大建设项目提供启动资金,以期带动私人资本的更大规模的投入。美国经济学家阿斯乔认为,政府公共投资每增加1美元,私人投资约增加0.45美元。最后,政府组织大型活动,以营造更浓氛围,产生更强声势。比较典型的有,一是以造"市"(市场)为主旨的大型主题宣传促销活动,目的是以大手笔、大魄力刺激旅游市场需求;二是以造"势"(声势)为主旨的大型节庆活动,财政划拨专款,政府亲自主导,部门联动进行,社会全员参与,目的是以大声势、大人流营造有利于旅游业发展的社会氛围。

6. 市场推广

政府主导旅游目的地营销,是各国发展旅游业的惯例。旅游目的地营销一个重要的环节是整体旅游形象的策划、设计与推广。在会展旅游发展中,会展旅游市场的推广需要借助会展旅游产品促销进行。旅游产品促销的层次性，决定了国家、省级、地区等会展旅游目的地的旅游形象宣传必须由政府主导。这就需要政府针对会展旅游目的地的形象宣传制订专门的推广计划，向各地介绍本地区开展会展旅游活动的优越条件、基础设施建设情况等，使各地区都了解本地区在开展会展旅游活动方面的优势。

7. 环境营造

环境营造主要是指政府应通过制定与会展旅游相关的法律、法规，为会展旅游参与主体的发展营造有序、公平的发展环境。为了规范会展旅游的发展，地方政府有权而且应该根据本地的实际情况，结合会展旅游的发展要求，制定专门用于规范会展旅游业发展的规章制度等。行业法规是约束业内主体经济行为的基本规范，一般包括完善市场准入制度，通过抬高市场门槛，强化办展组织资质审核及动态管理，提高会展旅游参与主体的整体素质；建立符合我国特点的会展场馆治理机制，加大对会展展品知识产权的保护力度，努力营造规范、公平、公正的会展市场环境，维护有序的市场竞争机制。

8. 人才培养

综观各大会展强国的发展，无一例外地都是拥有高素质的专业会展人才队伍。会展旅游的发展参与国际化竞争，树立良好的旅游形象，就需要培养一支高素质的会展专业人才队伍。政府一方面要积极扶持会展旅游会展专业的发展；同时，需要积极地在院校和企业之间牵线搭桥，采取切实措施，支持院校会展培训实习基地和实验室的建设，保证院校会展旅游人才教育和培养不脱离实际。具体的措施有：一是成立会展旅游人才培养基地，二是将会展专业作为重点学科进行扶持，三是加强人才的引进，四是对现有人才的培训。

小案例 5-1

广州出台 20 项措施把展会做大做强，推动广州成为国际会展中心城市

为更好地发挥广交会"中国第一展"的龙头带动作用，广州市政府常务会议讨论并原则通过了《关于支持广交会做大做强的工作意见》（以下简称"《工作意见》"），将采取 20 项措施支持广交会做大做强，推动广州成为辐射长三角、环渤海的国际会展中心城市。

将完善周边配套设施

市经贸委副主任陈勇介绍，广州将按照"一次规划，分期实施"的原则推进展馆建设，力争到 2015 年广交会展馆可展览面积达 52 万平方米（含室外展10万平方米）左右，举办10万平方米以上大型展会达20个。在琶洲地区周边地块预留广交会发展用地，支持广交会扩建展馆，新建国际会议中心、酒店、公寓、餐饮、娱乐和购物中心等配套商业设施，以及新建室外展场和筹、撤展场。

同时，还将优化琶洲地区和广交会的会展配套规划，着力增强酒店和餐饮服务功能，在琶洲规划建设公交枢纽站场、配套物流中转作业区、国际展览品监管仓等一批配套设施。

推进海珠区环岛轻轨建设，贯通双塔路等会展集聚区干线道路，加密琶洲地区地铁及公交班次，推进利用琶洲地下空间和展馆周边配套永久停车场，在琶洲规划建设公交枢纽站场。加快建设连接海洲路与马场路、会展东路与员村二横路过江隧道，贯通凤浦路。

此外，还将提升广交会展馆周边的城市管理及场馆服务的水平，强化外围环境整治、交通保障、食品安全、社会治安管理等工作。

支持举办大型国际专展

广州将深化与广交会的合资合作，共同培育世界顶级品牌展会、支持广交会在广州举办中国国际绿色创新产品展览会等大型国际专展。支持外贸中心在广交会期间举办配套系列活动。支持广交会探索同期发布中国进出口商品价格采购指数。共同扶持、培育广州进口商品展。

中国对外贸易中心已认定为广州市总部企业。广州将支持该中心组建中国展览行业协会并将协会落户广州，支持制定行业标准等方面工作。

广州还将大力扶持"网上广交会"和广交会电子商务公司发展壮大，打造永不落幕的广交会，将其培育成中国最大的B2B电子商贸平台。

对营业税改征增值税试点中因新旧税制转换而产生税负有所增加的试点企业，按省相关规定和现行财政体制有关规定，实施过渡性财政扶持政策。

（资料来源：http://www.cnki.net/，中国知识资源总库，2012年）

二、政府调控

随着社会主义市场经济的不断发育完善和会展旅游业发展的进一步成熟，原有的支撑政府主导的依据也将随之消失或减弱，因此，政府主导只是一个历史概念，具有明显的阶段性，需要不断补充新内容，赋予新功能，开创新领域。

一般来说，新兴产业在其发展初期需要政府的扶持和培育，而当其发展进入相对成熟阶段，并建立了比较完善的市场调节机制后，政府便应该相应减弱对其发展的直接干预力度，转为利用经济杠杆手段进行宏观调控。

（一）政府主导转换为政府调控的原因

1. 政府主导具有局限性

从旅游业的实践来看，政府主导仍存在一定的局限性，一是旅游市场的变化导致旅游政策的有效性和实用性大打折扣；二是政府指定的旅游目标之间可能产生冲突，难以达到共赢局面；三是旅游业涉及面广，最终争取形成的部分旅游政策可能成为各个部门或地区利益相互协调的产物，只能成为次佳方案而非最优选择。

2. 市场经济具有成长性

实施政府主导的一个根本出发点就是中国旅游市场发育不够成熟，市场失灵的领域广、程度深，需要政府"有形之手"的介入。由于旅游市场具有较快的成长功能，市场机制将逐步完善健全，这就为缩小政府职能范围、放宽市场发挥基础性作用的领域提供了客观的空间。

3. 旅游基础具有扩张性

随着旅游业的不断发展，高水平的会展场馆不断建设，这些场馆在建成后的一定的历史时期内将持续发挥作用，同时各类相关的旅游基础设施将更加完善，公共产品和准公共产品的建设和投入力度将逐步减小，这为政府主导转变为政府调控提供了条件。

（二）政府调控的特点

1. 市场主导

随着旅游市场的发育更为成熟，市场机制将更加健全，因此，旅游业的发展主要依靠市场力量推动。

2. 政府调控领域集中

政府调控较之政府主导而言，领域更加集中。原因有四：一是旅游法制建设，市场经济是法制经济，旅游市场发育越完善，越需要更多的法律；二是国家整体旅游形象促销；三是政府继续提供旅游基础设施，在"量"已经比较充足的前提下，主要解决旅游基础设施"质"的问题；四是政府对旅游业中某些关键环节、关键领域予以财税支持。

3. 注重行业管理

在旅游行业管理方面，政府的管理只能体现在以下几个方面：一是制定旅游政策；二是制定旅游业行业规划，对旅游业发展进行总体部署；三是搞好协调服务，利用政府权力，协调企业间、行业间的关系；四是监督检查，即对旅游企业活动进行定期或不定期的监察督导和检查询问。同时,应在政府的宏观规划和指导下,组建全国性的会展旅游行业协会,为会展旅游企业提供服务,做好政府的参谋。

第二节 会展旅游行业管理

在一个成熟的市场经济中,政府管理对行业和企业的管理除了政府的宏观管理,更多的是通过非政府的行业管理协会来实现。随着旅游市场的逐渐发展完善,行业协会将发挥更大的作用,承担起该行业的主要管理职责。目前,在市场经济较为成熟的一些欧美国家和个别亚洲国家和地区,政府管理会展行业、旅游行业的职能已经和会展行业协会以及旅游行业协会紧密地结合在一起,它们共同合作、相辅相成。行业协会既是行业企业的代言人,也是贯彻政府意图、执行政府决策的可靠助手。

一、行业协会概述

行业协会是指介于政府、企业之间,商品生产业与经营者之间,并为上述组织提供服务、咨询、沟通、监督、公正、自律、协调的社会中介组织。行业协会属于我国《民法》规定的社团法人,是我国民间组织社会团体的一种,即国际上统称的非政府机构,属非营利性机构。

(一) 行业协会的特性

一个行业协会要真正发挥作用,应该具备以下四个特性。
1. **民间性**
行业协会是一种民间性组织,它不属于政府的管理机构,也不是政府管理机构的附属或下设单位,它是政府与企业的桥梁和纽带。
2. **代表性**
行业协会必须能够代表行业全体企业的共同利益,反映企业的利益需求。
3. **服务性**
行业协会的主要职责是为会员企业提供服务,维护其合法权益。
4. **非营利性**
行业协会既不是企业,也不是政府机构,只是一种社会中介组织,通过行业服务、协调等,促进并实现行业的稳定发展与繁荣,不以营利为目的。

(二)行业协会职能

1. 代表职能

代表本行业全体企业的共同利益。

2. 沟通职能

作为政府与企业之间的桥梁,向政府传达企业的共同要求,同时协助政府制定和实施行业发展规划、产业政策、行政法规和有关法律。

3. 协调职能

制定并执行行规行约和各类标准,协调同行业之间的经营行为。

4. 监督职能

对本行业产品和服务质量、竞争手段、经营作风进行严格监督,维护行业信誉,鼓励公平竞争,打击违法、违规行为。

5. 公正职能

受政府委托,进行资格审查、签发证照,如市场准入资格认证,发放产地证、质量检验证、生产许可证和进出口许可证,等等。

6. 统计职能

对本行业的基本情况进行统计、分析并发布结果。

7. 研究职能

开展对本行业国内外发展情况的基础调查,研究本行业面临的问题,提出建议,出版刊物,供企业和政府参考。

8. 服务职能

通常指狭义上的服务职能,如信息服务、教育与培训服务、咨询服务、举办展览、组织会议,等等。

(三)行业协会的地位

(1)行业协会首先应该是行业性的中间组织,是沟通连接政府和行业企业之间联系的桥梁和纽带。

(2)行业协会是本行业中会员企业的协会,主要功能是代表本行业的利益,其大量的、经常性的、主要的职责是为会员提供服务、维护会员合法权益、协调会员之间的关系。

(3)行业协会是政府职能的分担者。行业企业的服务、维权、协调,行检行评,行业规划,行业技术标准制定,行业培训等等原先由政府行使的职能,在政府的授权下,由行业协会承担下来,一方面可以帮助政府从过于微观、繁杂、多门类的业务管理中解脱出来，集中精力搞好宏观公共产品的提供；另一方面行业协会内专业人士、内行的自我管理又可以为政府制定宏观政策提供咨询和帮助。

二、国际会展旅游行业协会管理

（一）国际上主要的会展旅游行业协会

目前，国际上各国的会展行业协会很多，大都直接与会展旅游密切相关，本文中将其通称为会展旅游行业协会。世界著名的会展旅游行业协会有国际展览业协会（UFI）、美国国际展览管理者协会（IAEM）、美国独立组展商协会（SISO）、国际大会及会议协会（ICCA）、英国会展经济联合会（EFI）、中国贸促会（CCPIT）、国际展览运输企业协会（IECA）、新加坡会议展览业协会（SACEOS）、英国展览业协会（EFI）、香港展览会议协会（HKECOSA）等。

（二）国际会展旅游行业协会的主要职能

1. 制定行规，进行行业间的协调和管理

随着旅游业和会展业的发展与成熟，世界上发达国家的会展旅游行业协会主要是利用市场机制和行规对会展旅游经济进行协调性的管理，其着眼点是会展秩序、效益和发展。英国会展经济联合会（EFI）对会展的主办者、参展商、观众都进行了明确的定义，提出了国际展和国内展的标准和条件，规定了展览会组织过程中的基本要素。新加坡会议展览业协会（SACEOS）成立于1980年，其会员有专业展览公司、专业会议公司、场馆设施及其他展览服务机构。其主要职能是行业管理和协调，一方面，它与政府密切配合，共同制定一套行业道德和行为规范，一旦有会员违反有关规定，就召集会议讨论解决，甚至提出制裁措施，以维持公平竞争的秩序；另一方面，在展览会题目、展出时间安排、摊位价格、展览会质量水准等方面，在会员单位之间进行协调，以更好地维护会员的正当权益。

2. 加强信息技术调研与交流，提高市场透明度，促进行业内企业的合作

随着会展旅游市场的扩大，信息的高度自由化流动打破了会展旅游在地域上的局限，这既有利于展会主办者在确定办展时进行全面系统的分析，也方便了所有展会参与主体有的放矢地选择展会。这些会展及旅游的相关信息的收集、整理、分析、交流主要是由行业协会来完成。这些信息要求全面、及时、准确、详细，能够对已有展会及旅游发展状态进行客观公正的评估，为行业内

企业提供有效的参考和交流,提高会展旅游市场的透明度,促进行业内各企业间的沟通与合作。

3. 对会展进行资质评估

随着会展数目的增多,既造就了会展市场的繁荣,也难免良莠不齐。会展行业强调的是会展的名牌效应,因此,行业协会就必须承担对会展的调查和评估的功能。从世界范围看,最有效地对会展进行评估和资质认可的组织是国际展览业协会(UFI),该联盟的成员是建立在名牌会展的基础上的。UFI对申请加入其协会的展览项目和主办单位有着严格的要求和详细的审查程序。UFI往往要会员对其会展进行第三方审计,即聘请一家独立的审计公司对展览会的整体效果进行评估。法国则采取对展览跟踪调查的方法,一般调查要进行两次:一次在展出期间,就展览组织本身征求参展商意见,另一次在展览结束后,就参展是否有成果向企业了解,由此来获得对会展的客观而公正的评估。尽管评估方法不同,但共同的目标是创造会展声誉,更好地维护参展商、观众和主办者的利益,从而提高会展旅游参与者的满意度。

4. 行业专业人才培训,提高会展的组织水平和质量

会展经济是一个有着广阔前景的行业,需要很强的指导和专业人才的培养,行业协会在这方面承担着重要任务。美国国际展览管理者协会(IAEM)经过多年的研究实践,从1975年建立创造了一套系统完整的专业人才培养的计划和内容,分别通过课堂学习、工作实践、参与协会活动和考试等方式给予被培训人员各种机会,每完成一个专业测定就授予一定的分数,累积到一定分数之后,协会将授予一个资格证书,称作注册展览管理人(CFM)。一般取得这个证书要花3~5年时间,而有了证书就表明在会展经济中取得了一定的地位和名誉。在会展旅游发展中,除了要培育会展管理人才,更要增加旅游相关知识的培养与教育,培养出一支高素质的专业的具备会展和旅游管理理论与实践兼备的人才,可以大大提高会展旅游企业素质,提高会展的组织水平和质量,有效促进会展旅游的发展。

小案例 5-2

国际展览业协会(UFI)

国际展览业协会(UFI)是世界博览业最具代表性的协会,也是展览业界唯一的全球化组织。被展览界公认为展览会走向世界的桥梁,经国际展览业协会认可的展会是高品质展览会的标志。其前身为"国际博览会联盟",2003年

10 月改为现名。该组织于 1925 年 4 月 15 日在意大利米兰成立,总部现设在法国巴黎。

国际展览业协会的宗旨是代表展览会、博览会组织者的利益,维护展览会、博览会的质量标准,规范展览组织者的市场行为。主要的职能包括:授予综合性和专业性贸易博览会以"国际"资格;采取一切必要措施协助会员在发展的世界经济中更加有效地开展活动;对国际贸易博览会所共同关心的问题开展国际范围的研究;代表会员参加相应的其他国际组织;保护会员利益,并为此采取一切必要措施使有关国家的政府当局注意并同意这一点;在互相尊重对方利益的基础上,通过有关会员之间的对话,尽可能地协调获本联盟认可的博览会的日程安排;根据有关方面的要求成立仲裁委员会,解决会员之间的纠纷;努力寻求并使用一切合适的方法加强国际博览会联盟的国际地位,并为此目的开展宣传和信息工作;为维护会员利益,对一切阻挠自由参加国际贸易博览会的不公平行为采取一切其他必要的行动;采取一切措施限制国际贸易博览会激增的趋势,即通过干预各国负责机构,使这些机构授予只有符合本章程第八条规定的贸易博览会和展览会国际资格;向贸易博览会组织者,尤其是发展中国家的组织者提供技术帮助。经过 80 年的发展,现已拥有 256 家会员组织,其中包括 233 家组展者、展馆业主和展览行业合作组织、42 家展览协会。它们分布在五大洲 71 个国家的 156 个城市。

(资料来源:http://baike.haosou.com/doc/325564-344896.html,百度百科)

(三) 我国会展旅游行业的管理

1. 我国会展旅游行业协会管理现状

(1) 成立了地区性会展旅游协会。目前,我国已有许多会展城市建立了地区会展行业协会和会展管理部门——会展办。最先建立会展管理机构的城市是大连,大连贸促会作为城市会展业管理的核心部门,设立会展管理办公室和会展行业协会,把政府会展宏观管理和会展行业协会有机结合起来;同时,大连市政府也专门成立市展览领导小组,具体领导全市的会展业发展和规划。1998 年 6 月由北京市贸促会发起,组建了我国第一家国际会议展览业的协会——北京国际会议展览业协会。2002 年 4 月上海成立会展行业协会,2002 年 2 月山东成立国际展览业协会,2013 年贵阳市成立会展行业协会。上述行业协会均制定了展览业协会章程,旨在支持公平、平等的竞争,反对不正当竞争及欺诈行为,改善、优化展览业市场环境,更好地协调、管理、规范会展业的市场秩序。西安、合肥等地会展业协会分别在 2003 年和 2005 年制定了地方性的会展业规；2014年成都市发布实施地方性会展行业标准，这是全国第二个、中西部城市首个会展行业地方性标准。2004年3月，我国会展业首个行业标准——由原国家经贸委贸易市场局和中国商业联合会共同审定的《专业性展览会等级的划分及评定》行业标准正式实施，意味着会展业将根据专业标准来规范发展。但是，该标准还不能满足行业发展需要，应进一步加强标准建设，制定出更完善的行业标准，加强资质认证，对展会举办者和专业会展服务者的行为提出严格的标准，指导会展从业者提供规范、优质的服务，保证会展业的持续发展。

（2）初步形成了北京、上海等国际会展中心城市。我国的一些大城市在发展国际会展业方面具有一定的优势，目前已经初步形成了以上海、北京、广州等大城市为核心的国际会展中心城市。

（3）主要会议接待单位纷纷加入国际会议组织。为与国际接轨，寻求会展旅游发展的行业规范指导，各地经营会展的公司和一些旅游行政管理部门纷纷加入相关的国际会展组织。截止到2013年12月，我国有32家单位加入ICCA组织，它们是：北京国际会议中心、北京市旅游局、中国国际航空公司、中国民间国际旅游公司、中国会议及奖励旅游组织、浙江中国世贸中心、中国世贸中心、中旅国际会展公司、华亭宾馆、春秋旅行社、山东国际旅行社、上海国际会展中心、锦江会展公司、上海旅游委。此外，中青旅参加了国际航空运输协会（IATA）、美国旅行代理人协会（ASTA）、亚太旅游协会（PATA）、海口会展局等。

（4）区域性会展行业组织出现。我国会展行业组织中，自2003年出现了区域性组织，如2003年长三角会展经济高峰会的举办以及长三角会展联盟宣言的公布，标志着中国第一个区域性会展组织的成立。2003年8月中国商业联合会在天津举办了中国商业联合会会展行业联盟大会，联盟设立了主席、副主席、秘书长等职务，国内参加城市和行业达100多个。2004年7月在长春召开的东北五城市会展联盟会议上，也公布了东北五城市联盟宣言。2011年青岛市成立会展业联盟。这些会展行业区域组织的成立，对于促进行业交流和发展起到了有益的推动作用。

虽然我国会展旅游发展迅速，成绩突出，但仍然存在不少问题，如会展旅游企业之间分工不明确，没有形成完整的接待服务体系；会展企业之间协调沟通不够，重复办展，争夺市场；地方性会展旅游协会各自为政，很多时候充当政府管理角色，服务、协调等职能不到位；等等。归根到底，会展旅游业发展中存在诸多问题，原因一方面在于我国会展旅游市场化程度不高，另一方面在于我国还没有一个类似于德国经济展览委员会（AUMA）的全国性会展行业协调管理机构，会展行业标准化建设及评估系统不健全，会展活动中的展会策划、展台设计、布展、现场服务、统计指标体系等环节没有统一的工作评估标准和体系，造成较低水平的展会亦可跨入"门槛"，导致现在我国展会虽数量众多，但许多属于低水平重复办展，这对会展旅游市场的健康有序发展十分不利。

2. 我国会展旅游协会应发挥的职能

随着我国会展旅游业的迅猛发展，成立全国性及地区性会展旅游行业协会，充分发挥会展旅游行业协会的作用，已是当务之急。充分发挥会展旅游行业协会的作用，是市场经济发达国家会展旅游业发展的重要经验和成功管理模式。会展旅游行业协会在会展旅游业规范发展的过程中起着桥梁、纽带、参谋、咨询和自律的重要作用。

会展旅游协会是以会展旅游企业代表的身份，以企业为主体实行自我服务与自律，协调企业与企业、企业与市场、企业与政府之间的关系，发挥桥梁与纽带作用的行业性中介服务组织。行业自律是会展旅游企业根本利益的要求，也是会展旅游协会存在的重要依据，其运作主要采取协商、契约等方式，与政府部门的行政命令完全不同。通过行业自律可使协会成为维护市场秩序的重要力量。在会展旅游发展中，参考国际著名的会展行业协会的管理经验和方法，我国建立全国性的会展旅游协会应着重在以下方面发挥作用。

（1）开展调查研究，为政府会展旅游主管机构和会展旅游企业献计献策。由于我国会展旅游业起步较晚，很多业内人士对会展旅游的认识还仅仅停留在概念上，很多有关会展旅游的基础性问题等仍需要进一步研究和探讨。为了促进会展旅游业更快更好地发展，会展旅游协会应有针对性地组织开展一些调查研究和学术研讨交流活动，鼓励高素质的研究队伍参与会展旅游研究，推出一系列有影响的科研成果，以指导全行业的发展，为政府会展旅游主管机构和会展旅游企业献计献策。

（2）制定会展旅游行业公约，规范和自律行业内的主体行为。由于我国会展旅游市场机制还很不健全，在市场环境、行业秩序和服务质量等方面不可避免地会存在较多问题。会展旅游行业协会应协助政府会展旅游主管机构加强监督管理，同时制定行业公约，建立大家都能认可并需共同遵守的行业道德与行为准则以及会员违反行业规定所应受到的相应制裁措施，通过会员的自律行为和行业的制裁措施实现行业自身的自我约束与自我协调，建立起会展旅游业的正常秩序，使之走上健康发展的道路。

（3）负责对展会的资质进行评估和认证。当前，对大型国际展会的资质进行评估和认证已成为国际性会展协会的一项重要职能。截至2011年，如国际展览联盟（UFI）目前已经对629个展会进行了资质认证，其中中国展会有

61个。会展的举办不在于多,而在于精,最重要的是形成高质量的核心展会,由此而扩大规模。低层次的重复办展必然造成行业内的无序竞争和资源浪费,也使国际参展商无从选择适合他们参展的项目。因此,我国会展旅游协会应借鉴国际性会展协会的成功经验,根据我国会展旅游业的发展现状,建立展会资质评估和认证制度,构建展会资质评估指标体系,以控制会展质量,保护品牌展会的合法权益,提高我国会展旅游的整体水平。

(4)面向会员单位提供多方面的服务。为会展旅游企业做好服务,发挥政府与企业间的桥梁和纽带作用,是会展旅游协会的重要职能。具体来讲,会展旅游协会主要应在以下几个方面为会员单位提供服务。

第一,提供会展旅游信息和咨询服务。会展旅游企业经营的成败在很大程度上取决于能否及时、准确地获得诸如会展组织者需求情况、同行企业的竞争态势等信息,而会展旅游协会凭借自身的条件和优势可以广泛收集到国内外的相关信息。因此,会展旅游协会应充分利用自身条件,为会员单位做好信息交流(如出版会刊等)和咨询工作,通过与会员单位、从业人员以及专业研究机构的合作,收集并发布行业有效的重要信息,为会展旅游企业决策提供参考。

第二,做好行业培训工作。会展旅游产品具有极强的专业性,对会展主办方和承办地来说,从申办与竞标,到策划与筹办,再到运作与接待都是复杂的系统工程,需要专业人才来运作。因此,必须尽快造就大批高素质的专业会展旅游人才。而会展旅游人才又主要是通过实践锻炼出来的,很难通过课堂教育培养出来,这样会展旅游协会组织开展的行业培训就成为造就会展旅游专业人才的主要途径。因此,会展旅游协会应通过多种形式搞好行业培训工作,逐步提高会展旅游从业人员的业务素质和管理水平。

第三,作为会展旅游企业的代表,会展旅游协会应密切联系各会员单位,切实掌握会员单位的实际情况,通过适当的渠道,向有关部门反映各会员单位的建议和意见,维护会员单位的正当权益。

(5)积极开展对外交流与合作。随着我国改革开放的进一步深化,会展旅游协会作为会展旅游民间窗口的对外联系与交流将不断增多,开展对外交流与合作将成为会展旅游协会的一项重要工作。会展旅游协会应积极组织会员单位到国内会展旅游发达省市或会展旅游发达国家和地区学习考察并开展宣传促销活动。同时,有计划地邀请会展组织者到目的地做实地考察,使其对当地举办大型会展的各种有利因素、会展设施、接待条件、接待能力等有一个感性认识,进而在其心目中树立起当地会展旅游业的良好形象。这种"请进来,走出去"的方式投入小,见效快,并能为更多的企业提供与国际专家见面的机会,对我国会展旅游业的发展大有益处。

第三节 会展旅游危机管理

会展业和旅游业都是极其敏感的行业,会展旅游的发展更是对其运行环境有特定的要求,比如政治局势相对稳定、经济快速发展、基础接待服务设施齐全、服务业发达等。但是,会展旅游在面临诸如北京奥运会、上海世博会等外部机遇的同时,也面临着诸多危机,比如 SARS、禽流感、甲型 H1N1 流感、金融危机等等,这就使会展旅游发展及其管理面临重大挑战,且一旦处理不当,会对会展旅游发展造成巨大的负面影响。因此,为促进会展旅游的稳定发展,有效地预防、应对和处理各种危机,把危机的损害降到最低程度,甚至将危机消灭在萌芽状态,是会展旅游管理中不可缺少的部分。

一、会展旅游危机概述

危机经常和"灾难""紧急情况"或者"突发事件"等联系在一起。在现实生活中,危机总是在人们毫无预警的情况下发生的,并存在于个人、家庭、组织,甚至地区和国家中。危机是相对于人类正常的生活秩序而言的,可以在一个国家或地区造成有限的影响,也可以对全球造成影响。一般而言,危机是指在任何组织系统及其子系统中,对组织系统的总体目标和利益构成威胁的事件。在会展旅游中,会展旅游危机可以简单地理解为影响会展旅游活动的正常开展的、具有破坏性的、非预期性的事件。

(一) 会展旅游危机的特点

1. **突发性**

危机是偶发事件,一旦爆发,事物原有的发展格局突然被打乱,让人们无所适从。有些危机从其产生到爆发经过的时间很短,危机爆发的时间、规模、态势和影响都是让人始料未及的。同时,危机事件中的混乱局面使人们的既得利益损失,使人们面临一个全新的、不熟悉的环境,人们有一种强烈的希望回到原来的心态,使人们更加感觉到危机是突发性的。

2. **破坏性**

危机的突发性会给产业或企业带来直接或间接的损失,直接的损失是可以衡量的,如危机造成财产损失、人员伤亡等,间接的损失就难以衡量,如危机造成国家、地区或企业旅游形象、声誉受损，顾客认知度降低，这会导致整个国家或地区的旅游市场低迷，且这种负面影响在很长一段时间内难以消除。

3. 紧迫性

不但危机发生时是突然的，而且危机一旦发生，危机的发展也非常迅速，危机若不能及时控制就会急剧恶化，其连锁反应会使组织和个人遭受更大的损失。因此，管理者就必须在有限的时间内采取有效的应对措施。展会持续的时间较短，一般的商业性展览控制在3～5天，会展旅游开展时间也主要集中在展览开展期间，在此期间如发生危机，管理人员必然面临极其紧迫的任务，必须在尽可能短的时间内控制住危机，避免其迅速蔓延，对有限反应时间的把握和利用在很大程度上决定了危机管理的有效性。

4. 不确定性

危机事件是偶发事件，具有很大的不确定性。在事件发生前，尚未引起公众和媒体的关注之初，人们很难预知潜伏的危机发生的事件地点，也很难判断此危机是否真的要发生，人们很难根据以往的经验做出准确预测；在危机发生之后，受各种因素，尤其是不可控制的因素的影响，人们也无法预测它的规模、危害程度、范围广度及其发展走势。很多危机都是在会展旅游相关企业不知情的情况下突然发生的，迅速在短时间内引起人们的极大恐慌，办展机构、参展商和观众以及其他当事人的利益都受到严重威胁。

5. 不流通性

受危机的干扰，原来正常的信息沟通渠道往往被歪曲或者被切断，各种信息相互混杂、真伪难辨，加上媒体片面报道的推波助澜，使得真相扑朔迷离，危机管理的工作就会因为内部信息不充分而受到严重干扰，很容易导致决策失误，延缓了危机的处理，就会加剧危机的破坏性。

6. 双重性

万物都有其两面性，古语中"祸兮福所倚，福兮祸所伏"说的就是这个道理，危机也是具有双重的属性。从字面上简单地理解危机，就是"危险"和"机遇"。危机固然会给个人或组织带来危害性，但是如果把危机管理工作做好，就有可能给个人或组织带来某种机会。

（二）会展旅游危机的诱因及分类

不同类型的危机，诱因不同，影响程度不同，需要采取的应对措施也不同，因此，加强对会展旅游的危机管理必须了解危机的分类。

对于危机诱因的分类，不同的研究者基于不同的研究对象提出了不同的标准。其中清华大学的薛澜和张强等人依据危机触发的诱因，将所面临的危机按照五个标准划分为不同的几类，参见表5-1。

表 5-1 危机诱因分类标准①

分类标准	相应的危机类型
性质	自然危机（自然灾害）、人为危机（恐怖袭击等）
影响时空范围	国际危机、国内危机、组织危机
主要成因与涉及范围	政治危机、经济危机、社会危机、价值危机
特殊状态	战争冲突、游行示威、骚乱、暴动
涉及主体态度	一致型、冲突型

暨南大学的朱明芳和同济大学的刘思敏针对旅游业，将旅游危机事件分为外部危机事件和内部危机事件。其中外部危机事件是指因环境因素带来的各种突发性事件，包括自然环境、人文环境、科技环境、政治环境、经济环境等。而旅游业内部危机事件就是指旅游业内部因素带来的各种危机事件，如企业员工罢工、管理不善、程序故障等（见图5-1）。

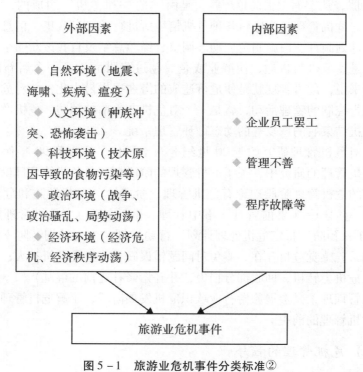

图 5-1 旅游业危机事件分类标准②

---

① 参见周丹青《会展危机管理中的 RCRR 模型分析》，载《经济师》2009 年第 5 期，第 10 页。
② 参见周丹青《会展危机管理中的 RCRR 模型分析》，载《经济师》2009 年第 5 期，第 10 页。

二、会展旅游危机管理理论

会展旅游属于服务业范畴，会展旅游作为第三产业，具有很强的敏感性和脆弱性，其发展需要稳定的政治环境和快速的经济发展作支撑，而危机的爆发大都会破坏稳定的政治环境，阻碍经济的快速增长，从而打击人们参展、观展的信心。会展旅游属于人们生存需求之外的发展性和享受性需求，按照马斯洛的需要层次理论，在危机发生后，人们的生命财产安全受到威胁后，人们必定会放弃对会展旅游的需求。每当危机发生时，首先受到冲击的就是会展业、旅游业等敏感性行业。因此，为保证会展旅游健康稳定发展，将危机的危害降为最低甚至控制在萌芽中，就必须加强会展旅游危机管理。

（一）危机管理理论

"危机"，从字面上去简单理解，是由"危"和"机"组成的，即挑战和机遇并存。危机管理是为应付各种危机情境所进行的信息收集、信息分析、问题决策、计划制订、措施制定、动态调整、经验总结及自我诊断的全过程。它的目标就是变危机为机遇，使产业或企业越过陷阱而进入一个崭新的发展阶段。简单来说，危机管理就是使危机造成的潜在损失最小化，并对危机的进一步恶化进行控制的管理活动，就是一个对危机产生前的预防、危机产生时的处理以及危机结束后的恢复等的动态循环管理系统。

国外对危机管理研究始于20世纪七八十年代，但直到90年代才得到重视。在危机管理的研究中，关于危机管理的阶段划分是危机管理理论的重要部分。主要的危机管理阶段理论有危机管理二阶段论（危机预防和危机处理）、危机管理三阶段论（事前管理、事中管理、事后管理）、危机管理六阶段论（奥古斯丁：预防；拟定危机处理计划、行动计划、沟通计划、防灾演习及确立基本关系；感觉危机存在，避免对问题错误归类；避免危机扩大；迅速解决危机；化危机为转机，回收部分损失，并开始修补之前的混乱）。

危机管理理论是会展旅游行业认识危机发展阶段，了解危机管理基本措施并实施危机管理的前提。

（二）危机管理的程序

芬克的四阶段危机生命周期模型中，形象地用医学语言将危机的演变看作是一个生命周期。第一阶段为征兆期（Prodromal），有线索表明潜在的危机可能发生；第二阶段为发作期（Breakout or Acute），具有伤害性的事件已经发生并引发危机;第三阶段是延续期(Chronic),危机的影响持续,同时也是努力清除危机的过程;第四阶段是痊愈期(Resolution),危机事件已经完全解决。因此对危机的管理也是根据危机的生命周期阶段而展开。通常会展旅游的危机管理工作程序如图5-2。

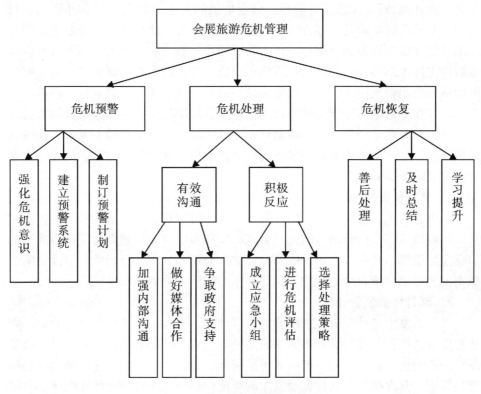

图5-2 会展旅游危机管理的程序

三、会展旅游危机管理措施

对于会展旅游危机管理,有关专家认为危机管理最重要的就是要做到制度化、法制化和科学化。世界旅游组织发布的《旅游业危机管理指南》认为,危机管理的主要途径有沟通、宣传、安全保障和市场研究。针对会展旅游的特性,结合危机管理的程序,会展旅游的危机管理可以从以下几个方面入手。

(一)积极预防

预警就是在危机发生前对可能发生的危机事件进行预测和预防。"未雨绸缪，防患于未然"是危机管理的最优化原则。

1. 树立正确的会展旅游危机意识

世界旅游组织发布的《旅游业危机管理指南》中指出，"永远不要低估危机对旅游业的可能危害，它们是极端危险的。把危机影响最小化的最佳途径就是充分做好准备"。危机重在防范，防范危机的突破口就在于树立并强化危机意识。要求会展旅游的主办方、承办方、协办方等主体自身要居安思危，预先考虑可能面临的各种困难局势，在人力、物力、财力和心理上未雨绸缪。会展旅游的主体组织者有一支危机管理团队或成立专门的危机管理机构，制定明确的团队人员职责范围，经常审核危机管理的政策及对策，加强危机管理理论的学习，或在专家的指导下定期举行模拟危机管理培训；良好的危机管理人员应该熟悉展览的业务流程，并能够制订一个具体的、有针对性的、可操作性强的危机管理计划，计划的制订应该咨询专业的危机管理专家的意见，提高综合素质以及风险防范的能力。

2. 建立预警系统

危机管理重在预防，精确的有效预防手段可以让会展旅游的参与主体及时采取预防措施，未雨绸缪。因此，会展机构和参展商还应建立起灵敏、准确的信息监测系统，及时收集市场的信息并加以分析和处理，分析危机事件发生的概率，客观地评价自身的优势和劣势，据此制定不同的预防措施。

3. 制订危机预警计划

在危机发生前就制订危机预警的应对计划，当危机真正来临时企业就可以从容应对，按照预先的计划迅速果断地处理危机，从而有效地化解危机，避免危机的扩大化。首先要对会展旅游可能遇到的危机一一罗列，并预测其特点和影响程度，其次按照危害程度及发生的可能性划分预案处理的优先次序，并拟定危机处理的程序和应对计划，并做好人员预案、财务预案、传播预案、沟通预案等。这些危机预案不能只停留在字面上，要加强其演练，增强管理人员的快速反应能力和应急处理能力。同时，会展旅游也要加强与其他后勤资源、安全、传播等部门的合作，如医疗卫生部门、消防部门、公安部门、新闻媒介等，以便危机出现后能及时有效地沟通和合作，以降低危机造成的损失。

（二）有效处理

1. 充分沟通

爱德华·伯奈斯（1923）指出，企业绝不能无视公众舆论的存在，这就深刻地说明了协调沟通的重要性。

（1）加强组织内部沟通。加强危机小组和各部门之间的沟通，指定各部门的沟通负责人，以确保危机信息能快速到达相关部门，使各部门做好防范准备。

（2）做好与媒体的沟通。赢得媒体的理解和支持是危机管理的首要工作。由于会展危机信息不对称，会展主体在处理危机事件时，如不能及时公布危机信息，就极易造成谣言四起，使参展商和相关公众陷入恐慌。在危机中把握好第一时间原则和信息控制原则，辟谣和有效控制信息，恢复公众信心，从而掌握危机处理的主动权。媒体对事件的报道，其本身的倾向性意见非常重要，因此，会展主办方应与媒体之间建立良性的互动机制，一旦发生危机就要明确传播所需要的媒介，第一时间抢占信息源，避免错误信息的发布，同时要及时更正媒介传播内容与事实不符的信息，防止少数媒体的意见成为公众观点，避免在事件的是非曲直尚未明晰的情况下造成"既成事实"的趋势。会展旅游组织者在危机处理过程中，对公众态度要坦诚，传达的信息必须准确、清晰，要及时通过媒体公布危机处理的进程及结果，要显示出会展旅游组织者负责任的形象，争取公众的理解。

（3）尽快与上级主管部门和关键领导进行有效沟通。对专业性比较强的展览会而言，其属商业活动，但是国内很多展览会具有国际性的影响，具有外事工作的某些特点。因此，与上级主管部门建立有效沟通系统，在危机的处理过程中可以获得正确的政策指导和工作支持。

2. 快速反应，积极应对

危机发生以后要杜绝惊慌失措，要保持冷静理性，反应必须迅速、快捷，处理必须及时、正确，迅速按照危机管理计划将所有人员布置到位，控制现场，控制负面影响的扩散。

（1）成立危机处理应急小组。危机处理应急小组的前身是危机预警管理小组，一旦危机发生时，危机预警管理小组的成员在得到充分授权的前提下将全面接管企业的危机处理工作，制定危机处理的措施，并领导和指挥人员齐心协力地应对危机。危机处理应急小组是一个临时性的应急组织，其快速的反应、果断的决策、灵活的组织等都有助于尽快地消除危机。

（2）对危机进行评估。危机发生后，会展企业只有对危机进行准确的评估，才有可能制定准确的应对措施，因此，对危机的评估这一环节至关重要。危机的评估包括对危机的基本信息评估和发展趋势评估两个方面。危机的基本信息评估是会展企业通过收集危机发生的有关信息（如危机发生的地点、时间、经过、原因、是人为的还是自然的、危机现场的状况、当事人的反应等）而做出的评估，其目的是让应急小组成员通过危机的评估而掌握危机的全部情况，以便做出决策。在掌握了危机的基本信息后，应急小组要对危机的发展趋势进行评估，确定危机的大小、所处的阶段、评估不同的处理措施对危机的发展产生的不同影响，从而根据评估的结果得到一个更加全面周到的危机处理方案，以便做好各方面应对工作的安排。

(3) 选择合适的危机处理策略。危机的种类千差万别，不同的危机其处理策略的选择也应该有所不同。选择合适的危机处理策略可以减轻或消除危机给企业带来的冲击，而选择不合适的危机处理策略则有可能使危机继续扩散，局势得不到控制。因此，根据不同类型、程度的危机选择合适的危机处理策略则显得相当重要。一般而言，危机的处理策略包括危机中止策略、危机隔离策略、危机排除策略和危机利用策略等。危机中止策略就是企业在危机可以控制的前提下，通过主动承担责任，防止危机进一步扩散的策略，如明确责任、赔偿受害者损失、取消展会、延期展会等。危机隔离策略，则是由于会展行业易受媒体、公众关注的特点，以及危机具有连锁效应，一旦危机发生往往会不断扩散而引发另一危机，造成局势不可控，因此，一旦发生危机，会展企业应设法将危机进行隔离，避免造成更大的损失。危机消除策略，即是会展企业根据既定的危机处理措施，通过利用正面的材料，获得公众的理解和同情，迅速有效地消除危机带来的负面影响。危机利用策略，是会展企业通过在危机中表现企业诚实坦率的态度，勇于承担责任的形象，公众利益至上的价值观等，不但极大降低了危机造成的损失，而且使危机转化为契机。

(三) 大力恢复

危机处理阶段的结束，并不意味着危机管理过程的终结。在危机持续期间和危机得到控制以后，办展机构还要采取切实的挽救措施，使受危机影响的客户、展会、设施尽快恢复到危机发生前的正常状态。

1. 善后处理

危机虽然得到了控制，但是其留下的负面影响仍然会持续存在一段时间。因此，会展旅游组织者必须对危机的后续影响进行善后处理，尽可能快地让组织恢复正常运转。一方面，针对危机造成的损失采取一定的处理措施，要展示出展览组织者负责任的形象，以一种富有人情味、积极解决问题的态度来对待危机受害方，如进行责任归属、纠纷处理及补偿分配等工作，加强与客户的联系，特别要防止大客户的流失，抚平企业员工以及受害公众的心理创伤等。另一方面，要恢复和重塑地区或企业的良好的旅游形象。最大限度地通过调解或其他方式消除影响，以免在发生危机事件后，继续成为新闻的炒作点，如通过在媒体上进行公益宣传，召开新闻发布会，与相关部门保持良好沟通，通过主动说明、积极赔偿等手段将承担责任、注重信誉的负责任的形象传递给公众，以转变受损的形象，使危机转变成机会。

2. 及时总结

亡羊补牢，为时未晚。危机结束后，会展旅游参与主体要及时总结经验，不但可以避免类似的危机再次发生，而且即使再次发生也可以及时应对。危机消除后，会展旅游参与主体首先要对引发危机的成因、预防和处理措施的执行情况进行系统的调查分析，并对调查的结果进行评估，分析此次危机管理的得失，梳理此次危机管理中存在的主要问题及主要矛盾，通过评估反思工作中的不足。其次将危机涉及的各种问题综合归类，并分别对预警、处理等工作进行修正，制订一个更切实可行的危机管理计划。

3. 学习提升

危机一方面代表着危险的境界，另一方面也意味着大量的机会。对会展旅游参与主体来说，每一次危机都是一次新的体验。一方面可以利用危机与危机的经验和教训来作为行业人员教育素材，强化其危机意识，锻炼其危机处理能力；另一方面通过危机可以发现会展旅游各主体、各环节在技术、管理、组织机构及运作程序等的不足，促使行业不断改进创新，从而不断提升行业的竞争实力。

本章小结

会展旅游管理包括宏观管理、中观管理和微观管理三个层次。政府管理属于宏观管理，由于旅游业和会展业发展阶段的不同，发展水平的不同，政府对会展旅游的管理一般可以分为政府主导和政府调控两种类型。属于中观管理的行业协会管理在会展旅游管理中发挥着越来越重要的作用，在市场经济较为成熟的一些欧美国家和个别亚洲国家和地区，政府管理会展行业、旅游行业的职能已经同会展行业协会和旅游行业协会紧密地结合在一起，它们共同合作、相辅相成。由于旅游发展外部环境的不确定性的存在以及企业经营内部环境的变化，会展旅游的危机管理也成为会展旅游管理中非常重要的一个方面。对于微观管理层面的危机管理，可以遵循危机前预警、危机中处理、危机后恢复的处理程序，采取积极预防、有效沟通、积极应对、大力恢复的措施来有效应对和处理危机。

本章关键词

政府主导　政府调控　行业协会　危机　危机管理

 **复习思考题**

1. 政府主导管理的依据及主导领域是什么？
2. 行业协会的特性与地位是什么？
3. 会展旅游行业协会职能表现在哪些方面？
4. 会展旅游危机处理应遵循怎样的程序？
5. 会展旅游危机管理应采取的措施有哪些？

 **综合案例**

2014 年中国会议旅游：一半是火焰 一半是海水

会议业在经历变革阵痛后，正逐渐适应新的市场环境。这是会议业回归市场化、规范化与国际化的必然。随着政府简政放权措施的落实，新型会议浮出水面。今后，政府会议、事业单位会议数量将进一步减少。这并不意味着市场会议总量在缩小；相反，企业会议、社团会议仍有释放空间和潜力。曾挂靠党政机关的社团组织开始由企业接收，成为新动向。与此同时，脱钩后的社团组织运营是否发生实质性转变，也颇受业界关注。

毋庸置疑，2014 年北京 APEC 会议的成功举办是 2014 年会议业最大的亮点。在新常态下，会议业既需要持平常心态也要有积极进取的精神。

2014 年的中国会议业跟 2013 年相似，喜忧参半。不同之处在于，2013 年会议数量、会议消费下降得有些猛，令人不适应。因为之前大家的日子过得还算滋润，无论是主办、承办还是供应商，产业链上的每个环节都能分得一杯羹。这样的"非理性繁荣"在 2013 年戛然而止，经过一年心态调整、慨叹好日子一去不复返后，2014 年终于学会了适应新的会议形势，并思考如何提升经营管理水平，主动出击而不再是守株待兔。

政府会议数量和开支降声一片

相关统计显示，2013 年，北京各大酒店会议场地实际利用率较低，政府部门会议接待量不足二成。

2014 年 11 月 27 日，广州市政府官网公布《关于印发市政府系统全市性会议（活动）若干规定的通知》，提出控制会议数量、规格、规模、会期、经费的"五严格"要求，如以市政府名义召开的会议每年不超过 15 个、以部门名义召开的会议原则上各部门每年不超过 1 个，以市政府名义召开的会议参会人数不超过 300 人，以部门名义召开的会议参会人数不超过 200 人；市领导在全市性会议上的讲话时长不超过 50 分钟、单位代表发言人数不超过 5 人、每人发言时间不超过 8 分钟，并提出广州仍将延续无会旬和无会日制度，每月 11 日至 20 日以及每周三原则上不安排召开全市性会议。

2014 年高星级酒店，尤其是五星级酒店和郊区的度假村、培训中心依旧经受 2013 年的市场日趋寒冷之痛。12 月 23 日，《北京日报》罕见地刊登了《酒店圣诞晚宴降价揽客》和《年会市场再"瘦身"》两篇报道，直陈高星级酒店的年会生意难做。第三季度是旅游、会展业旺季，北京市星级饭店平均房价和平均出租率比去年同期分别下降了 5.05% 和 0.88%。

政府会议数、公款消费量自 2013 年后持续下降，大量事业单位及依然具有浓重政府背景的社团主办会议数量和支出同步减少，背后的原因很好理解：党的群众路线教育实践活动今年 10 月收官，但活动结束绝不意味作风建设收场，改作风、反"四风"运动温度不降，专项整治持续加力。10 月，中共中央办公厅印发意见，对深化"四风"整治、巩固和拓展教育实践活动成果作出部署。12 月，中央党的群众路线教育实践活动领导小组办公室印发通知，要求各地区、各部门、各单位开展整改落实情况"回头看"。可以确信，2015 年，政府会议、事业单位会议数量将进一步减少。

简政放权既砍了会议又催生了会议

2013 年，国务院取消和下放了 362 项行政审批项目。12 月 12 日的国务院常务会议发布了今年第三批简政放权方针：再取消和下放 108 项审批事项，取消景观设计师等 68 项职业资格许可和认定，取消 10 项评比达标表彰项目。至此，国务院今年已经 3 次累计取消和下放了 219 项行政审批项目。本届政府简政放权的目标即行政审批事项削减 1/3 以上的任务已经完成。

一方面简政放权，许多依附在行政审批之上、名目繁多的考核、评比、鉴定、表彰、座谈、考试、培训、推广会、经验交流会、庆功会随之消失。另一方面，政府的简政放权，进一步降低了市场准入门槛，壮大了市场主体、减轻了企业负担，进一步激发了市场活力。企业受益最多，企业获得良好效益的同时必然会举办、参加更多的会议和展览。希望简政放权这一政府自身的革命得以持续推进。

企业会议各有特点

企业是市场的主体，会议业里担当主要"角色"的同样是企业会议。2014 年工商局推行公司注册资本登记制度改革，降低创业成本，激发社会投资活力，新登记注册企业快速增长。今年 1 月至 11 月，全国新登记注册企业 327.24 万户，同比增长 51.11%，其中私营企业 309.22 万户，增长了 53.79%，而外商投资企业增长放缓，仅 3.42 万户，增长 7.70%，但外资新增投资总额达2381.54亿美元，增长了15.56%，说明新登记注册外商投资企业规模明显提升。

企业的设立、经营和发展，都涉及自己组织举办会议、参加别人的会议和展览，因此，新企业的成立和运营肯定带动会议的数量和消费。可喜的是，中、西部地区企业增长较快，1月至11月，全国东、中、西部地区新登记注册企业分别为199.56万户、73.58万户、54.1万户，同比增速分别为48.15%、59.37%、51.42%。

国企因受限于"国八条"等中央政策，在市场销售、培训、人才（员工）培养、企业文化建设、股东大会等方面举办的会议大幅减少，甚至员工最为期待的年度员工联欢会的形式都变得十分简朴。今年中央企业过得不容易，"打赢了一场保增长攻坚战"。国有企业基本面好转，但一部分企业经济运行的质量和效益还不高，大部分国企都面临着产能过剩、产销衔接不畅的巨大压力。所以，总的来讲，国企会议数即使有增长，也是小幅增长。

相当一部分的民营企业，尤其在金融、风险投资、信息传输、软件、信息技术服务、可穿戴设备、环保、文化、体育和娱乐业及科学研究和技术服务领域表现抢眼。今年5月15日和7月22日，小米手机两次在国家会议中心举行新品发布会。酷派手机和魅族手机则分别于8月和12月也选择了在同一地点发布手机新品。1月至11月，中国内地新增上市公司103家。

文化娱乐市场依旧热闹非凡，电影、电视剧的发布、首映、庆功、影迷见面会、推销、签约等多种形式的会议接踵而至。

各路会议网络服务公司忙厮杀

好像一夜之间，冒出来"一小撮"专门为会议的组织和现场实施提供网络服务的技术公司，酒店哥哥、31会议网、会小二、会腾网、mymova、到会网、易会、会点等新面孔纷纷进入会议业，加上资格稍老一点的美迪康、会唐网、远华、澳龙、会鸽、活动时，好一派热闹景象。

12月23日，蓝色光标传播集团正式推出服务小微会议O2O产品"咪啪"，并宣布该产品将于2015年1月1日开始正式运营。这么多技术服务公司烧钱的多，真正赚钱的没几家，但对于会议业而言，当然是好事一桩。

新常态的意义绝不止于宏观经济层面，而是与每个人的利益息息相关。

（资料来源：http://www.expo-china.com/pages/news/201412/88472/index.shtml，中国会展网，2014年）

■讨论题
1. 新常态下，会议旅游面临怎样的机遇与挑战？
2. 新常态下，会议旅游该如何面对挑战？

第六章　会展旅游消费者行为研究

①了解会展旅游消费者心理；②熟悉会展旅游消费者；③掌握会展旅游活动过程中消费者的消费心理发展趋势的变化规律。

第一节　会展旅游消费者心理

会展旅游消费者（参展商、会展消费者等）是会展活动的主体，是会展业的主要服务对象。在会展活动中，消费者总是按照自己的兴趣、目的、偏爱等购买自己需要的、符合自己口味的会展产品和服务。不论每次具体的消费行为是如何形成的，消费者总是反映出一些稳定的、独特的和本质的心理特点来构成会展消费行为的基础。目前，国内对会展旅游者消费行为的研究较少，对其特征的分析也多是定性描述，缺乏数据支撑，并且主要涉及会展旅游者直接经济贡献方面，更鲜有消费心理方面的研究，对旅游者消费行为特征及深层次意义挖掘不够。

一、参展商心理

参展商是所有展览会的心脏，是展览活动的主体之一。如果没有足够的展商参展，那么就不存在展览。在很大程度上，参展商决定着一场展览的成败。

（一）参展商参展的心理动机

对于参展商而言，参加展览是一个低成本的推销活动，他们可以面对面地向对他们产品有兴趣的客户进行介绍，它比直接派遣销售人员进行销售更为节约成本和有效。同时，展览也是获取知识和信息的来源，展览为同行业者提供了解别人的新产品的机会。更进一步，参展商甚至可以从与会者对话中获取哪种新产品或技术应该被开发或研究的信息。具体来说，参展商参展的心理目标有以下几个方面：

（1）展览会是一种立体的广告。展会为参展商宣传产品和服务提供了一个充分展示自己企业形象的机会，使客户增进对产品和服务的了解，便于接受。对老企业来说，经常固定地参加一些有影响力、有规模的专业展，便于定时与客户进行交流与联络；对新企业来说，参展可以帮助企业在短时间内建立客户关系，进入市场，被同行业所接受。参展对企业树立形象来说，是既省时又省力的方法。

（2）企业经常选择在展览会中展示新产品、发布新产品信息，以此来激发现实消费者和潜在消费者的消费欲望，以达到产品促销的目的。在展览会上，参展商可以推介商品，扩大影响，开辟潜在市场，为今后的市场营销铺平道路；参展商还可以在展会上了解到其他企业的发展、产品状况甚至是科技秘密，尤其是专业的展览；另外，参展商也可以在与观众的交流中了解市场的需要和潜力，这些了解比日常的市场调研要直观和准确。展览会可以汇聚商品信息，为参展商和采购商提供相互认识、相互洽谈并实现交易的平台。展览的时间虽然短，但便于客户直接与商家面对面地交流，大多数参展者都希望在展览会上达成一些协议或意向，企业认为这是他们在展览会上的最大收获。作为市场营销一个重要组成部分，展览会是一个不可忽视的环节。许多大型企业非常善于借展览会来树立企业形象，改善与客户之间的关系，寻求代理合作，建立品牌知名度，在同行业间建立横向联系。

（二）参展商参展的心理目标

展览会是一种非常有效、直接的宣传公关活动。参展企业可以展示公司形象，开展综合公关，为企业发展创造良好的社会氛围。它的宣传效果不同于传统媒体（广播、电视、报纸、杂志），而且收益价格比大大高于传统媒体。企业在展览会上可以面对竞争者和消费者，参展商之间、参展商与采购商之间、研究机构与参展商之间、参展商相互之间可以交流信息，推动市场与经济的发展。通过即时性的宣传与交流，立即获得市场信息和动态，可迅速统计出相关的市场资料，为企业制订以后的宣传目标及方案提供了重要的依据，这些都是传统媒体所不能达到的。

德国展览协会根据市场营销理论将参展目标归纳为五类，即基本目标、产品目标、价格目标、宣传目标和销售目标。企业参展的目的可能会同时有几种，但是在参展前必须确定主要目标，以便有针对性地制定具体方案，区分工作重点。比如说，在所有目标中，最重要的目标是开发市场和寻求新客户，那么，参展商需要对展览会想要吸引的观众进行比较彻底的了解。尽管展览会的经理对目标观众有一定的评估，但这些评估对于参展商而言是不够的，他们必须对自己公司的观众和潜在观众进行评估。评估的目的在于他们想知道，是否有足够的合格的参观者购买产品。因此，参展商必须判断，展览的参观者是否能像他们所期望的那样购买他们的产品和服务；这些顾客是否具有在特定的时间段内订购某一产品的能力，以促使公司完成销售目标。因此，参展商需要收集顾客的基本信息（如年龄、性别、受教育程度、职业、收入以及地理位置等人口统计方面的信息，以及购买模式、态度、影响决策的诸多心理方面的因素），然后有针对性地开发市场，吸引客户。

二、观众心理

影响会展旅游者个人决策行为的因素包括四个：个人健康因素、个人财务状况、个人家庭事务和个人时间可得性。

（一）个人健康因素

会展旅游举办期间，由于个人暂时的健康恶化，也许不愿意或不堪会展旅行的劳苦奔波而放弃参加。

（二）个人财务状况

个人财务状况也许会影响参加会议旅游与否，尤其是当会展旅游费用中的大部分（如旅游交通、食宿及会展注册费等）不得不由自己支付时，这有可能是不参加会展旅游活动的首要因素。因此，是否有第三方赞助是会展旅游者决策过程中的重要助推器。参加会展旅游主要受参加收入水平、旅行费用及会展注册费等财务影响。

（三）个人家庭事务

家庭责任和义务也许是一个重要的决定变数。当会展旅游活动正好能使个人家庭团聚，能够提供家庭和睦机会（如携带配偶前去非常有特色的会展旅游举办地观光、度假、休闲、娱乐等），那人们有很大可能参加这次会展旅游活动。

(四) 个人时间可得性

时间可得性在总体上影响个人会展旅游决策行为。因此，是否与个人计划表冲突及会展重叠是决定个人是否参加会展旅游活动的又一大影响因素。

小案例 6-1

参展商要善于抓住买方心理

在一次展会行为中，购买者的心理其实是最特殊的，他希望加强与两个群体的联系：卖方和其他采购者。通过与产品的卖方和其他的购买者和使用者的交谈，购买者对己方在购买过程中的地位可获得进一步的确认。尤其是在一种大型的工业性的交易中，在有两个或三个极其重要的供应者的情况下，买方会希望有更多地参与，会寻求更高层次的互动合作关系。

而在展会中，这是可能的。一年一度的、商业性和准社团性混合的形式，使采购者可以和卖方及其他的使用者保持联系。这是现实购买者参会的长期动机。尽管他们不会在短期内进项重复的购买行为，但是维持和卖方及其他人的关系对他们来说是必要的，以便他们在未来遇到问题时可以从这些人那里寻求解决之道。

潜在购买者：发展联系展会是一个供买方和卖方寻求共同利益，以便在将来进行合作的场所。一些研究强调了在行业展中关系的重要性。早先的一些研究强调购买行为中的"理性因素"从而假定所有的活动都是建立在经济利益的基础之上的；而其后的一些分析则强调情感因素在购买行为中的重要性。莫汝斯和霍尔曼认为源头忠诚在工业市场中是一种普遍现象。他们还认为这种忠诚源于卖方和买方所投入的大量的精力和时间。

工业展中这种关系建立的重要性在鲁斯瑟和科里最近的研究中得到了强调。他们将这种最初的联系作为提高购买者的满意度的必需条件。尽管展会并非一个长期场所，但他却常是为双方提供最初联系的地方，从而为其基于共同利益的长期关系和合作行为的形成和维持奠定基础。

对潜在购买者来说，展会为发展联系并进一步进行购买提供了一种途径。展会简化了在与大范围的出售者建立联系过程中所固有的问题。每一个出售者在展会中都有一个固定的展位。这些卖家所提供的商品是可见的。所有这些因素都使建立联系对购买者来说变得更容易。

与卖方的联系缩短了买方和卖方之间的距离。工业市场中存在几种不同的

距离。其中有两种凭借展会可以缩短的距离是:

1. 社会距离展会可以让购买者对卖方的工作方式有一个了解。购买者有机会通过展会期间的团体性活动与卖方建立关系。

2. 技术距离展会上购买者可以看到卖方产品的样品,从而估量该产品是否适合该公司的需要。在一个展会上,购买者可以查看并分析许多同类竞争性产品。

非购买者:支持行业对行业的支持是卖方参展的原因之一。这也是很多公司送他们的非采购者参加展会的原因之一。像卖方一样,非采购者所在的公司也是行业的组成成员。他们送他们的员工参加展会是作为对行业的一种支持。通过派出大的代表团参展,买方组织也借此显示其在行业内的成功以及对与当前技术保持同步的兴趣。

(资料来源:http://www.31expo.com/news/detail-6643859.html,未知,2012-02-27)

第二节 会展旅游消费构成

会展旅游消费构成是指会展旅游者在物质和文化生活消费中各种消费资料数量的比例关系以及消费理念差异带来的消费内容与对象上的比例关系。总体来说,参展商的人均旅游消费支出远小于其人均展会消费支出,观众的人均旅游消费支出大于其人均展会消费支出;不同客源地、职位、月收入与受教育程度的旅游者,旅游消费支出总额存在一定的差异。

一、出游频率

会展旅游者是具有较大旅游需求与潜力的消费群体。会展旅游者以男性中青年为主,他们大部分来自展会举办城市周边地带与国内省外区域;大多数月收入属于中高水平,而月收入通常决定了旅游购买力;大多数受教育程度属于中高等级,而受教育程度越高很可能对出游的需求就越大,消费能力越强;大多数主要从事营销工作,专业性强,注重个人形象,消费追求品牌的可能性也较大;在企业中的职位大多数属于中高层次,而职位越高,其获得的企业给予的差旅消费权限越高,消费潜力越大,而且职位通常与月收入成一定的正相关关系。因此,会展旅游者无论是个人还是所代表的企业,绝大多数是重复出游且出游频繁。

二、旅游消费项目

会展旅游者的主要消费项目是交通、餐饮与住宿，旅游消费层次大多数属于附加消费层次，不同客源地与职位的旅游者，其消费层次存在一定差异；会展旅游者的旅游消费大项是交通与住宿，其次是餐饮与购物，不同的参加展会的身份、客源地与性别的旅游者，旅游消费大项存在一定差异。有关研究表明，参展商的旅游消费约占其参展全部支出的1/4（刘大可，2006；徐子琳，2007）。而观众方面，因为参观费很少，情况应与参展商相反，观众的人均旅游消费支出大于其人均展会消费支出，这也是为什么参观企业比参展企业选派代表人数更少的一大原因。

三、乘坐的长途交通工具

会展旅游者对长途交通工具的选择主要受到旅行距离的影响，此外，还与旅游者获得的企业给予的交通权限及其个人消费偏好相关，因此，参展商与观众、不同客源地以及不同职位的会展旅游者乘坐的长途交通工具存在一定差异。观众因为活动自由度相对较高，而且职位相对较高，具有一定的选择决策权，因此，对交通工具的选择比较个性化，各种交通工具的使用都存在，对自己私车的选择使用比重明显高于参展商。

四、对餐饮设施的选择

会展旅游者对餐饮设施的档次要求个性化现象较为突出，虽然选择中档餐厅与高档餐厅的比例较高，但持无所谓态度的比例也占到不容忽视的比例；不同的客源地、年龄与受教育程度的旅游者，对餐饮设施的档次偏好存在一定差异。旅游者受教育程度与其选择的餐饮设施档次之间呈现一定的正相关性，即受教育程度越高，就越倾向于对高档次餐饮设施的选择。这主要是因为不同的文化层次间接地造成了旅游者社会地位、经济收入和需求层次等方面的差异。

五、停留情况

会展旅游者大多数会在展会举办地过夜。海外旅游者停留时间最长,其次是省外旅游者,这与其旅行距离密切相关。绝大多数旅游者选择的住宿类型是三星级及以上酒店,其次是三星级以下酒店或旅馆,还有少量是当地的亲友家。不同客源、职位、月收入与受教育程度的旅游者,对住宿设施的档次偏好存在一定差异。

六、观光、娱乐与购物的潜在消费需求

会展旅游者具有较大的观光、娱乐与购物的潜在消费需求,其中约20%携带了家眷。具体而言,企业工厂、保健、服装分别成为旅游者最感兴趣的观光、娱乐与商品类型。会展旅游者在观光、娱乐或购物时间上也存在偏好,其中观光与购物的时间集中选择在展期后,而娱乐时间倾向于选择展会期间空余时间或展期后。时间是会展旅游者能否实现"游、娱、购"消费行为的一个重要的客观制约因素。男性喜欢娱乐,女性喜欢购物,似乎成为性别天生导致的偏好差异。男性往往因为要招待客户等原因充当餐宴买单者的身份,因此餐饮成为其消费大项的概率较大;而女性由于其心理特征,往往比较关注可以"逛"与"观"的事物,因此,观光构成其消费大项的概率较男性更大。

五大购物美食促销会展赚足商圈人气

2013年,为积极应对商业经济下滑的严峻形势,重庆市江北区市区两级共同主办了2013观音桥新年欢乐周、2013重庆春季购物美食消费节"乐购江北"消费月、2013重庆江北夏季购物美食消费节、2013重庆秋季购物美食消费节"时尚江北"金秋消费月、第三届重庆茶文化艺术节5个大型购物美食促销会展活动,囊括了"品味江北"美食汇、"爱之时尚"婚纱秀、"茶之艺术"精品展、"春之悦读"图书展、欢乐大抽奖等一系列精彩活动,吸引了广大消费者来江北休闲、购物、餐饮、消费。其中,"乐购江北"活动期间,观音桥商圈日均人流量达55万人次,15家重点企业三天实现销售额3.13亿元,同比增长11.3%。

此外，区商委还引导和鼓励金源时代购物广场举办了"2013重庆北滨金源城市音乐节"活动，鼓励龙湖商业公司在国庆期间举办了"星悦荟恐龙主题展示促销"活动，活动期间的商品销售情况均取得新突破。

（资料来源：http://www.jbnews.gov.cn/jb_content/2014-04/22/content_3305625.htm，江北代玉，2014-04-22，有删改）

第三节 会展旅游消费趋势

一、综合性需求日益增多

会展旅游者的出游目的以单纯的参加展会为主，但存在一定的多元化趋向。大多数会展旅游者会在展会举办城市过夜，停留时间适中，并且出游频繁；他们的旅游消费项目比较丰富，大多数在"吃、住、行"基本消费之外附加了"游、娱、购"消费；总消费支出较高，以交通与住宿支出最为突出；并且私人消费支出也较高，购物、餐饮等构成其私人消费的支出大项。可见，会展旅游者以其强劲的消费能力将一部分可观的花费注入旅游业，为展会举办城市旅游业的发展作出了实质性贡献。

二、个性化、专业化需求受到青睐

会展旅游者的公费项目体现在交通、住宿等基本消费的支出大项上，这部分消费支出虽然基数大，但预算弹性较小，与其所属企业给予他们的消费权限紧密相关。而根据展会举办城市的供给状况，会展旅游者很可能会对展会举办城市的某些观光、娱乐与购物等消费项目表示出兴趣，并愿意选择在展期间或展期后进行私人消费，而携伴出游、停留时间较长等特点也为其消费提供了极大的可能；事实上这些人中的大多数实现了潜在需求向现实消费行为的转化，并且私人消费支出在总消费支出中的比重较大；此外，时间安排成为观光、娱乐与购物私人消费的重要制约因素，参加展会绩效与个人消费预算等因素的影响则较小。因此，应完善各类城市旅游产品的开发，加强在展期前与展期间的旅游宣传，保证会展旅游者实现基本消费的同时，最大限度地挖掘他们的附加消费潜力，充分发挥会展旅游的直接经济效益。

三、向主动、积极参与的需求发展

会议的召开和展览的举办一般持续的时间比较长，短则三五天，长则七八天，有的时间跨度会更长，这就为参加展会的代表在工作之余进行休闲娱乐活动提供了机会。况且在紧张繁忙的公务交往中，代表们在精神上感到很累，持续的工作也造成心理上的压力，他们就迫切希望寻找一个比较好的休闲的地方和放松的方式，到就近的旅游点进行参观游览往往成为代表们的首选，尤其是外地的代表，更是强烈希望能到当地有代表性的旅游风景区进行游览以获得精神的放松，或是了结他们不枉此行的一种心愿。会展旅游者在其旅游过程中积极参与的愿望正变得越来越强烈。这是积极体验和积极参与的意识在会展旅游者这里不断强化的表现。这一趋势是世界性的，具有相当强劲的势头。这就为旅行社和旅游景区进行市场开发提供了很好的机会。

四、旅游自费部分比例增加

会展旅游者的平均自费消费能力较强，高端市场所占比重较大；不同客源地、月收入与职位的旅游者，旅游自费支出总额存在一定差异。大多数旅游者的消费支出中自费部分所占比例较高，不同客源地的旅游者自费与公费支出比例存在一定差异；旅游者的自费项目主要是购物与餐饮，其次是娱乐与观光；旅游者的自费最大支出项目主要是购物，其次是餐饮，再次是娱乐与观光；不同客源地、性别与职位的旅游者自费最大项目存在一定差异。

按常理推断，绝大多数会展旅游者的长途交通、住宿和基本餐饮由其所属企业公费支出。正因为这一特征，会展旅游者的长途交通方式、住宿类型、餐饮类型一定程度是由企业或企业带队领导决定的，具有同一企业的一致性，但自费部分的消费却完全由会展旅游者个人控制，体现出个人的需求与偏好，重点体现在观光、娱乐、购物、餐饮等项目。会展旅游者的旅游自费项目主要集中在"游、娱、购"与"吃"项目上，比较均衡。购物与餐饮的比重稍大，娱乐与观光稍小。

五、消费行为更加受媒体宣传影响

会展旅游者在选择展会举办城市时表现出对城市知名度、城市形象等因素的高度重视，并且他们很多通过媒体与他人宣传的渠道来收集展会信息，这些都反映出他们的消费决策很大程度受到媒体或口碑宣传的影响。此外，会展旅游者通常都是行内的专业人士，职位较高，而且绝大多数重复出游，因此他们在消费后对所参加的展会及展会城市所做出的各种评价尤为重要，他们消费后表现出的明显的口碑宣传意愿也恰恰证明了他们的重要推介作用。因此，提高会展旅游者的消费满意度才能促进会展旅游者的口碑宣传，从而为会展旅游者的重复出游以及开拓潜在消费者市场奠定良好的基础。另外，会展旅游者对展会举办城市的软环境（安全性、居民友好态度等）相对硬环境（如基础设施、展馆设施等）不容易满意，可见安全文明的软环境建设对于展会举办城市非常重要。

本章小结

会展旅游消费者（参展商、会展消费者等）是会展活动的主体，是会展业的主要服务对象。会展旅游所提供的产品和服务必须符合会展旅游消费者的心理需求，因此，把握参展商和专业观众的心理动机和心理目标尤为重要。专业观众是否参加会展旅游活动取决于个人健康因素、个人财务状况、个人家庭事务及个人时间可得性等多方面因素。不同的人或团体其会展旅游消费构成存在差异，会展旅游组织者必须根据会展旅游消费者的实际情况制定相应的营销策略。随着会展旅游的不断兴起，会展旅游者的综合性需求日益增多，个性化、专业化等需求也日益增强，旅游自费部分比例增加，消费者对会展旅游的热情也将不断提高。

会展旅游消费者　心理动机　消费构成　潜在消费需求　消费趋势

1. 结合实际分析会展旅游消费者的心理需求。
2. 参展商与专业观众在会展旅游消费需求上有何异同？
3. 试述会展旅游消费的发展趋势。

综合案例

珠宝界的奥斯卡盛会——记深圳国际珠宝展

改革开放以来,凭借毗邻港澳的得天独厚的区位优势,深圳珠宝引领中国珠宝产业走过了飞速发展的三十年——珠宝企业达2100家,自有品牌2200个,生产从业人员11万多人,行业制造加工总值超过600亿元人民币,连续多年占据国内珠宝市场份额的70%以上,深圳不可争议地成为中国珠宝产业中最大的生产基地和交易中心以及全国珠宝首饰行业的国际信息交流中心。2014年9月11日到15日第十五届深圳国际珠宝展在深圳会展中心开幕,是全国内地最大最具规模、最高档次、最多买家群体、最具影响力、国际化进程最高的的专业珠宝交易展览会。

金九银十 再创新高

走过十五年的风雨之路,深圳国际珠宝展已经逐步发展成为中国珠宝品牌的宣言书,珠宝信息、文化、商贸的交易大平台,是中国珠宝首饰流行趋势的晴雨表,是中国珠宝业发展的风向标。第15届珠宝展吸引全球超过73个国家和地区的逾4万名专业买家莅临参观、洽谈和交易,展会展览面积达到52500平方米,展位约2700个,共有超过1200家国内外企业盛装参展,展品囊括珠宝、黄金、铂金、白银、砖石、珍珠等相关饰品。今年的1号馆不同于去年展馆黄金企业的百花齐放,本届黄金产品的新品推出量减少许多。除了传统的黄金企业如萃华、粤豪、3D凯恩特、七里香等专注于黄金生产制造的企业之外,大部分的企业都将各种各样的彩宝摆上了柜台。除了人们广为熟知的碧玺、紫晶、黄晶、芙蓉石等产品之外,各种以前大家不太熟悉的彩色宝石今年也纷纷跃入人们的视野:坦桑石、透辉石、紫锂辉石、沙弗莱石、托帕石等宝石也以各种精美的镶嵌工艺展示着自己的美丽与风采。这其中,又以能够作为蓝宝石替代品的坦桑石最为火爆,不论是零售商下单还是普通消费者自己购买,坦桑石都成了当之无愧的"彩宝新星"。

2014年展会顺应互联网发展潮流,创新展会服务,电商成为珠宝企业发展的关键因素之一。而O2O的"双线"发展已经开始成为电商撼动传统消费观念的一把钥匙。从电商O2O衍生出来全新消费观念,在今后一段时期内,将会成为中国经济结构转型的重要内在动力。本届深圳珠宝展搭上了互联网和O2O的高速列车,官网同步推出网上展会平台,实现了向线上延伸的O2O运营,充分利用互联网与大数据的力量,为参展企业提供更全面的平台级服务,更好地打造成"中国最具影响力的专业珠宝交易展览会"。"实体展会 网上展会"相结合的O2O模式,深圳珠宝展能够更有效地提升深圳及至全国珠宝产业的服务水平及国际影响力,帮助更多珠宝企业扩大终端零售市场、引领时尚潮流,为深圳珠宝之都再添耀眼光芒。

脚踏实地　稳步增速

2000年,第一届深圳国际珠宝展在深圳举行,由此也在中国珠宝史上写下了浓墨重彩的一笔,开创了一个崭新的交流与贸易专业平台,对中国珠宝商贸发展有着重要的历史意义。首届深圳国际珠宝展,共有200余家企业参展,展位近450个,实际入场买家超过15000人,参观者超过30000人,现场成交额超过3亿元人民币。首届珠宝展成为一个划时代的标志,突出的商贸功能也正是从那时起,成为深圳珠宝展鲜明的烙印。

"2001深圳珠宝展"展位数量和面积都扩大了一倍,共有400家国内外企业参展,展位数量达到833个,整个珠宝展展期的场内协议成交额接近5亿元人民币,进场买家和参观者达到50000人次。同年中国正式加入WTO,给中国珠宝行业带来了前所未有的机遇和挑战。深圳珠宝展发生新的转变,品牌化显得日益突出,开始新的营销模式。自2002年开始,深圳国际珠宝展在通过品牌带动商业贸易的模式开始成为主流,展会已经成为一个品牌展示的展览盛会,周大福、翠绿、钻之韵等通过展会大力推广品牌,由此拉动了珠宝交易,推进珠宝消费,珠宝展的商贸功能得到了进一步的飞跃。

在此后的展会,无论是参观人次,还是成交额,都有着很大的提升,第十五届珠宝展吸引全球超过73个国家和地区的逾4万名专业买家莅临参观、洽谈和交易,展会展览面积达到52500平方米,展位约2700个,共有超过1200家国内外企业盛装参展。历时十五年的深圳国际珠宝展览会是一次名副其实的国际性、专业性较强的珠宝交易盛会,是海内外珠宝界信息资讯交流、经贸合作的交易大平台,它在我国珠宝业发展的关键时期,为我们带来了新的商贸模式,一方面珠宝企业产品销售逐渐走向正规化、专业化,另一方面大大推动了珠宝产业发展的进程,成为中国珠宝历史性的飞跃。

借力平台　互利共赢

多家珠宝企业提到了珠宝展的延伸交易及潜在交易,他们表示,需要更丰富的展示形式来延伸商贸合作。展会作为买家与卖家双方沟通的桥梁,为其提供丰富的资源和信息,通过对比和筛选,合意的双方将通过展会达成初步的合作意向,但展会的时间一般都比较短,大宗交易的双方一般会在展会之后通过进一步的接触,加深了解,建立信任,从而最终达成交易,因此,需要新的手段来加强珠宝展的延伸交易和潜在交易,而随着社会步入信息化的时代,互联网的普及提供了相应的解决渠道——将展会搬到网上,由此大大丰富延伸了展会的内容和时间,将成为珠宝展良好的补充。目前,深圳国际珠宝展早已实行"一会两展",线下与网络同步进行,虽然还只是处在起步阶段,但这毕竟是一次有益的尝试,这种新型展会方式目前受国内环境所制效果不太明显,但对于开拓北美等海外市场,由于网络十分发达,因此有相当大的作用,而越来越多的参展商也已经意识到巨大的网络商机,也纷纷通过网络报名参展,形成了产业发展的新趋势,而随着产业进程的不断深入,网上展会更强的价格优势、高性价比的展位、最前沿的展会资讯等优势必将在未来全面凸显,进一步带动珠宝展商业贸易的发展。

(资料来源:亚洲财富论坛,夏心茹,2015-01-23,有删改)

第七章 会展旅游产业集群

①熟悉会展旅游产业集群的几个核心概念及会展旅游产业集群的基本特征;②掌握会展旅游产业纵向一体化的基本环节;③了解打造会展旅游产业集群的战略对策。

第一节 会展旅游产业集群的特征描述

一、会展旅游产业集群的基本内涵

(一) 会展旅游产业集群的概念界定及其层次结构

在经济社会发展推动和市场需求拉动下,会展业得到快速发展,我国北京、上海、广州等经济发达的大都市出现会展产业集群发展现象。会展旅游是会展业与旅游业的结合,是由于会展活动的举办而产生的一种旅游活动形式,故而会展旅游产业也呈现集群发展态势。然而,到底什么是会展旅游产业集群?会展产业集群的本质特征是什么?这是值得我们认识和分析的问题。

关于产业集群的定义,产业集群(cluster)是指集中于一定区域内特定产业的众多具有分工合作关系的不同规模等级的企业与其发展有关的各种机构、组织等行为主体,通过纵横交错的网络关系紧密联系在一起的空间积聚体,代表着介于市场和等级制之间的一种新的空间经济组织形式。①

会展旅游产业是一个高度复合型的产业,围绕着会展活动等核心吸引物,它不仅涉及"吃、住、行、游、购、娱"等旅游内部行业,还与交通运输业、信息服务业、邮电通讯业等产业相互依托,共存共荣。因此,会展旅游产业集群是以会议、展览活动等吸引物为核心,会展旅游相关企业在某一特定区域内聚集,为获得规模经济与聚集效应,依据专业化分工和协作需求建立起正式与非正式的关系而形成的一种更具活力的新型企业组合形式。会展旅游产业集群强调会展业与旅游相关企业之间的有序性,是一种柔性的集聚,对市场需求的反应更为灵活,适应经济全球化和集群化发展的必然趋势。

二、会展旅游集群的基本特征

由此可见,会展旅游产业集群是一个多维度(产业、区域和企业)、多要素构成的复合体,正确认识产业集群的本质特征应从三个方面来把握。

(一)地理集中

集群本身就有空间的概念,构成集群的各主体在特定的地域内柔性集聚。至今,对产业集群的地理边界没有明确的界定。王勇认为:"有两种基本的力量驱动着产业集群空间边界的形成和动态演化过程,一种力量是'看不见的手'——自发的市场调节力量,另一种力量是'有形之手'——政府调控和干预的力量。"② 事实上,由于经济地理空间具有不同的尺度,大至全球空间,小至自然村落,因此,产业集群中的地域范围只能是一个相对概念。但在研究产业集群时,特别是针对具体的个案研究中,必须将它纳入到合适的地域空间内才有鲜明的意义,才便于把握产业集群的内部结构及其运行机制。由于地方政府的参与,在产业集群研究与实践中,产业集群的地理边界与行政区划往往保持一致。

会展产业集群空间集聚性指的是相关企业和支持机构在市场机制的作用下,在邻近性的地理区域内集中所表现出来的集中化特征。会展旅游产业中的集聚现象,主要体现在展览场馆设施集中,会展地点集中,众多相关联的行业、部门在同一个地理区域内集聚,共同服务于相似的会展消费者。他们因彼

---

① 参见(美)迈克尔·波特《国家竞争优势》,李明轩译,中信出版社2012年版。
② 王勇、李国武:《论产业集群的地理边界与行政边界》,载《中央财经大学学报》2009年第2期,第62~65页。

此间的横向、纵向联系围绕场馆形成会展产业集群。当前，我国会展旅游产业集群主要集中出现在经济发达的大都市，尤其以上海和广州最为典型。会展旅游产业主体在特定的地理空间集聚是会展旅游产业集群的外显特征，是识别产业集群标志的直观依据之一。

（二）产业关联

产业关联性反映集群各主体之间的联结模式。构成会展旅游产业集群的各主体之间存在着产业联系，它们只从事某一产业或相关产业的生产和服务，"会展产业集群是指以会展活动为纽带，集合以会展商为代表的各种直接或间接从事会展业及其相关服务业的组织、机构或个人，以提供为会展活动相关服务为核心而形成的会展产业聚合或集聚。其中包括会展商、参展商、广告商、中介服务商、酒店宾馆、市场公关机构、会展研究、培训、教学机构以及其他关联机构和个人。"[①] 可见，会展旅游产业集群不仅是企业的集聚，关键是基于精细分工与专业化基础之上的产业链的集聚。

（三）互动关系

产业集群的本质还应该揭示构成集群的各主体之间的互动关系。集群内存在前向、后向和水平的产业联系的供应商、生产商、销售代理商、顾客之间，企业与当地政府、大学或研究机构、金融机构、中介服务组织等相关支撑体系之间，通过长期的联系形成本地化网络。网络中的各行为主体之间以正式或非正式的关系，频繁地进行着商品、服务、信息、劳动力等贸易性或非贸易性的交易、交流和互动，相互学习，密切合作，共同推动区域的发展和企业的持续创新。

"一加一大于二"，会展旅游产业集群的成员之间广泛联结而产生的总体力量大于其各部分之和。因为集群内各个成员是相互依赖的，某个成员的优质服务将促进其他成员的成功。就功能互补性众多的表现形式而言，有两种最为明显。其一是许多会展旅游服务产品在满足顾客的需求方面相互补充。其二是会展旅游相关企业之间的相互协调可以使他们的集体生产能力得到进一步的完善。可以说，最终服务提供商之间或中间服务产品供应商之间存在着明显的既竞争又合作的关系。相互竞争，是为了争夺共同的市场；相互合作，是为了提高集群效应，获取和维护共同利益。同时，会展品牌的建立不仅取决于会展规

---

① 吴信菊、唐立祥：《会展产业集群的生态学模型及生态平衡分析》，载《上海理工大学学报》（社会科学版）2011 年第 1 期，第 76～82 页。

模大小和国际化程度，还有赖于互补性商业活动，如酒店、商店和物流的质量和效率。

（四）环境共享性

在会展旅游产业集群中，产业或企业共同生存于相同的经济环境、社会环境和文化环境中。会展旅游产业或企业在一定地域内的高度集中，吸引了大量会展服务供应商和会展专业人才的存在，降低了使用专业性辅导性服务和信用机制的交易成本，而且专业人才的流动和知识外溢效应可以促进会展产业集群的生存环境的创新。同时，由于大量的会展产品的区域整合集中，可以迅速扩大场馆和城市会展品牌的影响，有利于营造出合适会展产业集群发展的优良环境，促进场馆所在地域的竞争力，形成区域品牌。

（五）创新性

会展旅游产业集群创新性表现为，以专业化分工和协作为基础的会展旅游相关企业通过地理位置上的集中和靠近，产生创新聚集。从需求角度而言，强大的市场需求使旅游相关企业更容易发现旅游产品及服务的市场缺口进行创新，而创新所需要的人、财、物都能在区域内解决。从供给方面而言，随着区域内旅游产业的发展，大量相关的原材料和服务提供商在此聚集，便于旅游相关企业取得创新所需要的原料及服务。另外，旅游产业集群也吸引了一系列具有相关专业技术的工人，无形中形成了一个专业化的人才市场，旅游相关企业能够很容易找到所需要的人才，减少搜索的成本。此外，旅游产业集群内由于空间接近性，不仅加强了显性知识的传播和扩散，还加强了隐性知识的传播和扩散。而旅游行业是一个十分重视从业经验和实际操作的行业，知识的交流和传播更能够激发对新方法和新思想的应用，促进旅游相关企业的创新。

第二节 会展旅游的纵向一体化与横向协作

地理集中为产业集群内部各主体的互动提供了便利条件，产业关联性是集群内部各主体互动的基础。会展旅游产业链内的高度专业分工化和要素分布集聚性，使会展业和旅游业之间形成相互交错、互为补充的关系。这种关系不是会展业与旅游业的简单叠加，而是一个内在衔接的协作系统。专业化使得单个企业能够专精于提供某一服务，对市场变化和顾客需求更为了解，而专业分工程度高的企业协作，更能提供出系统、完善、高质、低价的产品和服务，且具有规模经济和范围经济的效应，期间的管理费用、宣传费用、经营成本比单个会展业或旅游业的花费更低，而且能够创造出一定的地域或国际会展品牌。

产业链内的企业通过投资、协同、合作等手段深化与产业链上下环节企业的关系，使自身的产品和服务融入客户的价值链运行当中，增加产品的有效价值和信息传播，提高产业链的整体竞争能力。另外，因为会展旅游产业链上任何一个节点的行为都会影响链条上其他企业的决策，因此，一个会展主题的策划和旅游服务的提供，不但要考虑企业内部的业务流程和资源，更要从产业链的整体出发，进行全面优化与控制。这就要求会展旅游产业链中的成员能够消除行业和企业壁垒，实现协同工作。在战略协作上，存在纵向一体化和横向协作两种方式。

一、会展旅游的纵向一体化

纵向一体化是具有投入、产出关系的相邻几个阶段或企业合为一体的过程。任何一件产品或服务的制造都包括若干阶段：原始投入（原材料）制备、原始投入加工成中间产品、中间产品加工成最终产品、最终产品的批发和零售等。当一个企业同时完成两个或两个以上阶段时，便形成纵向一体化。总之，纵向一体化指在生产工序上处于上下游关系的两个企业的合并或合作。会展旅游产业集群快速发展过程中，旅游产业自身的特点为其实施纵向一体化战略提供了一个理想的平台。以会展活动为核心，"吃、住、行、游、购、娱"等各个旅游业的组成部分，通过旅游者的消费模式紧密结合在一起。作为会展旅游业价值链组合者的旅游企业，通过纵向一体化战略，可以节省交易费用，消除外部性，取得技术经济优势和范围经济效益，从而为其扩大市场份额、增强竞争力奠定基础。因此，纵向一体化成为会展旅游产业集群发展过程中一种普遍采用的战略。

旅游企业的纵向一体化通常可以采用两种形式：一种形式是通过资本扩张来实施纵向一体化，这种形式的一体化属于纵向集中，即资本实力雄厚的大型旅游运营商通过兼并、收购或合资的形式来控制处于旅游产业链不同层次的其他旅游企业，从而达到纵向集中的纵向一体化。例如，上海光大会展中心是由中国光大集团出资、开发并建造的，集展览、展示、会议、宾馆、公寓、商务、餐饮、健身、娱乐、休闲为一体。另一种形式是通过各种形式的战略联盟来实行纵向一体化，这种形式可称为纵向联合。由于旅游组织的特殊性，各个组织所需要的资本投入不同，纵向集中往往由旅游产业链的高层次向低层次推进，而低层次向高层次的整合往往采取纵向联合的方式。

会展旅游产业链由分别以会展和旅游为主的行业，在产业链上单向延伸生成。这种延伸的基础是行业要素的交叉与互补以及产品、服务、信息等资源的共享。就我国会展旅游的发展现状来看，会展企业往往处于核心和主导地位，相比之下旅游企业则是"滞后接待，被动受益"。但会展旅游产业集群发展需要会展旅游企业一体化发展，针对我国当前会展旅游发展实际，会展旅游一体化以纵向联合和部分纵向集中为主，为此，会展旅游产业纵向一体化着重加强以下环节的对接。

（一）会展业与饭店业及餐饮业的产业对接

1. **会展业对于饭店业及餐饮业的依赖与选择**

会展活动离不开饭店业及餐饮业的支持，饭店业及餐饮业永远是会展活动的受益者。无论举办 MICE 中的何种活动，饭店都会被选作活动的主要或辅助目的地，其他餐饮设施自然也会从中受益。会展代表团的费用一般有 60%～65% 都花销在食宿方面。

当然，会展公司举办会展活动选择接待饭店时有自己的标准，这也对饭店提出了一定的要求。这些要求主要是饭店的区位条件、会议设施标准、及时周到的服务、餐饮的品质、明确的条款、有竞争力的价格、停车场等。另外，有些会展代表还会提出一些个性化要求，饭店必须具备解决的条件或能力，否则难以赢得会展公司的青睐。

2. **饭店业和餐饮业对于会展业的关注和针对性营销**

由于会展旅游的蓬勃发展和高额利润空间，因而世界各国饭店行业都热衷于承接会展业务，会展市场成了饭店业共同追逐的目标和依赖的主要市场。美国学者唐纳德·E. 兰德博格（Donald E. Landberg）在《饭店与餐饮经营管理艺术》一书中写道："今天，会议宾客用房占美国饭店客房出租率的 1/3，在某些饭店中，会议业务的销售收入占营业总收入的 90% 强。"而前些年《会议和奖励》杂志的调查结果也显示，国际大型饭店或饭店集团都十分关注会展市场，并将之纳入自身的细分范围着力开拓。如威斯汀饭店集团全球业务的 30% 来源于会展市场，洲际饭店集团总收入的 18% 来自同样的市场。

正因为会展业务已经日益成为旅游业特别是饭店业的重要目标市场，因而进一步加强对这一市场的针对性研究必不可少。以会议旅游市场和奖励旅游市场为例，同普通的旅游类型相比，典型的会议旅游和奖励旅游有如下特点：会议旅游有淡旺季之分，旺季一般在春、秋两季，冬季为淡季；会议规模从几十人到千人以上不等；会期一般 3～5 天，持续一周以上的会议相对较少；欧美国家的会议可以带配偶或其他家属；会议地点的选择提前期很长。因为大量的组织工作都要从决定会议的目的地至会议实际召开这段时间里完成，这段提前期（Lead Time）通常很长，规模越大的会议，提前期越长。

并且，同普通的旅游相比，典型的奖励旅游有如下特点：

（1）必须具有独特性。奖励旅游节目的内容必须独具特色，是一个员工用钱买不到的经历。例如，一个别出心裁的主题晚会，或去一个别开生面的地方，体验一次"令人难忘"的经历，这些经历是一般旅游买不到的。

（2）必须带有一定的纪念价值。此类旅游活动的举行，虽然与工作或多或少有着一些联系，但大多在特定的日子举行，以使活动本身更加富有纪念意义。

（3）必须工作和娱乐并举。典型的奖励旅游有"寓教于乐"的意味。一般来说，奖励旅游都是以会议作为开始，然后再开展观光旅游活动，并加入盛装晚宴或主题晚会等。

（4）必须注重成就感、荣誉感和归属感，这也是奖励旅游主办公司的初衷。主要还是为了从人格上尊重员工，从精神上激励员工，让他们找到成就感、荣誉感和归属感。

因此，饭店业必须采取有力措施，进行针对性营销，才能做到有的放矢，充分把握会展旅游市场上种种机会，而不是守株待兔，等客上门。

同时，在会展旅游背景下，酒店不再意味着一幢孤立的建筑，它包含成片的地块和更多的自然环境因素，在建筑外围有一片属于自己的独立空间。酒店将是围绕空间和自然因素而展开，而不是作为简单的"栖身之地"。因为作为会展场所的酒店，它应当提供的绝不仅仅是住宿和会议场所，而是一个能够将与会者从他们原本日常熟悉的工作环境中抽离出来的全新环境。东南亚的独岛式酒店、拉斯维加斯沙漠中的酒店，都是以与都市环境完全异质的独特自然环境作为他们的核心资源。因此，采取多种新颖独特的形式，策划和设计能够符合会展组织者和参与者要求的旅游产品，已成为能否实现酒店业与会展业产业对接的必要条件。

（二）会展业与旅游景点的产业对接

1. 会展业对于旅游景点的支持需求与选择

会展业对于旅游景点的产品需求主要集中在会展活动结束之后，因为此时会展参与者才具备充足的闲暇时间和强烈的出游愿望。但也不能排除有少数旅游项目安排在会展活动进行中，如上海 APEC 会议期间，外国元首夫人们就被安排到苏州等地参观游览。

在与会展业对接过程中，我们可以将旅游景点大致分为两个类型：一类是带有度假酒店、度假中心的景点；另一类是不带有上述设施的纯粹景点。之所以作如此分类，是因为这两类景点在接待会展旅游者过程中所处的竞争状态是不一样的。前者因为带有酒店等设施，具备会议方面的功能，既可以在此召开会议，又可以游览休闲，因而在市场竞争中具有明显的优势。而后者只是单纯的景点，除非知名度和美誉度相当大，否则难以赢得会展游客的青睐。

2. 旅游景点对于会展业的关注和针对性营销

旅游景点关注会展业应该从会展旅游者的需求入手，进而设计出符合需求的旅游产品。总体来说，会展旅游者的产品需求主要包括商务类和休闲类。而休闲类产品虽然是商务类产品的补充，但是我们决不能轻视甚至忽视这一项业务。因为，在会展旅游者的心中，休闲旅游是商务旅游的延伸，本身就是整个会展活动的一个组成部分，休闲旅游不仅不显得多余，有时还会成为会展旅游者评价整个会展旅游活动的标准。

因此，旅游景点开展营销活动应该把握会展旅游兼具商务活动和观光休闲活动的双重目的，不能顾此失彼，因为后续工作而影响到整个大局。

(三) 会展业与旅行社的产业对接

1. 会展业对于旅行社的支持需求与选择

大多数办展机构都倾向于将会展旅游的有关业务委托给专业的旅游公司负责，自己专心做好会展的组织和管理工作。这些业务主要是安排住宿、市内交通、餐饮、往返机票、旅游线路设计等。考虑到会展旅游者的经历、感受以及所受服务的好坏将直接影响到他们对会展活动的整体评价，因而办展机构在指定旅游代理商时，往往选择那些资质好、信誉高、实力强的公司，以便给会展旅游者留下良好的印象。

2. 旅行社对于会展业的关注和针对性营销

旅行社要对国际、国内旅游市场［包括专业的会议组织者（PCO）、目的地管理公司（DMC）和竞争对手等］的情况有充分的了解，确定自己的重点目标市场，然后集中力量进行有针对性的促销活动。促销手段多样化，既要组织促销团到目标市场所在地去面对面地促销，与当地旅游组织和贸易组织携手做广告，也要充分利用现代科学技术所提供的便利条件，例如，在国际互联网上建立中国会展旅游产品网站。

与传统观光旅游相比，会展旅游在操作过程中涉及不同部门、不同领域，它要求旅行社不仅要会做旅行方案，还要为客户做公关策划方案、会展实施方案、拓展培训方案等等，在实际操作中还要学会演讲、摄影、翻译等多种技能,因此,该市场涉及的业务范围越来越广,行业针对性越来越强,客户要求越来越高。所以,要想拥有赢得市场的能力,必须培训一支专业化的队伍,组建专业的商务会展旅行业务部门。

(四)会展业与交通业的产业对接

1. 会展业发展对于交通业的依赖

会展经济的发展离不开发达便利的交通运输业支持,国际上会展旅游发达的地区,其交通环境、运输系统建设都首屈一指。可以说,没有交通业的保障,会展产业的发展和兴旺将难以实现。

便捷的对外交通运输系统提高了会展城市的可进入性。在欧美会展旅游较为发达的国家和城市,其航空运输业同样会有较快的发展。历届世界博览会的参加者中,乘坐飞机赴会参展几乎成为他们旅行的首选方式。因此,不少会展名城同样也是航空枢纽。当然,巡航旅行即乘坐轮船以及汽车旅行,也是很多游客的惯常方式。无论哪一种出行方式,都与完善的交通体系密不可分。

而通畅的市内交通系统布局能够将各个会展场馆有机联系在一起。有的城市会展场馆布局相对分散,给主办者带来了不小的工作难度。以北京为例,该市现有的13个会展场馆大多分布于三环路以内,又分散于朝阳、海淀、西城等城区内。一方面,会展场馆过于靠近城市中心区,每次举办大型会展活动都必然会给周边地区道路交通带来很大压力,造成交通堵塞;另一方面,过于分散的布局也不利于各场馆之间的相互联合与协作、优势互补,难以形成北京市会展业的聚集效应和集约化经营。因此,市内交通的通畅就成了交通管理部门的头等大事。

所以说,发展会展产业首先必须规划完善的交通系统。包括空中交通枢纽,水上交通运输,高速公路、高速铁路为主的高效陆路交通,以及通畅的市内交通在内的交通系统形成合理的分工组合,从而进一步加强与世界各国、各地区的交通联系,为会展旅游的发展提供强大运输支持。

2. 会展业对于交通业成长的现实促进作用

交通运输部门在会展产业提供支持的同时,也为自身发展带来了实惠。会展旅游市场正日益成为许多运输企业的盈利增长点,并且这种状况越来越明显。从国际上看,由阿根廷国家旅游部、阿根廷展览会议组织协会(AOCA)、布宜诺斯艾利斯大学经济系等机构联合发布的《阿根廷会展旅游经济观察报告》显示,受2008年以来阿根廷政府市场战略引导,接下来的几年在阿根廷参加各种会议和展览活动的人数持续上升,2012年达246万人次(其中外国人占15%），同比增长34.2%，共举办3866场活动（包括3305场会议、480场展览展会和81场国际体育赛事），共获得包括食宿、采购在内的消费收入79.59亿比索，当年阿根廷本国人和外国人的平均与会时间分别为3.11天和4.67天，人均消费额分别为2542比索和9185比索，同比分别增长了46%和16%。可见，会展促进了入境旅游的发展，继而也带动了航空业的发展。

从国内看，中国民用航空局发布的2013年民航行业发展统计公报称，2013年民航业完成旅客运输量35397万人次，比上年增长10.8%。该报告显示，国内航线完成旅客运输量32742万人次，比上年增长10.6%，其中港澳台航线完成904万人次，比上年增长8.4%；国际航线完成旅客运输量2655万人次，比上年增长13.7%。其中，相当部分是会展旅游及相关活动创造的。

（五）会展经济与娱乐业的产业对接

1. 会展旅游需要来自娱乐业的配套与协作

旅游业是一个综合性产业，包括在"吃、住、行、游、购、娱"六大要素中，虽然娱乐并不必然是某一次旅游活动的核心目的，但缺少了娱乐项目的旅游活动留给游客的将是一种乏味的体验。因此，国家有关部门制定的《旅游行业对客人服务的基本标准》规定：文娱活动属于旅游活动中的固定节目安排，游览日程在3天以内的，文娱活动一般不少于1次；4天至7天的一般不少于2次；8天以上的一般不少于3次。会展旅游作为特定的旅游类型，自然离不开娱乐行业的配套和支持。世界上会展业十分发达的城市，其会展产业的成功往往离不开各种各样娱乐活动的有力支持。旅游业需要一个完整产业链的配套与支持，任何一个要素的缺乏，都构建不了兴旺的旅游产业。以海南省海口市为例，目前，海口市的娱乐业不是很发达，很多游客都感觉夜间的娱乐活动太少，"有钱没地方使"，而海口市目前正在朝着会展城市的方向前进。因此该市提出"要做好娱乐业规划和布局的调整工作，大力发展娱乐业"，要建几个上档次、有规模的娱乐中心，把娱乐业做旺。甚至有关方面还设想在海口市对博彩业开禁。由此可见海口发展包括会展业在内的旅游综合产业的信心和决心。

2. 会展旅游将使娱乐业在增收的基础上获得进一步的发展

娱乐业为会展旅游者带来了丰富多彩的体验和享受，继而会展产业又为娱乐业带来新客源与新的商机。这也是一种良性互动。现在的游客不仅仅是局限在观光旅游，更注重于休闲娱乐，以达到放松身心的目的。如"休闲之都"——成都，成都以休闲之都、美食之都作为城市形象和城市名片，据成都市统计局数据，2013年，全市共举办重大会展项目503个，其中，国际会议105个、展览169个（国际性展览53个）、节庆赛事229个，并被中国会展经济研究会等国家行业组织评为"2013年度中国十佳品牌会展城市""国际会奖旅游目的地"等称号。海口的会议市场已成为旅游业收入的重要组成部分,会展旅游已经成为海口的主要旅游产品之一,而会展游客的人均消费是团队客无法相比的。这就反过来为地方娱乐业的发展兴旺提供了更多的资金支持。

除了上述涉及旅游产业几大环节的产业部门之外,会展旅游还与其他诸多产业联系密切,如金融、保险、销售代理等。从会展旅游产业链的角度来看,都应该加以充分挖掘,用战略思路来经营。比如,会展活动的举办还与房地产业有着深厚的联系。1988年汉城奥运会后并未出现其他国家所谓的"奥运低谷效应",房地产市场的火热一直持续到1995年;1992年亚特兰大奥运会,房地产行业在奥运会基础设施建设、场馆建设中取得了不菲的经济收益。政府在进行各项工程包括交通整治时,都充分考虑了开发商的利益,从而使此次奥运会的举办成为当地房地产市场充分发展的原动力。2008年奥运会前后,奥林匹克公园周边房地产的升值普遍超过30%。为迎接奥运会对市中心的旧城区进行的大规模改造,将不少旧的工业厂房搬到郊区或更远的地方。在亚特兰大中心区,写字楼和商业物业得到巨大发展,奥运会后达美航空、南方贝尔等世界级大公司和政府组织纷纷到亚特兰大落户。并且,由于奥运会期间留下的先进的通信设备和宾馆,使很多会议选址于此,亚特兰大成为"会议之城"。同时,政府为举办奥运大力整饬了市区和郊区的交通路线及设施,加上奥运会带来的后续效应,经济持续稳定增长,居民消费信心大增,郊区住宅建设成为热点。目前,亚特兰大郊区住宅已成为当地著名旅游景点之一,号称"全美最漂亮的住宅区"。会展旅游产业与其他产业之间的密切联系与互动发展由此得以充分展现。

二、会展旅游的横向协作

所谓横向协作是指彼此相关的企业或经济单位为了共同的利益而自愿建立起来的一种比较稳定的经济关系。在会展旅游产业集群发展过程中,各相关企业为了有效应对日趋激烈的竞争,不断增强彼此间的相互协作。其合作对策体现于如下几个方面。

(一) 营造统一市场

1. 统一市场准入标准

对于区域内各会展城市来说,参与区域会展业一体化发展的目标更多是以获得市场准入机会为代表的经济利益,而市场准入问题一直是阻碍区域实现一体化发展的一大因素。因为很多地方政府出于自身利益的考虑，会出台许多政策阻止其他地区的进入。因此，必须逐步消除各行政区之间的无形壁垒，制定统一的市场准入标准，才能建设统一的大市场。

2. 加强知识产权保护

必须依照国家《展会知识产权保护办法》等相关规定，采取有效措施切实保护会展各方的知识产权。这样，一方面可以营造公平竞争的区域市场环境，避免恶性竞争；另一方面，有了安全保障，有利于促进会展要素在区域内的自由流动。

(二) 开展错位竞争

区域内各城市在开展会展市场定位时，除了要考虑自身因素外，还要从整个区域全局角度出发，综合考虑区域地位、城市间联系性、经济实力、差异化及会展业发展特色等方面的因素。比如，针对长三角区域内部分主要城市的横向协作，在对这些城市分层后，对其会展业发展定位如下。

1. 国际综合会展旅游城市——上海

国际综合会展城市是指符合如下条件的城市：城市综合实力雄厚，国际化程度高，产业发达、市场辐射力强，有多次著名国际展会经验，具备招徕和接待大型国际会议和展览的能力与人才。符合这些条件的，就只有上海了。原因有四。

第一，上海是全国最大的经济中心，也是长三角区域内的首位城市，在区域内有着举足轻重的地位。无论从行政级别、城市规模，还是从城市综合竞争力来看，上海都处于长三角区域的社会经济核心地位。

第二，上海会展业发展总体水平较高，处于区域龙头地位。在近年来的发展中，累积了较多经验，同时发展了一批品牌展会。如中国国际食品和饮料展，中国国际家具生产、装潢与装饰机械及配件展览，中国国际酒店、餐饮、烘焙、零售设备供应及服务展，中国国际加工、包装及印刷科技展览，中国国际林业、木业机械与供应展，上海国际汽车工业展览会，中国国际模具技术和设备展览会等展会获得了国际展览业协会（UFI）认证。

第三，上海与区域内其他主要城市间交通便利，联系性强。根据规划，长三角将于2020年正式建成以上海为中心的3小时都市圈，长三角区域各主要城市到上海的单程行车时间将均不超过3小时。

第四，2010年世博会在上海举办，这对于确认上海会展业在长三角区域的核心地位具有重要意义。

2. 会展旅游名城——杭州、成都

会展旅游名城是指基本符合如下条件的城市：内外交通便利，空气清新，自然环境优美，旅游资源丰富，并富有国际知名度，旅游目的地形象明确且深入民心，具备举办国内外大型会展活动的能力或前景。杭州和成都就属于此列。杭州以天堂城市、爱情之都为城市形象，而成都以休闲城市、美食之都闻名，它们发达的经济及丰富的旅游资源为会展业的发展奠定了坚实的基础。

在第十届中国国际会展文化节上，杭州市被授予"2013—2014年度中国会展名城"奖项，杭州西湖国际博览有限公司被授予"2013—2014年度中国会展优质服务商"奖项。中国国际会展文化节创办于2005年，是会展行业广泛关注的大会，被誉为"会展人的节日"。

继2013年成功举办财富全球论坛、世界华商大会后，成都已经成为位居中西部第一、全国前列的"中国会展名城"和国内外重大会展活动布局中国中西部的"首选城市"。国际知名会展活动也频繁相中成都。2014年3月，法国米其林集团宣布，全球交通可持续性发展峰会——第12届米其林必比登挑战赛将于今年11月在蓉举行。这是这一全球性盛会第三次来到中国，成都也将成为中国首个举办该活动的中西部城市。4月，全球五大展览公司之一的德国科隆展览公司在成都举办中国国际西部五金展，这是该公司继在上海举办全球知名的中国国际五金展之后，在国内培育的第二个五金展。4月，全球展览业巨头英国博闻集团宣布，素有"民航奥运会"之称的第12届世界航线发展大会也将于2016年落址成都举办。

3. 国内综合会展旅游城市——南京、宁波

国内综合会展旅游城市是指基本符合如下条件的城市：往往是省会城市或副省级以上城市，产业发达，市场辐射力在一定的区域内较强，会议和展览规模较大、数量多，有定期知名展会。这样的城市有南京、宁波。

南京会展业发展势头比较迅猛，持续多年，以年均超过20%以上的速度增长，特别是在会议业方面，借助南京的经济实力、产业集聚、区位环境、科教资源等优势，南京先后成功举办（承办）"G20财长会议""中美城市经济和投资会议""世博会南京主题论坛""第21次APEC中小企业部长会议""第三届世界华人胸外科学会学术年会暨第一届亚洲胸腔镜肺叶切除手术俱乐部成立大会""亚太结肠医师联盟大会"等规模大、层次高、国际影响度强的国际性高端会议。2012年，大中型展览会数量是2182个，大型特大型展览数是31个，大中型展览面积202万平方米，拉动经济420亿元，到了2013年，这几个体现会展经济繁荣程度的数据分别增加到2510个，35个，231万平方米，450亿元。《中国会展行业发展报告2014》显示，南京的中国城市展览业

发展综合指数评分为 77.05 分，排名全国第五位。

宁波会展业起步晚，但发展迅速。中国宁波国际服装节（以下简称"服交会"）、中国塑料博览会、浙江投资贸易洽谈会、中国国际日用品消费博览会、中国宁波国际住宅产品博览会、中国国际家居博览会、全国五金科技（宁波）展览会暨五金出口商品交易会、第 12 届国际机械工业展览会等一批展会，依托宁波服装、模具、文具、机械等良好产业基础，在国内众多展会中脱颖而出，名声也越来越响。尤其是服交会，已举办过 11 届，已发展成为仅次于北京中国国际服装服饰博览会的国内第二大专业服装展会，是宁波最具影响力的品牌展会。而中国塑料博览会（以下简称"塑博会"）也是世界上为数不多的专业性博览会。连续 9 届塑博会的成功举办，使其成为中国塑料业界的名牌会展，有"中国塑料第一展会"之称，被商务部评为中国 100 家最具影响力的品牌展会之一。宁波市政府在"十一五"规划中提出了要将宁波打造成"长三角南翼会展之都"的目标。

4. **特色会展旅游城市**

特色会展旅游城市是指基本符合如下条件的城市：城市主导产业特别突出，在国际或国内范围内拥有较高知名度，市场发达，往往是制造业中心或商品贸易中心。这样的城市有义乌和温州。

义乌是长三角区域最具发展潜力的会展城市之一，其会展业发展是建立在发达的小商品经济基础之上的，是伴随着义乌小商品市场和历届中国小商品博览会逐步发展起来的。而中国义乌国际小商品博览会，已经成为继广交会、中国华东进出口商品交易会（以下简称"华交会"）后中国的第三大专业展会，先后荣膺"中国十大新星展会""中国品牌展会"等荣誉称号。

温州制造业发达，目前已经形成了包括制鞋、制革、服装、工业电器、塑料制品、打火机、眼镜、纽扣拉链、印刷包装、制笔十大特色产业。温州的会展业发展较早，温州是长三角区域内最早成立会展行业协会的城市。温州最出名的要数中国轻工产品博览会，自 2002 年举办至今，为温州展览规模和档次的提升起到了积极的作用。

5. **一般会展旅游城市**

一般会展旅游城市是指基本符合如下条件的城市：在长三角区域范围内，主导产业相对突出，城市本身具备发展会展业的良好基础，如交通便利，拥有大型会展场馆等条件。这样的城市有无锡、嘉兴、常州、南通、扬州、绍兴、徐州、连云港、台州等。

一般会展旅游城市的会展业发展虽不及上述四类会展城市，但由于与当地特色产业相结合，一些会展品牌在区域内也具有较高知名度。如无锡的太湖博览会、嘉兴的国际汽车展览会和中国纺织及制衣工业展览会、常州的国际地板博览会、扬州的玩具礼品博览会、南通的国际家用纺织品博览会、绍兴的中国纺织品博览会、徐州的食品交易博览会、连云港的中国物流及港口航运展览会、台州的中国塑料交易会等。其中不少城市所处区位较好，交通便利，并拥有较大规模的会展场馆，为会展业的进一步发展提供了保障。

（三）鼓励跨地区会展企业合作

要实现区域会展业一体化发展，必须鼓励会展企业，尤其是跨地区的会展企业间的合作。包括在会展业务拓展、关联产业开发上形成有效的战略合作，以及在会展产品创新和服务接待等产业延伸上加强一体化合作。加强不同城市会展企业之间在会展项目开发、会展营销、会展管理等方面的合作，鼓励不同城市会展企业间的并购联合。

具体可采取的措施有两种：一是减免税收。通过对地区间会展业合作投资实行所得税减免政策，有利于促进跨地区间会展业合作。二是建立信息共享平台。通过建立区域会展业信息共享平台，可以实现信息的自由流动，有利于加强地区间会展企业合作。

第三节 打造会展旅游产业集群

在市场需求的拉动和各级政府政策的促动下，我国会展旅游得到了长足发展，如今，上海、北京、广州等城市会展旅游产业已经形成集群发展的态势，集群内各构成要素之间相互联系，形成了一定的竞争优势。从波特的竞争力理论角度来看，会展旅游产业集群的发展毫无疑问是各城市迅速增强会展产业竞争力的重要手段。因而，为了有效促进会展旅游产业在未来较长时期内健康快速增长，可从宏观、中观和微观三个层面加快会展旅游产业集群建设。

一、宏观层面

（一）做好会展旅游产业集群规划

上海、北京、广州等市会展旅游产业集群已过诞生期，正处于成长期的初期，根据会展产业集群的发展阶段理论和城市的区域属性，会展旅游产业集群的成长首先需要政府做好会展产业集群的各个方面的规划工作，才能推动产业集群形态和功能的快速形成。规划工作的开展主要从以下几个方面进行：一是从侧重形态角度做好会展产业集群空间格局规划，对产业集群的各构成要素作好空间上的有机布局和具体用地安排；二是从侧重产业和功能角度做好产业集群内主导产业与相关产业的产业规划；三是做好会展旅游产业集群与城市其他产业基地以及和会展的联动发展规划，并明确城市会展旅游产业集群在整个区域会展业格局中的地位；四是将会展旅游产业集群的发展纳入城市经济发展规划和城市建设规划当中来，统一规划管理，真正使会展旅游产业集群和谐稳定发展。

(二) 改善会展产业集群制度环境

为了改善城市会展旅游产业集群制度环境，增强这方面的竞争力，根据各城市会展旅游产业集群的发展现状、适应的发展模式以及集聚区特性研究制定有力、有效的政策，发挥政策环境的引导力，吸引相关产业企业向会展产业集群集聚。主要从以下三个方面进行推进：其一，加快会展业立法进度。明确展览业的管理部门、管理办法、展览活动主体，以及各方面的权利和义务，增强展览活动的透明度，规范展览市场。制定与国际接轨的区域会展企业行为规范，引导会展经营主体规范经营、公平竞争，维护会展市场秩序。其二，推进公共服务环境建设。重点推进会展行业服务标准建设以及会展业客户满意度体系、会展业诚信企业评估体系以及会展业信息统计共享体系的基础性系统开发。通过信息化、系统化和网络化途径整合会展产业集群内各行业的服务和信息，形成公开、便捷、共享的综合服务平台和联动机制，构建会展业健全的政府服务体系和社会化服务体系，发挥服务的集聚效应。其三，建立政策高地，激励会展专业服务公司和人才进入，鼓励相关功能机构向集聚区快速聚集。

(三) 建立城市会展旅游人才高地

知识经济时代，人力资源作为知识和创新的源泉已经成为竞争的焦点。我国会展旅游产业发展刚起步不久，会展业与旅游业从业人员的素质与国外会展旅游发达城市相比还存在一定差距，如会展业人力资源数量不多、专业结构不全、素质状况不高等。可以说，我国各地会展业人力资源的竞争力水平还较低，这对会展业的发展构成了一定的阻碍，发展会展产业集群需要积极实施有效措施努力改变这一落后现状。

为了打造城市会展旅游在人力资源方面的竞争力，我们需要通过人才的引进和培育，形成会展旅游产业集群的人才和信息高地。主要措施有两个：一是重点引进会展高素质人才和机构聚集到集聚区内。包括专业会展服务商组织者，目的地管理公司，专业会展策划、广告创意人才。二是政府适当投入，尽快培训本土化的会展专业人才，将会展专业人才教育纳入区域教育系统，形成一个规范化的会展专业人才教育机制。将会展专业教育的历史使命赋予各类高等院校，以其坚实的教育基础和丰富的教育资源，加快会展核心人才、辅助型人才、支持型人才的培养。依托高等院校和行业协会等组织，有计划、分步骤开展多层次、多渠道的会展职业教育和培训活动，规范会展职业教育和培训市场，实施会展职业上岗资格认证证书制度，形成各个级别和层次的会展管理和会展技术人才评估机制与专业人员聘用体系。

二、中观层面

（一）打造会展产业集群品牌竞争力

品牌是产业集群获取竞争优势的关键要素。世界著名的集群如美国的硅谷和意大利北部的皮具加工区，都有一个共同特点：企业品牌与集群品牌相互辉映、互相促进，创出一个具有全国乃至世界影响力的集群品牌，是一个现代产业集群成功的重要标志。知名的集群品牌能创造出惊人的综合价值，促进企业的迅速集聚，快速切入全球价值链并从中获取价值增值。

因此，我们要创新，要提高服务质量，多打造具有特色知名品牌展，增强整个会展旅游产业集群的竞争力。一是要瞄准国际著名会展企业，积极吸引国际知名会展品牌项目和会展企业落户。二是要培育具有自主知识产权的中国展览品牌，利用国际展览的资源，将中国单独展与国际博览会嫁接，实现优势互补。三是要鼓励国内会展企业以融资的方式直接整合国外展览品牌资源，联合打造中外合作的展览品牌。四是要鼓励会展企业及会展项目按照 UFI 标准进行运作，争取更多会展企业及会展品牌通过 UFI 认证。

（二）完善会展产业集群保障体系

要想发展好会展产业集群，就必须有一定的保障体系做后盾。会展保障体系是指为会展提供配套服务的一系列组织机构，既包括在会展活动中从来都不可或缺的传统服务商，也包括随着会展的繁荣发展而不断衍生出的一系列新型服务商。传统的服务商是为会展项目提供设计搭建、设备租赁、招商代理、广告策划、现场礼仪等服务的组织和人群。伴随分工合作专业化程度的提高，一批以提供行业咨询、管理信息系统、网络信息服务等新型服务商将有较大的发展,他们将与传统服务商一起服务于会展经济产业链中的各个环节,为会展业的发展提供了全方位的保障。

要保障会展产业集群整体的和谐发展,不仅要有会展产业和会展企业的迅速发展,还应该有其他相关产业和相关服务企业的联动发展。这主要是靠市场的推动,同时还靠政策的引导,吸引大量相关行业的企业机构入驻会展产业集聚区,是会展旅游产业集群发展的有力后勤保障。

(三) 发展会展产业集群创新能力

会展旅游产业集群的核心竞争力就是会展产业集群的创新能力。创新能力是会展旅游产业集群和会展产业向前发展的强大推动力,尤其是在同类会展日益增多的今天,创新能力为营造会展的差异性、增强会展的吸引力提供了重要保证。会展产业涉及面广、交易方式多样、区域空间跨度大、时效性强,在其形成和发展过程中通过所使用的技术方法、手段和理论的变革重新组合发展要素,会使会展产业资源配置效率显著提高。作为新兴行业的会展产业,成为会展产业集群和国民经济的主导产业的重要基础是其对新技术成果的广泛推广和应用,使会展产业集群成为知识、技术的主要吸纳者。虽然,由于存在产业差异和技术引入差异,会展产业作为会展产业集群的主导产业,并不是在每一个领域都要保持技术主导影响,但在会展产业所涉及的技术领域必须保持主导性影响。所以说,会展产业集群创新能力的发展是整个会展产业集群持续发展的核心保证。

三、微观层面

(一) 提高会展场馆竞争力

当前,我国许多城市展馆扩建速度与市场扩展速度不同步,致使部分展馆供求紧张,而且诸多展馆配套设施和服务还不十分完善。比如,上海新国际博览中心也还存在不少问题,如展位布局不够理想,地铁出口处至展馆的600米交通不便,停车位少,银行外币兑换不方便,IC卡电话机和国内外长途电话拨打处太少等。而且各地城市会展旅游业也面临着越来越严峻的竞争压力,近年来国内很多地方政府越来越重视会展业的发展,纷纷建场馆、出政策。如广州近16万平方米的新馆一期已落成,上海周边的杭州、南京、苏州、昆山等也相继在建造和计划建造大型展馆。各地都想把本地打造成为一个重要的会展目的地,从而加剧了地区之间尤其是城市之间的市场分流和替代性竞争。

基于市场竞争日趋激烈的发展现状，打造具有较高凝聚力的国际品牌会展产业集群，我们必须提高会展场馆的软硬件竞争力。应当联合政府、企业的力量，利用国内外资源，加大对市政设施和会展基础设施的投入，加快产业集群配套要素建设。在布局规划和政策配套的基础上，针对目前场馆建设进度慢，部分展会排不进档期的突出问题以及集聚区内的公共交通、停车场、宾馆住宿、会议设施、商务楼、商场购物、聚会场所以及公寓楼等功能要素不足的矛盾，着重推进配套要素建设，快速构造以商务会展为主导，包括休闲娱乐服务、购物和文化服务功能相适应的会展综合服务区，形成全面的产业发展和集聚区配套体系，使整个城市会展旅游产业集群在会展场馆的硬件设施和软件服务上都具有相当竞争力。

（二）加大营销推广和市场开拓力度

市场是产业和企业生存的基础，营销推广和市场开拓得当，能大大增加市场份额。会展产业集群在这方面的工作应该从以下两个方面着手：其一，以整个城市会展旅游产业集群为载体，在服务承诺的基础上，以优惠政策为杠杆，加大对国际协会性会议以及品牌展览的招商力度，提升整个会展产业产品的等级；其二，以会展产业集群内的某一个著名集聚区或者整个会展产业集群作为一个会展目的地进行整体包装，向国际和国内的会展组织者进行市场营销推介，进而推动会展产业集群进一步融入世界会展大环境。

（三）加快会展企业信息化建设

现代信息技术的发展为城市会展旅游产业集群的发展提供了强有力的技术支持，会展旅游产业完全可以利用它缩短同国外发达国家会展产业之间的差距。加快会展单位的信息化建设，可以从以下两个方面入手：一是在会展企业内部各个环节实施信息化，提高管理效率。信息技术能深入到会展的组织、扩展、管理及服务等各个方面，企业能通过它提高工作效率，强化监督控制能力，拓宽企业文化构建渠道和手段，实现管理科学化和规范化。二是构建会展电子商务平台。展馆信息、招展信息、会展信息、参展商和采购商的信息、招展过程和围绕展会各企业相互间的信息沟通都可以通过信息网络来实现。

本章小结

会展旅游产业是一个高度复合型的产业，会展旅游产业集群是以会议、展览活动等吸引物为核心，会展旅游相关企业在某一特定区域内聚集，为获得规模经济与聚集效应，依据专业化分工和协作需求建立起正式与非正式的关系而形成的一种更具活力的新型企业组合形式。会展旅游集群具有地理集中、产业关联、互动关系、环境共享以及创新性的基本特征。会展旅游产业链内的高度专业分工化和要素分布集聚性，要求会展旅游产业链中的成员能够消除行业和企业壁垒，实现纵向一体化和横向协作。为了有效促进会展旅游产业在未来较长时期内健康快速增长，必须从宏观、中观和微观三个层面加快会展旅游产业集群建设。

产业集群　纵向一体化　纵向集中　纵向联合　横向协作

1. 会展旅游产业集群具有哪些基本特征？
2. 会展旅游产业纵向一体化需处理好哪些环节问题？
3. 试述会展旅游产业集群如何实现结构优化。

长三角成会展业产业集群地

长三角地区是中国经济最发达区域，也是中国会展节庆产业生长条件最好、成长最快、竞争最激烈的区域，商务部研究院学术委员会秘书长、中国会展经济研究会蓝皮书课题组组长过聚荣教授日前在沪举行的第七届长三角投资发展论坛上表示，长三角地区已形成会展业产业集群效应，但应避免同类会展一哄而上，政府主导色彩过浓等发展"短板"。

据《2012年全国会展数据分析报告》显示，长三角地区正成为中国会展业发展的热点区域，苏浙沪两省一市去年共举办1969场展会，占全国总数的27%，其中上海共举办806场展会，展会数量居全国第一，过聚荣表示，长三角会展产业集群正形成以上海为龙头，带动江苏南京、苏州、南通，安徽合肥，浙江杭州、宁波、温州、义乌等会展城市，这个集群的特点是起点高、规划布局相对合理、贸易色彩浓厚、市场化程度高、区位优势明显、产业结构影响大且独具特色，其活跃的经济、便捷的交通、深厚的文化积淀为会展节庆产业的发展提供了良好的土壤，涌现了诸如杭州西博会这样享誉国内外的优秀会展节庆品牌。

　　但与此同时,长三角地区的会展节庆产业也面临着节庆活动数量众多甚至"野蛮生长"的现象,不少同类会展一哄而上,质量不高。比如以前"逢城必动漫"的动漫展,高峰时期几乎每座城市都在搞,而其相对应的动漫产业、衍生品消费等领域并没有形成良好的基础。再如近年来热度不减的水果采摘节庆活动,不少地方由政府主导主办,节庆期间各项活动"起蓬头",热闹非凡,节庆过后一片冷清,原本该在节庆活动中充当主体的果农、合作社、经销商等,却并没有从中得到多少真正的实惠。

　　过聚荣认为,节庆活动政府主导色彩过浓,已成为会展节庆活动发展的"短板",会展节庆的主体应回归到市场,政府完全可以在完善配套设施、提升行政能力、提高公共服务能力等方面给会展业发展保驾护航。

　　(资料来源:http://www.lipingov.cn/news/5814.htm,江浩,2013-10-26)

■讨论题

1. 相比于其他会展产业集群,长三角会展产业集群有何特点?
2. 针对长三角地区会展节庆出现的一些"短板",你有何建议?

第八章　会展旅游竞争力

①了解会展旅游竞争力的相关概念；②理解会展旅游竞争力的主要评价方法；③掌握培育会展旅游竞争力的基本途径。

第一节　会展旅游竞争力综述

一、会展旅游竞争力的界定

会展旅游的发展离不开其所依托的城市。因此，本书中所讨论的会展旅游竞争力实际上也是指会展旅游城市的竞争力。对于会展旅游城市竞争力的界定主要有以下两种代表性观点。

第一种观点指出会展城市竞争力是会展城市利用其既有的会展资源发展会展业，通过提供有吸引力的市场竞争环境而形成的资源集聚力、产品供应力、价值创造力和可持续发展的系统合力。

第二种观点是指在现代市场经济条件下，一个城市的会展旅游业在与其他城市的竞争中所体现出来的差别优势和城市综合素质。城市会展旅游竞争力不仅包括城市宏观上的发展如城市的社会、政治、经济、文化、环境等各方面因素，而且还包含与会展旅游业相关的微观发展，如企业的经营实力与管理水平等。

二、我国会展旅游竞争力现状

（一）竞争基础

地理位置、气候条件、基础设施、专项会展设施、旅游资源等是会展旅游获得竞争优势的条件。我国的一些大城市从发展会展业方面来看，拥有竞争优势，初步形成了以上海、北京、广州等大城市为中心的国际会展中心城市，并通过会展业带动都市旅游业的发展。近年来，随着政府对会展业地位和作用认识的深入，不少城市都积极发展会展业，桂林、南宁等城市的会展旅游业初具雏形，但同国际知名的会展城市相比，并没有真正显现出竞争优势。

（二）竞争对手

会展业具有较强消费能力和经济带动能力，但这种能力只有在与旅游业结合的时候才能发挥出来。会展旅游的突出特点表现为客户消费高、停留时间较长、团队规模大、营利性高、行业互动强，因此许多国家和地区热衷于发展会展旅游，希望通过会展旅游的发展带动当地经济发展，提高举办地的形象。这种强烈的市场需求促使这些国家和地区在同类会展活动中想方设法打造品牌，并努力寻求会展业和旅游业的最优结合方式。而参展商和观众面对众多类似会展活动进行选择，也将不断激励国家和地区维持品牌以获得竞争优势。我国的会展业一直由经贸部门管理和经营，旅游部门是最近几年才介入会展业。目前北京、上海等大城市在政府主导发展会展业中将会展业与旅游业密切结合在一起。我国会展业与国外相比在规模上存在很大差距，但近年来我国会展业发展速度，若以每年20%～30%的递增速度计算，我国会展业规模赶上西方会展大国仅需要10年左右的时间，但产业的发展不是仅仅建立在规模扩张的基础上的，认识产业素质上的差距是发展的关键。我国会展旅游产业素质与发达会展旅游国家和地区还有相当的差距，竞争的关键是要提高会展业的产业素质。

（三）竞争空间

目前，专业的会议组织者（PCO）凭借着专业能力和科研能力等优势比凭借场地和设备等优势的目的地管理公司（DMC）在会展旅游活动中具有更多的优势，并获得更多的利益。随着社会和经济的发展，传统的劳动力、土地和自然资源已经不再是竞争优势的关键部分，新的因子条件如熟练的劳动力和强大的科研基础将成为竞争的焦点。国际成功的会展旅游中形成了专业的会议组织者和目的地管理公司的分工体系,但目前我国会展旅游分工体系不明确,普遍缺乏对会展旅游中最重要角色的会议组织者的正确认识。

(四) 竞争规则

会展旅游作为会展业和旅游业衍生的结合物,需要会展部门、旅游部门及其支持行业部门紧密合作来共同完成。会展旅游涉及的两大主要产业旅游业和会展业都缺乏专门的法律法规对其市场行为进行规范。由于法律的不健全,我国举办会展过程中,政府干预及人为因素影响过多,使很多旅游企业不愿意进入会展旅游业。

三、会展旅游竞争力的影响因素

会展旅游竞争力是一个综合性的复杂系统,其影响因素包括多个方面,而要分析评价会展旅游竞争力,就首先要对影响竞争力的因素进行分析。

(一) 经济环境

经济发展水平对会展旅游城市竞争力的影响最为重要。因为任何会展旅游的展开都需要一定的经济实力和资金投入,而且城市经济发展水平影响到城市的基础设施建设、会展旅游的接待能力、发展方向等。

(二) 科技环境

当今会展旅游发展发达国家的高新技术已在会展旅游管理、营销、服务、展示以及教育培训等方面得到推广和应用,大大提高了经济效益、工作效率和服务质量。

(三) 社会文化环境

社会文化环境主要表现为政治稳定、社会安定,带给人们安全感和归属感,还表现为居民对会展的支持程度和居民的素质,这使游客对该城市产生一种亲和力。

(四) 自然环境

自然环境质量影响到居民和会展旅游者的身心健康以及会展旅游者工作的舒适程度。

（五）旅游资源

丰富的高品位及高知名度的旅游资源更容易吸引会展旅游者,从而使会展旅游竞争力提高,反之竞争力则要相对减弱。

（六）基础设施

基础设施是指地区可利用的各种设施及质量,不但包括城市交通服务能力,也包括通讯和供水、供电等生活服务方面,还包括海关、金融、商检、金融保险等商务服务方面。

（七）人力资源

高素质专业化会展旅游人才集聚能够使城市具备会展旅游专业化和产业高级化的条件。另外,人力资源利用自己掌握的知识和技术,不断地进行创新,提高企业经济效益,增强企业竞争力。

（八）企业竞争力

企业是经济的基本组织单元,只有具备人才、资金、技术、管理和规模优势的企业,才能在市场竞争中取胜。这里的企业竞争力主要是指会展企业的整体形象和企业组展办展的水平和能力。

（九）产业管理状况

会展旅游业管理的内容包括政府部门对行业的管理、产业政策、地方旅游法律法规以及地方性行业协会的管理等。

（十）相关及辅助产业状况

会展旅游的相关及辅助产业是指为会展旅游顺利开展而提供相关服务的一些产业,如宾馆、商检、金融、税收等。这些产业要与会展旅游紧密地结合起来,为会展旅游者提供全方位的服务。

总的来说,会展旅游城市竞争力是会展旅游综合实力的体现,影响竞争力的因素是十分复杂的,几乎涉及经济、社会领域的各个主要方面。除了以上十种影响因素外还包括其他很多因素,如国际政治、宗教文化、体制等因素,本书仅对以上十种因素进行探讨。

第二节 会展旅游竞争力评价方法

会展城市旅游业的评价方法主要有主观评价方法和客观评价方法。根据评价者主观上对各指标的重视程度来决定权重，进行综合评价的方法称为主观评价方法。根据各指标的联系程度或各指标所提供的信息量来决定指标的权重，进行综合评价的方法称为客观评价方法。主观评价方法主要包括层次分析法、模糊综合评价法、关联矩阵法等；客观评价法主要包括多元统计分析法中的因子分析法、主成分分析法等。

本章分别以层次分析法和因子分析法为例来分别讨论会展旅游竞争力的评价。

一、运用层次分析法对会展旅游竞争力进行评价

层次分析法（Analytic Hierarchy Process，AHP），是由美国运筹学家匹兹堡大学萨迪（T. L. Saaty）教授在20世纪70年代提出的一种将定性和定量相结合的、系统化、层次化的多目标决策分析方法。该方法的基本原理是把所要研究的复杂问题看作是一个大系统，通过对系统的多个因素的分析，划分出各因素间相互联系的有序层次，上一层次的元素对相邻的下一层次全部或部分元素起支配作用，从而形成自上而下的逐层支配关系。然后请专家对每一层次的各因素进行较客观的判断，相应地给出相对重要性的定量表示；进而建立数学模型，计算出每一层次全部或部分因素的相对重要性权重值，并加以排序；最后根据排序的结果进行决策和选择解决问题的办法。层次分析法往往与专家咨询法结合使用。专家咨询法又称德尔菲（Delphi）法，由美国学者赫尔默（Helmer）和达尔奇（Dalky）于1964年首先提出并投入应用。它是一种以问卷的形式对专家进行意见征询，然后汇总专家意见，并以之作为问题解答的一种方法。

（一）建立会展旅游竞争力的评价指标体系

建立会展旅游城市竞争力评价指标体系，关键是要确立整个指标体系的概念框架和构造，反映会展旅游城市竞争力各方面的具体指标。本文从结果和原因两个方面进行分析。从结果上看，竞争力直接表现为城市会展旅游的产出情

况，城市会展旅游的产出越多，说明会展旅游城市竞争力就越强。从原因上看，一切有助于会展旅游城市竞争力提升的因素，都是会展旅游城市竞争力所研究的对象。这里把反映竞争力结果的指标视为会展旅游城市竞争力的实现指标，把反映竞争实力和潜力的指标称为竞争力的直接和间接因素指标，而所有这些指标还必须在特定的环境支持力下发挥作用。因此，把反映竞争力环境状况的指标称为环境支持力指标。环境支持力指标其实质也是间接因素指标。在会展旅游城市竞争力指标体系的构建上，本文采取两套指标体系，即显示性指标和解释性指标。显示性指标从会展旅游城市竞争力的产出表现上，来表达会展旅游城市竞争力情况；解释性指标是反映会展旅游城市竞争力形成原因的指标。因此，将会展旅游城市竞争力评价指标体系分为6项显示性指标（包括全年会展展出面积总数、全年会展项目举办次数、全年会展业直接收入对城市经济发展的贡献率、全年参展企业通过参展达成的交易总额、会展企业数量、会展企业从业人数等）、4项环境支持力指标（包括经济环境、科技环境、社会文化环境、自然环境）、3项竞争潜力指标（包括旅游资源、基础设施、人力资源）和3项竞争实力指标（包括企业竞争力、产业管理状况、相关与辅助产业状况）。其中，环境支持力包含18项子指标、竞争潜力指标包括11项子指标、竞争实力指标包括15项子指标。整个体系共有50项评价指标。

指标体系从层次上来分析，可以分为四个层次：第一层为目标层，即会展旅游城市竞争力；第二层为准则层，即竞争业绩、环境支持力、竞争潜力和竞争实力；第三层为领域层，即由经济环境、技术环境、社会文化环境、自然环境、旅游资源、基础设施、人力资源、企业竞争力、产业管理状况、相关与辅助产业状况等10个指标组成；第四层为指标层，共有50个指标构成，其中，竞争业绩包含6个指标（D_1指全年会展展出面积总数，D_2指全年会展项目举办次数，D_3指全年会展业直接收入对城市经济发展的贡献率，D_4指全年参展企业通过参展达成的交易总额，D_5指会展企业数量，D_6指会展企业从业人数）、经济环境包含6个指标（D_7指城市经济总量，D_8指服务业发展水平，D_9指经济国际化程度，D_{10}指市场国际化程度，D_{11}指全员劳动生产力，D_{12}指产业集群指数）、科技环境包含2个指标（D_{13}指科技综合实力，D_{14}指科学技术在会展业中的应用程度）、社会文化环境包含7个指标（D_{15}指社会治安状况，D_{16}指城市规模，D_{17}指会展市场规范化程度，D_{18}指诚信意识，D_{19}指市民对会展旅游支持程度，D_{20}指城市会展旅游形象的主观评价，D_{21}指区位条件）、自然环境包含3个指标（D_{22}指城市环境质量指数，D_{23}指城市环境舒适度，D_{24}指环境优美度指数）、旅游资源包含3个指标（D_{25}指旅游资源品位，D_{26}指旅游资源丰度，D_{27}指旅游资源知名度）、基础设施包含5个指标（D_{28}指会展设施，D_{29}指旅游基础设施，D_{30}指对外基础设施，D_{31}指市内交通设施，D_{32}指信息技术设施）、人力资源包含 3 个指标（D_{33}指每万人拥有高等学校在校生数，D_{34}指会展人才学历水平，D_{35}指从业人员中培训比例）、企业竞争力包含 4 个指标（D_{36}指企业劳动生产率，D_{37}指主营业务利润率，D_{38}指资本积累率，D_{39}指流动资金周转率）、产业管理状况包含 6 个指标（D_{40}指政府管理水平，D_{41}指会展管理制度与机构建设，D_{42}指办展行政服务质量，D_{43}指会展发展产业政策，D_{44}指行业信息通报频率，D_{45}指行业协会发展水平）、相关与辅助产业状况包含 5 个指标（D_{46}指旅行社发展程度，D_{47}指饭店业发展程度，D_{48}指餐馆、购物和娱乐的便捷性，D_{49}指金融服务业发展状况，D_{50}指会展配套服务完善程度）。

（二）构造判断矩阵

在层次结构框架建立后，对于同一个准则，得到两两比较的相对重要性程度即用标度值来表示，排成一个矩阵，称为这个准则下各个方案的判断矩阵 A。

判断矩阵 A 满足以下条件：

$$A = (b_{ij})_{n \times n} \quad (1)$$

并满足

$$b_{ij} = 1/b_{ji} \quad i \neq j;\ i,\ j = 1,\ 2,\ \ldots,\ n \quad (2)$$

$$b_{ij} > 0 \quad (3)$$

式中：A 为判断矩阵；n 为两两比较因素的数目；b_{ij} 为因素 U_i 比 U_j 相对某一准则重要性的比例标度值。矩阵用以表示同一层次各个指标的相对重要性的判断值，它由若干位专家来判定。考虑到专家对若干指标直接评价权重的困难，根据心理学家提出的人区分信息等级的极限能力为"7 ± 2"的研究结论，AHP 方法在对指标的相对重要程度进行测量时，引入了九分位的相对重要的比例标度。b_{ij} 比例标度值的确定可采用萨蒂（T. L. Saaty）提出的 1-9 标度法。

（三）确定各指标权重

AHP 方法的信息基础是判断矩阵，利用排序原理，求得矩阵排序矢量，可计算各指标权重系数，具体计算步骤如下。

1. 计算判断矩阵 A 每一行元素的积 M_i：

$$M_i = \prod_{j=1}^{n} b_{ij}\ (i = 1,\ 2,\ \ldots,\ n) \quad (4)$$

2. 计算每行 M_i 的 n 次方根值：

$$\overline{W}_i = \sqrt[n]{M_i} \ (i = 1, 2, \ldots, n) \qquad (5)$$

式中 n 为矩阵的阶数。

3. 将向量 $(\overline{W}_1, \overline{W}_2, \ldots, \overline{W}_n)^T$ 归一化, 计算如下:

$$W_i = \overline{W}_i / \sum_{j=1}^{n} \overline{W}_j (i = 1, 2, \ldots, n) \qquad (6)$$

W_i 即为所求各指标权重系数。

比较判断矩阵总是一个正反矩阵,但是由于相对比较是两两独立进行的,于是不能保证判断矩阵是一致的。这样需要建立一个矩阵"不一致"程度的量化标准。

(四) 数据的统计计算

由于各指标物理意义各不相同,决定了指标数据不可能具有统一的量纲,而单位不统一无法进行综合评定,因此要将收集到的各种指标数据进行无量纲化处理。其转化公式为:

$$P_i = 10 \times D_i / \sum_{i=1}^{n} D_i (i = 1, 2, \ldots, n) \qquad (7)$$

式中 P_i 为指标转换后的无量纲值, D_i 为转换前的该指标值, 为所有评价会展旅游城市该指标值的总和。进行无量纲化后, 用加权求和多指标综合评价模型求得各会展旅游城市的综合评价值, 即把各评价指标的权重值和无量纲化指标值带入数学模型 $F = \sum Q_i P_i$ 中得到综合评价值。其中, F 为某会展旅游城市竞争力的综合评估结果值, Q_i 为第 i 个指标的权重值, P_i 为第 i 个指标的无量纲化指标值。

(五) 案例研究

下面运用层次分析法以上海和杭州为例对其会展旅游城市竞争力总体得分情况进行对比分析。

竞争业绩综合得分上海 0.4681 分, 杭州 0.0949 分; 环境竞争力综合得分上海 1.5143 分, 杭州 1.2419 分; 竞争潜力综合得分上海 0.6631 分, 杭州 0.4999 分; 竞争实力综合得分上海 3.5102 分, 杭州 1.3979 分; 总体得分上海 6.1557 分, 杭州 3.2346 分。因此, 上海明显高于杭州, 而且上海的各项准则层指标综合得分也均高于杭州的各指标综合得分。从领域层指标综合得分情况来看, 杭州大多数指标要低于上海市同类指标综合得分, 说明杭州与上海还是有比较明显的差距。而杭州在自然环境和旅游资源等两类指标的得分要优于上海。具体原因主要表现以下几个方面: 一是杭州城市环境舒适度以及环境优美度都比上海要高,而且环境质量状况与上海相当,主要是因为杭州为风景旅游城市,城市空气质量、水质量、噪声质量等均相当高,同时气候舒适,道路整洁,自然灾害频率也比较少。二是杭州旅游资源状况要优于上海。杭州在旅游资源的知名度与品位与上海相当,而杭州的旅游资源丰度较高。三是杭州在旅行社、饭店业方面要优于上海。另外,从指标层来看,杭州大部分指标的综合得分要低于上海,这主要是因为上海是我国经济、金融、贸易中心。

二、运用因子分析法对会展旅游竞争力进行评价

(一) 评价指标体系因子的确定

现确定会展旅游竞争力评价的 4 项一级指标和 46 项二级指标如表 8-1 所示。其中,F_i 代表 4 大类要素竞争力的评价指标,X_{ij} 代表直接观测的指标。

表 8-1 城市会展旅游竞争力评价指标体系

指标体系	一级指标	二级指标
城市会展旅游竞争力评价指标体系	经济环境竞争力(F_1)	X_{11}指城市常住人口(万人),X_{12}指城市户籍人口(万人),X_{13}指城市外来人口(万人),X_{14}指城市劳动力人口(万人),X_{15}指人均GDP(元),X_{16}指城市GDP占国家GDP比重,X_{17}指第三产业占GDP比重,X_{18}指在岗职工人数(万人),X_{19}指城市居民人均可支配收入(元),X_{110}指进口额(亿美元),X_{111}指出口额(亿美元),X_{112}指外商投资(亿美元),X_{113}指外贸依存度
	自然与社会环境竞争力(F_2)	X_{21}指货物周转量(亿吨公里),X_{22}指港口货物吞吐量(万吨),X_{23}指旅客周转量(亿人公里),X_{24}指机场旅客吞吐量(万人次),X_{25}指机场飞机起降次数(万架次),X_{26}指每万人国际互联网用户,X_{27}指每万人移动电话用户,X_{28}指城市供水量(亿立方米),X_{29}指电力消费量(亿千瓦时),X_{210}指人均公共绿地面积(平方米),X_{211}指每万人医疗机构床位数,X_{212}指文盲、半文盲占15岁及以上比例,X_{213}指每万人大专以上教育程度人口数(人),X_{214}指普通高校在校学生人数(人)

(续表 8-1)

指标体系	一级指标	二级指标
城市会展旅游竞争力评价指标体系	旅游产业环境竞争力（F_3）	X_{31}指产值利润率，X_{32}指市场占有率，X_{33}指4A及以上景区数，X_{34}指星级酒店数，X_{35}指星级酒店客房出租率，X_{36}指旅行社数，X_{37}指居民出外旅游人数（万人次），X_{38}指入境旅游人数（万人次），X_{39}指旅游企业营业收入（万元），X_{310}指国际旅游外汇收入（万美元），X_{311}指旅游企业人均实现利税（万元），X_{312}指旅游企业人均资产规模（万元），X_{313}指资产收益率，X_{314}指旅游从业人员培训比例
	会展企业竞争力（F_4）	X_{41}指主要场馆面积（万平方米），X_{42}指全年会展项目举办次数，X_{43}指全年会展经营收入（亿元），X_{44}指会展企业数量，X_{45}指会展企业从业人数

各一级指标和二级指标的含义说明如下。

1. 经济环境竞争力（F_1）

经济环境竞争力是城市会展旅游竞争力高低的基础，是城市发展会展旅游的前提，它由人口竞争力、经济规模质量结构竞争力、经济开放竞争力构成。

（1）人口竞争力可以通过城市常住人口（X_{11}）、城市户籍人口（X_{12}）、城市外来人口（X_{13}）、城市劳动力人口（X_{14}）等指标来反映。

（2）经济规模质量结构竞争力是城市是否适合发展会展旅游的核心要素，它可以通过人均GDP（X_{15}）、城市GDP占国家GDP比重（X_{16}）、第三产业占GDP比重（X_{17}）、在岗职工人数（X_{18}）和城市居民人均可支配收入（X_{19}）来反映。

（3）经济开放竞争力包含进口额（X_{110}）、出口额（X_{111}）、外商投资（X_{112}）和外贸依存度（X_{113}）等指标。其中，外贸依存度＝进出口总额/GDP，该指标衡量某地经济对外依赖程度的大小，是体现经济开放程度的重要指标。

2. 自然与社会环境竞争力（F_2）

自然与社会环境竞争力对城市会展旅游竞争力的提高具有支撑作用，是城市会展旅游可持续发展的保障。它由基础设施竞争力、生态环境竞争力、人才本体竞争力构成。①基础设施竞争力选择主要从交通通达度、信息通讯、能源等方面观测。其中，交通通达度指标用货物周转量（X_{21}）、港口货物吞吐量（X_{22}）、旅客周转量（X_{23}）、机场旅客吞吐量（X_{24}）和机场飞机起降次数（X_{25}）来表示。信息通讯指标用每万人国际互联网用户（X_{26}）、每万人移动电话用户（X_{27}）来观测。能源指标用城市供水量（X_{28}）、电力消费量（X_{29}）来表示。②生态环境竞争力选择的指标用人均公共绿地面积（X_{210}）来表示。③人才本体竞争力用国民素质指标来表示，包含人才健康水平、人才知识水平、人才技术水平、人力财富水平、人才能力水平及人才观念水平等。具体选择每万人医疗机构床位数（X_{211}），文盲、半文盲占15岁及以上比例（X_{212}），每万人大专以上教育程度人口数（X_{213}），普通高校在校学生人数（X_{214}）等指标来表示。

3. 旅游产业环境竞争力（F_3）

该指标是城市会展旅游竞争力间接的反映，主要包括旅游产品市场竞争力、旅游产业规模竞争力、客源市场竞争力、旅游产业效率。①旅游产品市场竞争力指标选择产值利润率（X_{31}）和旅游产业市场占有率（X_{32}）表示。其中，产值利润率＝利润总额/总产值×100%，旅游产业市场占有率＝城市旅游营业收入/全国旅游营业总收入，该指标表明城市旅游产业在国内市场竞争中所据有的实力地盘的大小，是体现产业市场扩张能力的重要指标。②旅游产业规模竞争力用4A级及以上景区数（X_{33}）、星级酒店数（X_{34}）、星级酒店客房出租率（X_{35}）、旅行社数（X_{36}）及居民出外旅游人数（X_{37}）来表示。其中，居民出外旅游人数指旅行社组团出境游及省内外游人数之和。③客源市场竞争力用入境旅游人数（X_{38}）、旅游企业营业收入（X_{39}）和国际旅游外汇收入（X_{310}）来表示。其中入境旅游人数指接待过夜国际旅客与国内旅客之和。④旅游产业效率在一定程度上反映了旅游业竞争力的质量，它是旅游产业生产效率的体现，可用旅游企业人均实现利税（X_{311}）、旅游企业人均资产规模（X_{312}）、资产收益率（X_{313}）和旅游从业人员培训比例（X_{314}）作为统计指标。

4. 会展企业竞争力（F_4）

该指标是城市会展旅游竞争力最直接的反映，是基于会展旅游业绩的竞争力，主要用主要场馆面积（X_{41}）、全年会展项目举办次数（X_{42}）、全年会展经营收入（X_{43}）、会展企业数量（X_{44}）和会展企业从业人数（X_{45}）等指标反映出来。

（二）案例研究

下面运用因子分析法以广州市为例对其会展旅游竞争力进行案例研究。

城市会展旅游竞争力主要受到经济环境竞争力、自然与社会环境竞争力、旅游产业环境竞争力及会展企业竞争力等4个方面因素的影响。因子分析结果表明46个评价指标分别属于4个主因子，其累计方差贡献率达到了80.838%，可以代表46个指标的评价信息。

另外，因子分析结果显示，第一主因子经济环境竞争力的方差贡献率为49.233%，说明其在所有因子中起主导作用。其次，本研究还表明自然与社会环境竞争力对城市会展旅游竞争力有重要影响，其方差贡献率为17.090%，旅游产业环境竞争力及会展企业竞争力的方差贡献率也分别为7.638%和6.877%。可见，经济环境竞争力是影响城市会展旅游竞争力的最重要因素，城市基础设施、生态环境和人才建设对提升城市会展旅游竞争力有重大影响。

第三节　培育会展旅游竞争力的途径

目前，我国会展业正在形成自己的产业服务体系，提出通过产业链整合提升我国会展旅游的竞争力，这将有利于我国的会展业从主要由政府参与和主导过渡到政府引导下的市场行为，促使旅游企业以积极的姿态参与到会展旅游中。会展旅游产业链将会展业、旅游业及相关行业整合到产业链下，使各企业调整自己的产业链结构，更好地融入会展旅游产业链的价值体系中。企业间协同效应的产生使会展旅游产业链的整体业绩优于单独企业业绩的总和，最终体现出多赢的商业优势。在此可通过企业之间战略联盟的建立和会展品牌、旅游品牌的整合与相互促进两方面对会展旅游产业链进行整合，从而进一步提升我国会展旅游的竞争力。

一、构建会展旅游产业链中的战略联盟

为满足会展旅游者多样化、个性化的需求，会展旅游呈现专业化的社会分工，专业的会议组织者、目的地管理公司、旅游企业及支持部门共同为提高会展旅游者的满意度服务。提供会展旅游服务企业间的竞争不再是单纯的单个企业间的竞争，而表现为一条产业链同另一条产业链竞争的趋势。在这种竞争环境下，任何企业都不可能完全孤立地长期开展生产经营活动和取得长期效益，企业要想保持持续竞争优势就必须与不同组织和企业进行合作。企业需要抓住最核心的业务而把非核心的业务转给上下游企业，通过相关企业联合，使链上企业达到同步协调运行，实现技术、信息、组织的集成，建立产业链企业间的战略联盟。参与会展旅游战略联盟的企业在密切合作的过程中保持着各自企业的独立性与平等性，既能有效地避免单个企业专业化服务水平不高、资源配置不合理的问题，又能有效地解决企业市场内部化问题。加盟企业通过战略联盟充分发挥会展业、旅

游业集中优势向外拓展业务，获取更多的市场机会和价值。会展旅游战略联盟中战略伙伴的选择、战略关系的定位、战略合作方式的选择影响着会展旅游战略联盟的成功。合作伙伴的选择通常由战略联盟中的旗舰企业选择实力和专业化水平相当，并愿意履行承诺的相关企业。理想的合作伙伴强调为战略联盟的兴旺而进行长期的战略合作，这就要求彼此战略和策略目标一致，以保证产业链中企业的紧密联系和产业链的相对稳定。总的来看，产业链中的战略联盟的企业是优势互补而不是竞争相同资源的企业，可以通过协议建立开放的合作关系。但各企业作为独立的经济个体有其自身的利益，并且组建战略联盟的最根本目的也是获得更多的利益，在合作过程中难免存在利益的分配问题、其他矛盾甚至冲突，这就要求联盟企业相互间以充分信任和相互合作为基础，强调长期的战略协作，强调共同努力实现共有的计划和解决共同问题。战略合作方式的选择就是企业以适当的形式与其他行业和企业结成命运共同体，有效利用联盟成员的优势和资源，以提升合作各方的整体竞争力。会展旅游旗舰企业可以专注于业务中的具有核心价值的核心环节，而把企业内部价值链上的次要环节外包给合作企业，逐渐形成完善的会展旅游产业链。也可以通过旅游企业和会展企业结成营销战略联盟，共同营造会展地的整体形象，这样既可以扩大会展旅游活动的影响力又可以吸引更多观众参与，从而推动会展旅游的整体发展。

二、会展旅游产业链中的品牌塑造

会展旅游产业链中品牌的塑造首要的一点就是要经营者与管理者树立牢固的品牌观念，认识到走品牌化的发展道路才是我国会展旅游快速发展的唯一途径。品牌的塑造涉及会展品牌和旅游品牌的整合和相互促进。会展品牌作为联系旅游企业的纽带，在扩大企业规模、提升服务质量、整合市场资源、强化市场营销等方面都发挥着重要的作用，旅游品牌则起到了辅助和支撑作用。对于会展旅游产业链来说，培育知名品牌是打造会展品牌、借助旅游品牌、形成会展旅游品牌，以一个整体对外宣传将潜在的旅游者转化为现实旅游者。

（一）打造会展品牌

品牌是营销者用于与目标市场进行沟通的特定的含义，用以区别不同销售者所售的产品或服务。会展品牌是一种会展主题和活动区别于其他会展主题和活动的标志。一个成功的会展品牌有适当的品牌名称，并在综合考虑各因素的基础上赋予品牌独特的内涵，是会展业在长期的发展中根据参加者的需求、市场的变化和国际社会发展趋势，借助会展本身的设施和服务、行业经济的发展、产业特色的吸引力、相关组织和机构的支持、城市形象的宣传等市场手段逐步建立起来的。成功的会展品牌表现在产业化、规模化、优质化、国际化、现代化几个方面。会展既是某一个行业水平的反映，又是某个行业发展的前瞻性反映。一方面体现在会展活动与当地产业结合，突出当地产业特色；另一方面体现在对优势产业的反映，使行业优势转化成会展优势和会展品牌，其会展的数量、质量、层次将会得到提高。会展规模化可以降低会展成本，吸引更多参展商和观众，也能更广泛地吸引旅游业的参与，有利于提高会展品牌的市场影响力。会展优质化在很大程度上取决于行业知名企业的参与程度，必须吸引知名的、有影响力的企业参与，借助他们的品牌来打造会展品牌。在全球经济一体化的今天，作为吸引外资、促进经济发展手段的会展应该是国际化的，表现为会展定位国际化、会展内容国际化、会展手段国际化等方面。会展现代化一方面表现在会展设施的现代化；另一方面表现在会展主题的时代性，会展展示的应该是划时代的科技进步，代表了各行各业的最新发展和研究的成果，各个行业都可以从会展中找到本行业的发展方向。品牌代表了规模、信誉和企业形象，许多展览会需要历经多年的培育，才能最终形成品牌。因此，不仅要通过提高展会实力来塑造品牌，更要采取严厉措施保护展会的知识产权，防止品牌侵权行为对会展品牌造成的不利影响。

（二）借助旅游品牌

在培育会展品牌的同时，必须加强会展业和旅游业的优势互补，借助会展带动旅游，旅游促进会展，打造市场认可的会展品牌。旅游业的加入将提升和丰富会展品牌的内涵，强化会展旅游产业链的带动性和辐射力，提高会展产品的品位和档次，扩大会展的规模和影响。借助旅游品牌的力量主要通过品牌共享、品牌联盟和联合宣传提升会展旅游的竞争力。会展旅游产业链中的会展品牌具有决定性影响力，通过与旅游业进行品牌联盟，双方的互补优势可以确定新的竞争优势，使会展企业和旅游企业的核心竞争能力得到壮大。这样，会展方面或者旅游方面做得比较出色，都会提高会展旅游的整体吸引力。另外，会展品牌的树立和维护需要广泛的宣传以获得品牌认知。在进行会展活动时，会展和旅游可以结合起来共同对外宣传、共同营造整体对外形象。除了宣传会展活动的优势外，还可突出当地丰富的旅游资源、高度发展的社会文明、完美的旅游接待服务、当地民众的热情好客和良好的社会环境等旅游方面的情况，为会展活动营造良好的舆论环境和社会环境，而在建设旅游目的地营销系统时，也可把城市会展资源和旅游资源整合进行推广。实施会展旅游品牌化是现代市场条件下增强自身竞争优势的必然选择，也是会展业和旅游业发展的重要基础。通过品牌化的措施对我国会展资源和旅游资源进行整合和深度利用，必定能集中国内的会展旅游优势资源，真正发挥会展业和旅游业在会展旅游产业链中的带动作用，不断提升会展旅游竞争实力，并在国际会展旅游市场中获取竞争优势。

本章小结

由于我国会展旅游业的发展以及它的现实意义，促使对其竞争力的评价成为会展旅游的关注热点之一。会展城市旅游业的评价方法主要有主观评价方法和客观评价方法；最常用的分析方法是层次分析法和因子分析法。对会展旅游竞争力的评价，必须结合会展旅游业所在城市发展的现状，建立城市会展旅游业竞争力评价的指标体系，并在此基础上对该城市会展旅游业竞争力进行客观的评价与比较研究。从而为城市会展旅游业的发展方向提供指引，为会展旅游经济决策与规划管理提供更为可靠的依据。目前，我国会展业正在形成自己的产业服务体系，可通过企业之间战略联盟的建立和会展品牌、旅游品牌的整合与相互促进两方面对会展旅游产业链进行整合，从而进一步提升我国会展旅游的竞争力。

本章关键词

会展旅游竞争力　影响因素　竞争力评价　层次分析法　因子分析法　评价指标体系

复习思考题

1. 结合实际谈谈你对会展旅游竞争力的理解。
2. 影响会展旅游竞争力的因素有哪些？可通过哪些途径对会展旅游竞争力进行评价？
3. 结合某一具体案例，说说怎样培育会展旅游竞争力。

综合案例

会展项目核心竞争力分析

会展项目竞争力分析是从展会本身出发，分析本展会与同主题的其他展会相比是否具有竞争优势。展会的竞争优势来源于很多方面，但对于一个展览主题已定的展会来说，展会定位的号召力、办展机构的品牌影响力、参展商和观众的构成、展会价格和展会服务等因素，对展会的竞争优势具有决定性的影响。

(1) 展会定位的号召力。展会定位是通过细分会展市场，找准目标参展商和观众，并清晰地让参展商和观众知道并认同该展会"是什么"和"有什么"。展会定位要能尽量反映展览主题所在产业的发展趋势，抓住该产业的热门话题，体现该产业的亮点和市场的特点，或者说，展会定位要能切实满足该产业某一细分市场的需求。如果展会定位做不到这一点，那么，该展会定位的行业号召力就不大，展会对参展商和观众的吸引力就不强。

(2) 办展机构的品牌影响力。从某种意义上说，展会就好比是一件商品，办展机构就是这件商品的生产商，办展机构的品牌既是这件商品的说明书，也是这件商品的质量保证书。办展机构的品牌对参展商和观众具有很大的影响，他们会基于对办展机构的品牌认同而认同他们举办的展会。办展机构的品牌影响力会延伸到其举办的展会上，形成展会的品牌效应，提高展会的档次、规格和权威性，扩大展会的影响。于是，在分析计划举办的展会是否可行时，认真分析办展机构的组成是否合理、是否具有品牌影响力，是分析展会竞争力的重要组成部分。

(3) 参展商和观众的构成。由于展会还没有举行，所以这里要分析的参展商和观众只是展会的目标参展商和目标观众。一个展会要有强大的竞争力，就离不开该展会展览主题所在产业里有代表性的企业对展会的大力支持，离不开该产业产品的大用户到会参观。所以，一方面，一个展会的参展商和观众的数量固然重要，因为没有一定数量的参展商和观众，就没有上规模的展会；另一方面，一个展会的参展商和观众的质量更加重要，因为一个展会档次的提高需要有他们的参与。可见，参展商和观众的构成是一个展会竞争力的重要组成部分。在分析展会的参展商和观众，不能只讲数量不讲质量。

(4) 展会价格。展会价格的高低直接影响着企业参展成本的大小，企业总是希望以最低的价格获取最大的收益，因此在其他一定的条件下，企业会选择那些价格较低的展会参展。展会价格是展会竞争力的主要组成部分，展会定价合理能在很大程度上提高展会的竞争力。

(5) 展会服务。展会服务包括展会筹备和展会举办过程中办展机构为该展会的参展商和观众提供的各种服务，也包括展会的服务商和营销中介单位为参展商和观众提供的服务。展会服务分为展前服务、展中服务和展后服务三个部分。展会服务是展会竞争力的主要组成部分之一。展会要尽量为参展商和观众提供专业、及时、优质和周到的服务。

在其他条件一定的情况下,展会的竞争力越大,展会的生命力就越强。因此,提高展会的竞争力是提高展会生命力的一条有效途径。

(资料来源:远东会展微信号 hljydhz,未知,2014-10-02)

■讨论题
1. 什么是会展项目竞争力?
2. 从哪些方面提高会展的项目竞争力?

第九章　会展旅游目的地形象策划与品牌管理

学习目标

①理解会展旅游目的地形象构成要素；②了解会展旅游目的地形象策划的途径；③了解会展旅游目的地形象品牌；④了解会展旅游目的地形象的传播。

第一节　会展旅游目的地形象策划

一、会展旅游目的地形象相关概念界定

随着社会发展，当今世界已慢慢步入形象时代，可以说形象就是实力和财富。会展旅游业的发展有着巨大的潜力，会展旅游目的地之间的竞争不仅仅是停留在会展设施等表面，而是如何策划独特、鲜明、有吸引力的会展旅游目的地形象。

（一）形象

"形象"在《现代汉语词典》中是指"能引起人的思想或感情活动的具体形状或姿态"。这说明形象也是表象，是客观事物或人物的本质特征的外在表象，是人对事物客观的认知。

认知心理学认为人对事物的知觉是一个复杂的过程，首先要通过感觉器官感知对象，然后在头脑中形成初始印象，之后又与已有的认知形成了一个认知形象，人们的行为也就由认知形象引发。因此，认知心理学认为人类认识外界事物的起点是感觉和知觉，建立在这个基础上的形象就是人们行为的指导。见

图 9 – 1。

形象是一个人对一个目的地的信任、意见及印象的总和。在西方,"形象"一词被称为"Image",是指人们对所认识的事物个人的、主观的理解,是建立在人脑信息处理过程基础上所形成的一种内在印象。

总体说来,以上对形象的研究均认为形象是客观事物留在人们心目中的总体印象。目前,对于形象的研究已经扩展到了企业形象、地区形象、城市形象、旅游地形象等相关的研究。

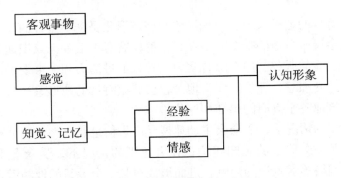

图 9 – 1　形象的心理学示意图

(二) 旅游地形象

旅游地首先是地理空间,空间认知是其最显著的特点,对旅游地的地理位置、地理景观的认知以及地理空间模式的形成是旅游地认知的基本的、核心的内容;其次,它包含有丰富、复杂的认知信息,不仅有独立物体的、个人的信息,还有大尺度的地域景观的、人与人之间的、社会的信息等。旅游地是旅游者进行旅游活动的主要场所,同时也是旅游经营者进行经营活动的空间。

旅游地形象是个体对某地的总体感知或全部印象总和,或者是对目的地的精神描写。旅游地形象实际上是一个系统形象,首先,从旅游者形象生成的过程看,有原生形象、引致形象和复合形象三个相互联系、逐层递进的形象层次。其次,从旅游目的地来看,有视觉形象、味觉形象、听觉形象和嗅觉形象等。最后,从旅游目的地内部看,又有旅游从业人员的服务形象、当地居民的形象和其他旅游者的形象;在空间范围内则有第一形象区的形象、最后形象区的形象、光环效应区的形象以及地标区、核心区和边缘区的形象。旅游地形象就是由这些不同类型、不同等级层次的一系列形象构成的形象系统。

（三）城市形象

每个城市都有自己的独特特点，表现为魅力不同的城市形象。城市形象是指城市的内外部公众对某一个城市的物质形态和精神形态所感受得出的印象和所作出的评价。影响城市形象的因素很多，有政治因素、经济发展水平、自然环境、市民素质等，城市形象的变化会对城市的生存与发展产生影响。

（四）会展旅游目的地形象

会展旅游目的地形象与旅游地形象和城市形象是密不可分的。会展旅游目的地形象是会展旅游地的受众和潜在目标群体有意识或者无意识地对该地开展会展旅游的设施与服务、内在综合实力、外显前进活力和未来发展前景的具体感知、总的感受和综合评价。广义地讲，会展旅游目的地形象是公众有意识或无意识地对该地各个方面的感知和评价。

在有意识的情况下，受众会主动地搜寻广告信息、咨询会展公司等渠道来形成自己对某一会展地的感知印象；在无意识的情况下，受众会受到大众传媒、口碑、网络等潜意识的影响，进而形成对某一会展目的地的潜在印象。

针对上述情况，会展旅游目的地形象策划就要发挥其优势，通过对会展旅游目的地形象的主动设计，树立有利于自身发展的会展旅游目的地形象，重视形象的传播、更新与维护。

二、会展旅游目的地形象研究的意义

无论从需求还是从供给的角度来讲，会展旅游目的地形象的研究对会展旅游的供给方和会展旅游的需求方都具有重要意义，为城市会展业的健康发展起到一定的引导作用。明确的会展旅游目的地形象可促进该城市的会展业完善自身的结构，优化资源配置，达到健康发展的目标。以会展企业为例，会展企业可以根据城市的形象制定出相应的会展旅游目的地形象，并且可以在对外宣传时与城市的形象保持一致，提升企业的知名度和竞争力，促进城市会展业的发展。

（一）会展旅游供给方

1. 为目的地城市带来经济效益

（1）良好的会展旅游目的地形象有利于增强会展地的吸引力，拓展客源市场。

(2) 有利于吸引外来资金、管理人才及先进的管理经验。

(3) 有利于会展地内各相关部门、企业同心协力、相互协作，发挥整体优势。

(4) 有利于会展旅游的宣传促销。

(5) 有利于会展地对外交流合作，与国际接轨。

2. 为目的地城市带来社会效益

(1) 良好的会展旅游目的地形象不仅有利于会展地的宣传，扩大影响，提高知名度，而且还可以营造良好的文化氛围，提高会展地整体素质。

(2) 会展旅游目的地形象是该地总体形象的重要组成部分，在一定程度上代表了一个会展地的总体形象。

(3) 良好的会展旅游目的地形象会鼓舞会展旅游工作者、政府和市民的共同奋斗精神，激发当地居民的主人翁意识、归属感和主动参与意识。

（二）会展旅游需求方

1. 有助于会展旅游者缩短决策时间

众多会展旅游地相互竞争，结果有可能使会展旅游组织者面对多数的会展旅游地而伤脑筋。因为他们可能要花很大的时间和精力来考虑会展旅游地的属性及其能带来的效益，如果此时某一个或者某几个会展旅游地以其独特、鲜明的形象凸现出来，就会帮助他们节省大量时间，以较小的风险做出会展旅游决策，从而缩短会展旅游者的出游决策时间。

2. 有助于增强会展旅游者的购买信心

会展旅游目的地形象较之一般物质产品的形象更为重要。会展旅游地作为一种特殊的旅游产品，具有无形性的特点。会展旅游者只能够预期其品质，这就导致会展旅游者在做出购买决策时对自己将要享受到的服务没有很大的把握，因而，良好的会展旅游目的地形象可以增强旅游者的购买信心和决策。如新加坡和香港就是注重会展旅游形象策划而使其会展旅游业长盛不衰的成功典范。会展旅游目的地形象一旦以独特的方式广为人知，就会产生巨大的招徕力量。

3. 有助于诱发会展旅游者的出游动机

国外旅游研究表明，形象是吸引旅游者最关键的因素之一，"形象"使旅游者产生一种追求感，进而驱使旅游者前往某一旅游地。会展旅游目的地形象往往会成为会展旅游组织者做出旅游决策的影响因素。会展旅游产品可以依靠形象的传播，使会展旅游组织者成为潜在会展旅游者，从而使其产生会展旅游动机，并最终做出旅游决策。

三、会展旅游目的地形象设计的内容

会展旅游目的地形象设计的内容可以有三个层次：会展旅游目的地整体形象设计、会展场馆形象设计和会展与展位形象设计。

（一）会展旅游目的地整体形象设计

因为国内会展旅游发展时间还短，鉴于大多数的会展旅游目的地都是旅游城市，所以借鉴城市旅游形象的设计。会展旅游目的地整体形象设计的整体性表现为以会展理念识别（MI）、会展行为识别（BI）、会展视觉识别（VI）和会展听觉识别（AI）四个层面相互联系、影响而形成一个密不可分的整体。

2008年北京奥运会会徽——"舞动的北京"（见图9-2）是一座奥林匹克里程碑。它是用中华民族精神镌刻、古老文明意蕴书写、华夏子孙品格铸就出的一首奥林匹克史诗中的经典华章；它简洁而深刻，展示着一个城市的演进与发展；它凝重而浪漫，体现着一个民族的思想与情怀。

图9-2　2008年北京奥运会会徽

1999年，昆明"人与自然——迈向二十一世纪"世界园艺博览会会徽见图9-3。

（二）会展场馆形象设计

图9-3　1999年昆明世界园艺博览会会徽

作为会展活动开展的主要场所，会展场馆的形象设计是会展旅游目的地形象设计的主要环节，它往往形成了会展旅游者对会展旅游目的地形象的第一印象，是会展旅游目的地展示给会展旅游者的第一张名片。会展旅游目的地场馆形象设计要遵循一定原则：定位与选址适当，基础设施的建设、会展地的综合配套功能、设计理念以参展商为本，会展场馆建筑鲜明独特（见图9-4、图9-5）。

图9-4 韩国国家馆主题：美丽城市，多彩生活　　图9-5 荷兰国家馆主题：快乐街

（三）会展与展位形象设计

展位设计当然要美观，容易记忆，但根本任务则是帮助展出者达到展览的目的。展位要能反映出展出者的形象，既要达到能吸引参观者的注意力，又要能提供工作的功能环境，如会谈、展示、咨询、休息等展位的基本功能。展位传统上往往是向顾客传播产品与信息的地方，展位形象代表着参展企业的形象和产品形象，它应该成为一个充分利用时空以令人愉悦、以娱乐方式传播信息的中心。展位设计过程中要注意：展位形象创意不应过于怪异、离谱；展位形象应体现地域文化气息；展位形象应注重立体的布展方式和新颖真切的实景体验；展位形象要突出特色；展位形象设计要注意颜色的心理效应。

四、会展旅游目的地形象策划方法

（一）策划基础——会展旅游目的地形象调查

1. 会展旅游目的地形象构成要素调查

会展旅游目的地形象的构成要素可分为核心要素和基础要素两部分，核心要素是该会展形象的重要组成部分，基础要素是该会展形象的基础组成部分，两个方面是相辅相成的。基础要素的完善，能够为核心要素提供支持和保障，使核心要素表现得更加明显；核心要素的不断提升又会相应地促进基础要素的不断改进和提高。见图9-6。

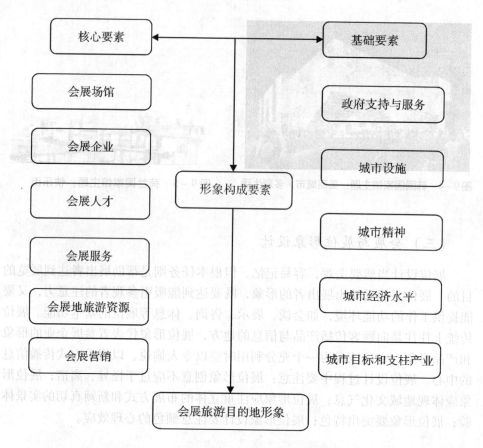

图9-6 会展旅游目的地形象构成要素

（1）核心要素。核心要素包括六个方面：①会展场馆。任何一个知名的会展城市都有大型的会展中心，甚至在有些城市，大型会展中心同时也是一个旅游景点，是该城市的标志性建筑物，已经融入市民的生活中。比如，因香港回归而闻名的香港会议展览中心，现在就是市民休闲的好去处，同时也是内地游客参观的一个旅游景点。②会展企业。会展企业类型多样，包括会展策划组织企业、会展场馆物业企业、相关服务企业等等，本文中的会展企业仅指会展策划组织企业。会展企业是城市会展业发展中必不可少的一环。企业的规模、企业的管理水平、企业的数量等对于城市会展形象的塑造而言，都是非常重要的，因此会展企业也是城市会展形象的一个强有力的表现。③会展人才。会展人才可以为会展活动提供更齐全、更详尽的管理和支持，可以保证会展活动的顺利实施，是人们感受一个城市会展形象的表现要素。在下一次同类型的会展活动举办时，可能还会选择上次自己对会展人才印象较好的城市。因此，会展人才的数量和质量对于树立一个城市会展形象的作用是不容忽视的。④会展服务。会展服务是我们在构筑城市会展形象时必须要重视的一个环节，服务质量好能提升目的地在人们头脑中的印象，可以间接地起到对会展目的地的促销作用，能够使城市在今后的招商引资方面拥有更多的优势。由于会展业强大的关联性，所以对服务的要求也是多种多样的，不仅要求会展公司提供完善的服务，对会展活动现场人员的服务也是要被重视的。⑤会展地旅游资源。知名会展举办地一般旅游资源独特、丰富，且旅游形象鲜明，易于会展参与者记忆。展览会的举办或会议的召开，通常在大都市或旅游胜地，或是两者兼备的优秀旅游城市。这些地方具有接待旅客的良好基础条件和丰富的接待经验，具有知名的高品位的旅游景点和便于到达的交通设施，一方面为展会参加者的参观旅游提供了便利的条件；另一方面也能激发起他们旅游观光的动机，使他们在选择放松休闲的活动方式时，将到附近景区旅游作为他们的首选。⑥会展营销。营销是形象传播的有利辅助条件之一，形象的宣传也必然需要一定的营销手段。对于城市会展形象来说，营销的目的就是让人们注意到这个城市的会展形象，从而吸引更多的人前来参加会展活动。因此，营销是城市会展形象要素中必不可少的一个部分。会展营销是指政府的营销策略和会展企业的营销策略两个方面。

（2）基础要素。基础要素包括五个方面：①政府的支持与服务。政府的支持和完善的管理可以给会展活动提供更为长久的生命力，可以创造出一个更利于会展业发展的环境，创造出一个更有秩序的环境，是城市会展形象必不可少的一个要素。②城市设施。一个城市设施的完善程度是人们来到这个城市所首先感觉到的因素，它能否为人们提供便利的需求，直接影响着这个城市在人们头脑中的印象。③城市精神。城市精神是指生活在城市中的人们在改造自然、社会和自我的活动中，共同创造出的行为规范、风俗习惯，以及是否具有一种能够容纳外来文化的精神状态。如果一个城市的居民对于外来者持不欢迎的态度，那么这个城市在外来者印象中就不会很好。因此，这也是城市会展形象的一个表现方面。④城市经济水平。会展活动总是在经济较为发达的城市和地区举办。会展业要求城市具有一定的经济水平，因此经济水平是城市会展形象的一个要素构成。⑤城市目标和支柱产业。在发达国家，会展业的发展体现出与城市发展目标相一致，趋向于城市支柱产业的趋势。比如，汉诺威的支柱产业是工业，它的名牌展会是德国汉诺威工业博览会；巴黎是一个时尚之都，它的化妆品展和时装展就非常出名。因此，在分析城市会展形象时，城市目标和支柱产业也是一个重要的因素。

2. 人—地感知形象设计

会展旅游目的地形象的策划就是要充分展现地方的特性，挖掘和体现深层次的地方韵味。

会展旅游目的地形象识别系统设计主要包括会展理念识别（Mind Identity，MI）、会展行为识别（Behavior Identity，BI）、会展视觉识别（Vision Identity，VI）和会展听觉识别（Audition Identity，AI）。

（1）会展理念识别（MI）是会展价值观的对外展示，它是进行会展CI策划的核心内容。所谓会展理念，指包括会展定位、会展品牌形象定位、办展方式、会展价值、客户利益、会展规范、会展发展策略等在内的有关会展的指导思想和行为准则。其主体是会展经营理念，包括会展目标、会展精神、会展价值观和行为准则等。会展理念属于精神层面的东西，任何一个会展活动，都需要一种理念的维系。

一个会展理念可以用很长的一段话进行表述，但欲使该理念得到广大客户乃至公众的认同，应当将理念浓缩为一两句朗朗上口的精辟文字，形成某一会展活动的"基本信条"。应当注意的是，这些"精辟文字"不是凭空想象出来的，亦不是靠美丽的辞藻堆砌，而是会展企业理念的概括、浓缩和抽象，是会展企业全体员工为之奋斗的目标。通过这些简单的词句，受众能够更好地了解会展企业的目标，以增强会展的感染力和社会影响力。如2008年北京奥运会的主题口号"同一个世界，同一个梦想"，文简意深，深刻地反映了北京奥运会的核心理念，体现了作为"绿色奥运、科技奥运、人文奥运"三大理念的核心和灵魂的"人文奥运"所蕴含的"和谐"的价值观。奥运会既是中国的，更是世界的，口号集中体现了奥林匹克精神的实质和普遍价值观——团结、友谊、进步、和谐、参与和梦想，表达了世界在奥林匹克精神感召下追求人类美好未来的共同愿望。

（2）会展行为识别（BI）是会展全体员工对内对外的行为准则。对内包括管理制度、管理模式、员工培训、礼仪规范、人际沟通等，对外包括会展公共关系网络的建立、市场开拓、营销和广告推广宣传等。会展行为识别（BI）是会展理念的延续和实践，也是会展行为的对外展现，具体包括：会展服务活动、会展营销、会展工作人员行为、会展现场相关活动等。

会展行为识别（BI）是对会展理念识别（MI）的具体化，是将会展理念识别（MI）的部分内容"有形化"而使会展目标客户对会展内容"看得见，摸得着"。会展行为识别（BI）作为会展理念识别（MI）的外化，必须秉承会展理念识别（MI）的统一性和个性化特征，需要与会展理念识别（MI）的口径统一，步调一致。

（3）会展视觉识别（VI）乃是通过视觉化的符号、图案、色彩和文字，来展示会展形象。会展视觉识别（VI）主要包括会展标志（LOGO）、会展现场布置、会展标准色、会展标准字、会展标准信封和信笺、会展吉祥物、会展广告设计、会展工作人员统一制服等等。其中，会展标志给人以丰富的联想；会展现场布置令参展商和观众身临其境体验会展的氛围效果；会展的标准色、标准字、标准信封和信笺体现了会展的档次和办展的规范性；会展吉祥物给人以很强的亲和力；会展广告设计则直接关系到会展形象的本身。所有上述元素，都能够带给目标客户最直接的视觉刺激，加深其对会展活动的印象。

会展视觉识别（VI）在设计上特别强调设计的目标性、视辨性、美观性和合法性。目标性指会展视觉识别不能脱离会展的品牌形象定位，要以准确地传播会展品牌形象为目标；视辨性指会展视觉识别要容易为大众所理解，符合会展举办地的风俗习惯；美观性指会展视觉识别在设计上要美观、简洁、大方；合法性指会展视觉识别（VI）的有关符号、图案要符合会展举办地的法律规定。如大连国际服装节，该节庆项目从第二届起就有节徽。

（4）会展听觉识别（AI），就是通过声音和以声音为主传播手段的媒介，来展示会展活动的一种方式。会展听觉识别（AI）主要包括会展的品牌名称、标识语、广告用语、会展标识音乐和会展主题歌等等。会展听觉识别（AI）从听觉方面感染会展目标受众，用以传播会展形象。如中国—东盟博览会会歌《相聚到永久》，传统与时尚感兼备，易于传唱，歌名和歌词切合博览会主题，"相聚"和"永久"概括了博览会内容特点，又涵盖了人类友谊、合作、发展和繁荣的共同愿望。会展听觉识别（AI）是对会展理念识别（MI）、会展行为识别（BI）、会展视觉识别（VI）的有益补充，对于会展目标受众更好地认知会展活动有很大的作用。

在会展形象识别四个层面中，会展理念识别（MI）是CI的基础，起着"软件导向"的作用，一定程度上决定着会展活动的成败。会展理念识别（MI）一经形成将通过两种媒体对外传播。其中会展行为识别（BI）是动态传播，借助实物显示出会展理念识别（MI）的内涵。如果没有会展理念识别（MI），会展视觉识别（VI）、会展听觉识别（AI）将只能是简单的装饰品，CI系统也就失去了生命力。反之，如果没有会展视觉识别（VI）和会展听觉识别（AI）发挥作用，会展理念识别（MI）也无法有效地传播和进行表现。只有四者高度统一，有机结合，才能塑造一个尽可能完美的会展形象。所有这些设计都要遵循一个基本原则——体现和表现当地最具特色的地方精神，融入本地文化于其中。

3. 人—人感知形象设计

人—地感知形象系统中主要影响会展旅游者的感官感受，而人—人感知形象系统则会深刻地影响会展旅游者的内心感受，乃至整个会展旅游经历的最后满意度。人—地感知形象设计是为会展旅游地建立一个赏心悦目的形象，而人—人感知形象设计则要为会展目的地树立一个愉心、动心的形象。赏心悦目的会展旅游目的地是吸引会展参与者的重要因素，是眼球经济；愉心、动心的目的地可以为参会者留下深刻难忘的记忆，是故地重游的重要心理因素。

影响会展旅游目的地形象的人为因素主要有三类人的行为：

（1）会展旅游目的地从业人员。会展旅游目的地从业人员的服务行为直接影响游客满意度。它包括两种形象：①一般接待服务形象。一般接待服务包括所谓旅游、交通、住宿餐饮、运输等相关行业的配套服务，涉及各个层面的企业。需要注意的是，支持会展服务企业的形象设计毕竟是彼此独立地进行的，作为会展旅游形象的重要部分，参会者形成形象是一个综合的过程，因此，企业的形象设计还须与会展目的地的"地域性"或"文脉气质"相结合。②会展服务形象。会展服务是在会议与展览期间主办方为会议展览参与者所提供的一种服务产品。广义的会展服务，既包括发生在会议或展览现场的租赁、广告、保安、清洁、展品运输、仓储、展位搭建等专业服务，也包括一般接待服务。会展服务人员是参展者接触旅游目的地的一个窗口，会展形象乃至整个旅游目的地形象可来自于每一个员工与参展者接触的工作岗位。此外，如果将会展旅游目的地的各个景点看作服务企业，那么每个景点也应该拥有自己的文化内涵，其服务人员应该有统一的着装、服务特色和服务口号。

（2）当地居民。当地居民是会展旅游目的地的重要组成部分，当地居民的态度与行为会间接影响游客满意度。

一般来说，居民是目的地中人数最多的一类，但大部分居民并不直接从事与会展旅游者接触的工作。他们分布面广，他们的生活方式、语言、服饰、活动行为等等自然地成为旅游者眼中目的地的一部分，与风景同样被作为观赏（观察）的对象。当地居民从外表到性格的行为特征都构成一种形象——居民形象，是一种"地方性"的居民形象。居民的地方性的形象是目的地重要的吸引因素，也是旅游满意水平的重要来源。会展旅游目的地应倡导市民文明的言行举止规范，培育健康、守法、安全、有序的行为风尚；提倡对游客热情、友好、真诚的态度，严禁欺诈游客的行为。因此，应着力提高市民的艺术文化修养。

（3）其他会展参加者。对于会展旅游目的地形象，旅游者的旅游满意度还受到其他旅游者的影响，其他参会者的行为可以通过影响会展旅游地的社会环境容量，影响游客满意度。

从其他旅游者与其关系的密切程度来看，可将其他旅游者划分为三类：①与会展旅游者结伴同行的亲朋好友；②不相识的其他会展参与者；③参观旅游中的不相识的其他旅游者。上述三种人，在旅游过程中都可能与旅游者发生相应的人际认知关系，从而影响旅游者的感受。

（二）策划核心——会展旅游目的地形象定位与口号设计

1. 会展旅游目的地形象定位

会展举办地要成为具有影响力的会展旅游目的地，那么如何在受众分析、会展旅游目的地形象构成要素分析的基础上对展会进行定位就成为核心问题。

（1）会展旅游目标群体分析。对客源市场进行细分，识别出目标群体，然后确定一个或几个目标市场进行相对准确的形象定位。长期以来，传播学研究以"传者—媒介"为中心，受众研究得不到足够的重视，认为受众只是被动地接受"刺激—反应"，这种认知随着传播学发展逐渐被新的理论替代。

（2）会展旅游地分析。结合地理文脉的旅游地类型和空间层次来分析会展旅游地所具备的旅游资源类型，以及在目标群体心理的位置。

（3）会展形象定位的方法。主要有领先定位法、比附定位法、全新定位法。①领先定位法。在目标群体心里会依据会展旅游目的地的不同位置和属性建立自有的形象阶梯，在形象阶梯中占据第一位置的就有领先的形象。会展旅游地可依据本地所拥有的独一无二的旅游资源进行定位。②比附定位法。比附定位是避开第一位，抢占第二位。参照会展旅游发展好的国家、地区进行定位。③全新定位法。在一个从来没有举办过具有一定规格的会展活动的地方，经过地方各个层面的精心打造，将其包装成一个崭新的、引人瞩目的会展旅游目的地。

2. 会展旅游目的地形象口号设计

会展旅游目的地形象定位的最终表述，往往以一句主题口号加以概括。口号是旅游者易于接受的了解旅游地形象的最有效的方式之一，会展旅游目的地形象主题口号的设计要结合以下基本原则：

（1）地方特征——口号内容源自于文脉。口号的实质内容必须来源于地方独特性，来源于会展目的地所在的地理文脉，唯有充分挖掘和深刻分析目的地的地域背景，发现和提取地方性的元素融入主题口号中，才能避免过于空洞、单调。

（2）行业特征——表达针对会展受众。口号的制定必须充分了解受众的心理需求和偏好，会展旅游目的地形象口号诉求体现会展行业和旅游行业的特征，使受众轻易认识到这是会展旅游地宣传口号。

（3）时代特征——语言表达体现时代性。会展旅游目的地形象主题口号在表述方面要反映时代特征与时代气息，反映一个会展举办地的旅游特点。

（4）广告效果——形式借鉴广告。会展旅游目的地形象口号的设计要具备广告号召力、创意力和艺术力，以期达到既宣传会展的目的的同时，也激发参会者的旅游动机。

宣传口号是形象构筑的一个外在表现。在制定宣传口号时要具有独特性、富有时代感，同地方文脉相通，并且要与城市的总体战略目标相关联。如2010年上海世博会的主题口号是"城市让生活更美好"，英文是"Better city, better life"。副主题是"城市多元文化的融合、城市经济的繁荣、城市科技的创新、城市社区的重塑、城市和乡村的互动"。吉祥物是"海宝"。这一宣传口号同上海旅游口号、上海市整体会展形象相关。上海是一个兼容并蓄的城市，这个口号要能够反映出上海的整体会展形象，其含义不仅能说明上海市会展业的发展和城市的发展，还能说明上海是亚洲的精彩地区，而且正在不断完善和发展中。

（三）会展旅游目的地形象策划的整合

在市场调研的基础上确定会展活动的定位是会展形象策划的一大前提。会展旅游目的地的形象除了通过各个独立的形象要素表现之外，还存在一种综合性的整体形象。从形象设计的角度来看，目的地整体形象是通过对各种形象要素的整合实现的。形象整合的主要方式有会展主题策划、节事活动、其他活动的举办。

1. 会展主题策划

如果说定位是一个细分目标客户、选择差异化价值的过程，那么会展主题的策划则是一个谋划达到目标或事业成功的预测及其思维的过程，也是对一项计划活动进行决策之前的构思、探索和设计的过程。

会展主题策划，是确定会展主题并围绕主题策划会展活动的过程；它是策划者所要传达的中心信息，并通过这一信息刺激并约束参与者的行为，使他们能够依循策划者的信息去完成工作；它统帅着整个会展策划的创意、构成、方案、形象等各个要素，贯穿于整个会展策划之中，并把各种因素紧密地结合起来。

（1）会展主题策划的内涵。无论是会议还是展览，都需要有明确的主题。主题可以是一个或相近相关的几个，但绝不能没有主题，也不能有太多的主题；而且主题要鲜明，因为这是会展运作专业化的重要表现之一。同时，会展主题策划也是重复办展和培育会展品牌形象的重要手段之一。

（2）会展主题的含义。会展主题是对会展的指导思想、宗旨、目的和要求等最凝练的概括与表述，是统领会展各个环节的"纲"，并贯穿会展活动始终。会展主题是会展最精髓的部分，也称为会展主题思想；它是一个成功展会的灵魂和精髓，常在会展中通过具体的艺术形式表现出来。

（3）会展主题的艺术化。不管是主题的内容，还是主题的形式都要经过一定的艺术加工和提炼。经过提炼后的主题，应简练、新颖、流畅、易记、上口，并能很好地表达出活动的意图。会展主题的提炼通常采用以下几种方法：借用法、归纳提炼法、加工提炼法。

（4）会展主题策划的三要素：会展策划目标、策划对象的信息个性、会展参与者的心理需求。会展策划目标构成策划主题的基础和依据；信息个性使策划主题针对特定的策划对象；会展参与者的心理需求使策划主题有了生动的活力。

（5）点、线、面式主题策划。点状：以微观的点为会展主题，如以某一具体产品为会展主题，如昆明园艺博览会。线状：以某一事物及其时间、空间、产业相关链条为会展主题，如2004年青岛国际专业灯光、音响、舞台设备与技术展。面状：以事关国家、地区经济、社会全方位的事项为会展主题，如2010年上海世博会。

（6）网络策划。在进行会展主题策划时，可以采用网络调查的方式，集思广益，讨论与决定会展主题的取舍。网络策划利用了现代科技手段，既扩大了影响，又提高了会展的成功率。就像奥运会这样大型活动在会徽图案、吉祥物等的选定上需要征询人们的意见一样，一些大型的会展活动，例如，2006年沈阳世界园艺博览会在会展主题的策划上就曾登报征求沈阳市民的意见，既扩展了思路，又扩大了影响。

2. 节事活动

节事旅游（Event Tourism）专指以各种节日（Festivals）、盛事（Special Events，Mega-events）的庆祝和举办为核心吸引力的一种特殊旅游形式。节事活动的举办因其暂时性和短暂性，而可以将高质量的产品、服务、娱乐、背景、人力等众多因素围绕某一主题组织和整合，集中大众媒体的传播报道，迅速提升会展目的地的知名度和美誉度。而且对于会展目的地来说，举办节事活动具有广泛的意义，不仅能大大增强旅游吸引力，使原来那些静止与固定的旅游吸引物（如当地的自然和人文景观）变得生气勃勃，营造良好而浓厚的旅游氛围，同时又能作为很好的催化剂促进旅游地将各种要素组织、协作和发展。甚至旅游节事本身就是旅游地形象的塑造者，举办大型的旅游活动和盛事就是形象塑造的过程。以整合旅游地形象各要素，塑造和传播目的地形象为目标的节事旅游策划和设计，关键是选择和发展标志性的旅游节庆（Hallmark Event），其中节事的主题和级别最为重要。

3. 其他活动的举办

除了每年定期的节事活动外，会展旅游目的地还可以根据本地的"地脉、文脉"结合时代背景举办各类艺术活动；不仅有国内的，更要有国外的；不仅要有流行大众的，尤其要有经典的和世界顶级的。借此宣传城市形象和提高国际知名度。

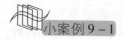
小案例 9-1

上海：瞄准世界级"会展之都"

时下，随着可展览面积 50 万平方米的国家会展中心开门迎客，上海已成为全球为数不多的"百万级"会展城市。据上海市商务委的数据显示，2014年上海举办各类展览 755 个，其中 70% 为国际展，展览面积近 1300 万平方米，展览项目数和展览面积均居国内之首。

然而，不少会展界权威人士指出，在全球展览市场重心东移的大趋势下，瞄准世界级的"会展之都"，上海会展业的转型刻不容缓。

"马达"岂能装在"马车"上

一位互联网企业高管说，现在的移动互联网与展览业的关系，就像当年汽车进入工业化生产的前夕，有人将"马达"装在"马车"上，不兼容、不匹配。阿里巴巴副总裁梁春晓说，电商与会展都属于商务服务，但两者并非"你死我活"的关系。淘宝上现有 3 亿多消费者，"碎片化"的消费正变成巨大的潮流，展会如何吸引这部分消费群体，值得会展业思考。

腾讯上海总经理张立军认为，会展要充分"嫁接"移动互联网：展会前，用微信向目标进行精准推送；展会中，通过微信"移动导览"，发布展会信息，为观众提供咨询服务，发布产品信息，并用微信进行支付等；展会后，利用微信获得的信息进行大数据分析，进行会后跟踪服务。

但眼下，上海展览"跨界"融合的步子仍不够大。载体与内容的相辅相成，是会展业转型的关键，移动终端的"马达"如果还安在传统展览的"马车"上，恐怕难以合拍。

"任性"的资本找不到投资方向

能否用资本撬动展览，通过并购实现企业规模的跨越和展示内容的翻新？

不少会展机构认为，中国的展览业缺乏合适的投资对象，资本虽然"任性"，但绝不会无的放矢。

上海会展行业协会会长陈先进说，国内的展览发展基本是"自然生长"，即通过10～20年培育一个品牌展览；而现在，国际展览市场流行通过并购实现跨越式发展。对此，一位业内人士表示，国内展览界之所以鲜见并购案例，主要是因为好的展览"种子"太少，有的品牌展是企业苦心培育多年的，当然舍不得出手；而多数则是"拷贝"或刚刚创立的展览，市场影响力不大，又有其他相似展览的"影子"，国际买家不感兴趣。说到底，国内展览市场有些"虚胖"，真正有市场影响力、有号召力的品牌就那么几个，这是国际资本游离于国内会展市场之外的症结所在。

当然，资本是"识货"的。湖北尚格会展公司通过"深耕"二三线城市，成功培育出连锁汽车展、智能家居建材展、婚博会等品牌展，成为中国首家办展规模超100万平方米的民营会展公司。2012年，风投机构大举注资尚格。凭借资本扩张，尚格吸引更多展览机构加盟他们的连锁展，市场规模呈爆发式增长。

"局部过剩"会否导致恶性竞争

13家展馆、100万平方米展览面积，上海展览业会不会因展馆"吃不饱"而陷入恶性竞争呢？

日前，有人向国家会展中心董事长王志平发问："国展中心是否会利用自己的规模优势，将现有展会'平移'过来？"尽管国家会展中心目前已经确立的400万平方米展示面积中，有220万平方米属于新办展或是从外省市转移过来的展览，但不可否认，上海展览场馆的"结构性过剩"将引发一场新的竞争。

与此同时，全国展览业增速也在放缓。中国国际展览中心集团总裁蔡国枫介绍，去年全国办展面积7110万平方米，比上年仅增长2.6%，而且这将成为一种"新常态"。"粥多僧少"，上海展馆市场如何创出"向心力"？蔡国枫建议"三管齐下"："展馆＋服务增值"，提升质量效益；"平台＋智能技术"建设智慧展览；"绿色＋低碳节能"建设生态展馆。

更多国际展览界专家建议从发达国家的实践中汲取转型智慧。励展博览集团主席陆思奇说，竞争性的格局中更要制定清晰的"游戏规则"。巴黎展览馆集团首席执行官雷诺介绍了法国的经验——10万平方米的大型展览有"档期"优先选择权，展馆在确定了大型展览后，公布每年的"展览日历"，统一价格，便于中小展览"对号入座"，形成有序的"错位竞争"。香港贸发局副总裁周启良说，要学会在创新中创造新的增量。比如，香港曾有一个著名的钻石珠宝展，非常火，后来主办方将其"一分为二"，钻石和珠宝各办一个展，参展商由此增加了15%，而且各自都办出了特色。

（资料来源：http://www.ceff-asia.com/，未知，2015-02-05）

第二节 会展旅游目的地品牌效应与品牌维护

在会展业，品牌效应是一个展会或相关企业最为宝贵的财富，没有品牌就意味着没有足够数量和质量的参展商。一般非名牌的专业性展会最大的收入就是展位费，参展商的数量决定了一个展会能否收回成本，而参展商的质量又决定了能否吸引到有效的观众也就是购买商，有效的购买力又是一个展会能否继续办下去、能否成为名牌的重要条件。如此的循环需要的资源并非能在短期内达到。正如某些参展商所说："任何一家公司和企业都不敢贸然参加一个只有一年历史的展会。"

一、相关概念连接

作为新兴的旅游产品，会展旅游已成为国内旅游业重要的客源市场和竞相竞争的目标市场，而未来会展旅游市场的竞争将更多地表现为品牌竞争。要在竞争中取胜，就要走品牌的道路。要理解会展旅游品牌需要了解品牌的一般含义。

（一）品牌

品牌的代表性定义主要有四种：

第一种是符号说。营销大师菲利浦·科特勒的定义为，品牌是一个名称、标记、符号或设计，或是它们的组合运用，其目的是借以辨识某个销售者或某群销售者的产品或服务，并使之同竞争对手的产品和服务区别开来。

第二种是综合说。世界著名广告大师奥格威对品牌的定义为，品牌是一种错综复杂的象征，它是品牌的属性、名称、包装、价格、历史、广告风格的无形组合；品牌同时也因消费者对其使用的印象及自身的经验而有所界定。

第三种是关系说。该定义认为品牌是消费者如何感受一个产品，它代表消费者在其生活中对产品与服务的感受而滋生的信任、相关性与意义的总和。这种定义主要是从消费者角度来考虑，品牌的认可最终是由消费者来决定。

第四种是资源说。这种定义主要是从品牌价值来考虑，认为品牌资产是一种超越生产、商品及有形资产以外的价值。

综上所述，品牌是一种综合体现产品（服务）核心价值的符号、标志，它的实质是维系产品（服务）与消费者之间的关系，品牌对品牌拥有者来讲是一种资源。

（二）会展旅游品牌

1. 概念

会展旅游品牌是会展旅游经营者在其产品及服务上确立的代表其产品及服务形象的名称、标记或符号，或是它们的相互组合，使之区别于竞争对手。具体来说，会展旅游品牌是建立在地方旅游资源相对优势和独特性的基础上，是由具有该地区特色的会展形成的精粹，是品牌会展与其他优质旅游资源的有机结合。

从层次和表现形式上看，包括了会展旅游地品牌、会展旅游企业品牌、会展旅游产品品牌三种。其中会展旅游地品牌是公共品牌，不为某一特定的会展旅游企业所有，而是为某地区政府和所有的会展旅游企业所共享。由于具体会展旅游企业为追求自身利益最大化，一般不能或不愿直接为会展旅游地品牌的培育投入资金和人力，故政府是会展旅游地品牌创建和管理的重要主体，但企业尤其是优势企业是旅游地品牌形成和发展的基础动力，因此也是会展旅游地品牌创建和管理的主体。会展旅游企业品牌是会展旅游企业拥有的品牌，而会展旅游产品品牌则是会展旅游企业品牌的重要组成部分，因此它们的经营主体都是会展旅游企业。

2. 特征

会展旅游品牌具有自身的明显特征，主要有四种特征：

（1）地域性。会展旅游品牌是在会展举办地形成的，与其他区域相比，在自然背景、历史文脉、旅游资源、经济发展等方面存在着差异，因而带有很强的地域特色。如，北京——中国的政治文化中心，其会展旅游即以政府性会议居多，集中了全国各类政治学术会议的50%，"红色会议"是北京会展旅游品牌的重中之重。

（2）文化性。会展旅游地品牌构成要素中最具竞争力、冲击力、生命力的部分是文化底蕴，具有特殊文化品格和精神气质的城市，是最具吸引力并且让人难以忘怀的。一个城市只有保持它所固有的特色，在历史和文化的传统上不断塑造和美化自己，才会具有真正的、永恒的魅力。以广州为例，自公元前

214年秦统一岭南、建筑番禺城2000多年以来，广州城的中心一直未变，这种城市历史的延续性在全国城市中都是罕见的。所以，一些专家指出，改革开放给广州这座古城带来了勃勃生机，用"不老的广州"来形容它最为贴切，它既有千年的悠久历史，又在继承传统的基础上不断创新。也正是由于这种古老与现代的融合，每年广州都吸引着国内外众多游客来此领略独特的岭南文化。

（3）层次性。会展旅游品牌要实现高标准、高起点的发展，会展旅游地必须有明确的品牌定位，进而以此为基础，通过会展旅游品牌企业创建和推广具体的会展旅游产品品牌来支持会展旅游地的品牌。例如，亚洲著名会展地新加坡，在2004年推出了"非常新加坡"的会展旅游地品牌，并通过推出"商界精英汇聚新加坡Make it Singapore"活动，很好地推动了其品牌的发展。

（4）整体性。会展旅游品牌作为有机联系的整体，是一个由会展旅游地品牌、品牌会展、旅游资源组成的复杂的、有序的动态系统，是多方面的综合体。整体性是对会展旅游地多种资源的整合与提炼，从而凝聚成会展旅游品牌的独特内容和表现形式。

3. 构建

会展旅游品牌的构建可以从四个方面着手，即会展旅游市场定位、会展旅游产品品牌定位、会展旅游产品品牌开发和会展旅游产品品牌提升。

（1）会展旅游市场定位。配套完善的基础设施、高水准的服务质量、高度的开放性、广泛的对外交往及独具特色的旅游资源是成功举办会展旅游的基本条件。我国有影响力的大型国际会展旅游市场目前已被北京、上海、广州等发达城市所垄断，一般的会展旅游市场则出现了"热带丛林""列强纷争"竞争局面。例如，海南扬长避短，扬自己优美的生态环境及多姿古朴的本土文化，充分发挥自己独特的有别于国内其他地区的优良生态环境优势，充分展示"生态岛、健康岛、最佳人居环境和最佳度假胜地"的形象。

（2）会展旅游产品品牌定位。会展旅游产品品牌定位总的要求是以市场为导向，突出特色，鲜明主题，展示文化，吸引参与者和参观者。

（3）会展旅游产品品牌开发。根据国内外经验，会展旅游品牌的塑造，只有与当地的支柱产业和特色相结合，才有可能获得成功。

（4）会展旅游产品品牌提升。品牌提升的目的是为了应对竞争。根据市场营销理论，一个企业的品牌组合中各种品牌一般充当四种角色，即战略性品牌、关键品牌、金牛品牌和银弹品牌，其中银弹品牌是提升企业品牌的关键。银弹品牌是能正面影响其他品牌形象的品牌或正品牌（子品牌），是创造、改变或维持品牌形象（主品牌）的力量或工具。

4. 塑造原则

会展旅游品牌的塑造需遵循以下三个原则。

（1）特色性原则。会展旅游品牌的地域性和文化性特点就是从不同角度体现着会展旅游地的独特个性，即区别于其他地区的特色，因此在塑造会展旅游品牌时要遵循特色性原则。具体来说，就是在会展旅游品牌创建时要充分考虑利用当地特有的区位、文化、会展活动、旅游资源等的特色性，尽量避免与相邻地区产品的雷同，从而形成竞争优势。尤其在具体的会展旅游品牌开发中，要充分挖掘当地文化的典型特征，把地方文化特色融入会展旅游品牌的价值构成中。

（2）系统性原则。系统概念最初是由奥地利学者贝塔朗菲在研究生物学时提出的，是指相互作用着的若干要素的复合体。尽管之后国内外学者均提出了自己的定义，但有三项是普遍、本质的：一是系统的整体性；二是系统由相互作用和相互依存的要素组成；三是系统受环境影响和干扰，与环境相互发生作用。任何品牌的创建和发展也都是一个系统工程，应准确进行主题定位，优化资源配置，创造特色，同时还要注意品牌战略、品牌管理等相关问题。对于会展旅游来说，会展旅游地的发展现状分析是前提；会展旅游发展潜力、会展品牌发展现状分析是会展旅游地品牌定位和会展旅游具体品牌建设的依据；相关会展旅游产品的开发是会展旅游品牌发展的基础；会展旅游发展软硬环境的改进和完善是会展旅游品牌健康发展的保障。

（3）互动性原则。作为会展旅游形成的基础，会展业和旅游业之间有着一种天然耦合的关系，两者之间有着明显的互动。旅游业是会展业的条件相关产业，会展业是旅游业的动力相关产业；没有会展就没有会展旅游，没有旅游业也无法开展会展活动，二者相互依存、互为因果。因此，只有当会展与旅游充分地互动、有机地结合，才可真正形成会展旅游这一新的旅游形式。同样，也只有当优秀的旅游资源和知名的品牌会展相结合，才会产生共振效应，使旅游与会展的潜力得以完全释放，最终产生会展旅游品牌。

因此，在创建会展旅游品牌的开始，就要考虑到会展与旅游的互动，让旅游企业也能加入到会展活动的策划、宣传、接待工作之中，使会展与旅游真正融合。

二、会展旅游目的地品牌效应

会展业的发展有赖于会展品牌的形成，而品牌的形成有助于会展资源的深度利用。我们可以把品牌比作放大镜，企业的经营资源犹如阳光，通过品牌进行企业资源的有效整合，形成能量，并调整好市场推广的焦距，肯定能引发良好的市场效益。

（一）提升效应

会展旅游目的地品牌的塑造可以提升会展举办地的知名度，扩大举办地的对外影响。它会在短时间内将人流、物流、资金流和信息流聚集到会展举办地，成为当地、全国乃至世界关注的亮点，对会展举办地的知名度和美誉度会有一个很大的提升。

（二）关联效应

会展旅游目的地品牌的塑造可以辐射、带动相关产业和其他行业，为其带来巨大商机，也为旅游业带来更多的客源。

（三）共振效应

优秀的旅游资源和知名的会展品牌相结合，将会产生共振效应，使旅游与会展的潜力得以完全释放。

（四）经济效应

会展旅游目的地形象的塑造有助于改善社会环境，创造投资机会，带动会展举办地经济的发展。会展业的发展带来经济的持续发展、健全的配套设施、完善的服务体系，反过来这些又会促进会展业的进一步发展。

（五）形象效应

会展旅游目的地形象的塑造不仅仅表现为外在形象上，而且对举办地的城市建设、旅游新景点的开辟都有很大的带动性，为举办地整体形象和旅游形象的树立与宣传也起到促进作用。如杭州举办的西湖博览会，是对整个城市功能的展示和检验。举办西湖博览会使市容环境和城市功能均得到很大改善，提升了杭州城市发展的国际水平。而且，杭州旅游业的发展速度也很快，加之优越的地理位置，进一步带动了展会在杭州的举办，而展会的举办，也将吸引大量的客流到杭州，促进杭州旅游业产业结构的调整与发展，促进会展与旅游的进一步融合。

（六）宣传效应

来自四面八方的会展参加者会成为当地旅游资源的宣传者，他们口碑的宣传可以提高当地旅游景区的影响力、旅游形象和对外的知名度。

（七）延伸效应

会展的举办地和举办者对会展的关注和期望不应局限于一时的轰动效应和短期的经济利益，而应该是追求一种长久效应，使会展形成的影响力在时间上得以延伸、在空间上得以辐射。如上海市在城市建设过程中，注重品牌会展硬件设施的打造，通过几次高级别的国际会议，极大地提升了上海的"会展之都"的形象。2010年世界博览会的申办成功就证明了上海吸引国际会议在此举办的魅力。

（八）展后效应

为举办会展而建的场馆和设施，一部分将会转化为旅游吸引力，成为新的旅游景点。如昆明举办的世界园艺博览会，在展会后相关展位被利用起来并带动云南省其他旅游景区迅速扬名于国内外，促进了云南旅游业的发展，扩大宣传了云南旅游形象。

三、会展旅游目的地品牌的维护

市场环境从来都不是一成不变的，恰恰相反，永远在变化是唯一的不变。关注自己在市场中所处的竞争地位以及竞争对手的定位，知己知彼方可百战不殆。成型的品牌展会随着市场环境的变化以及竞争的需要也面临着定位转型的问题。因此，实施会展旅游目的地品牌的维护显得日趋重要。维护会展旅游目的地品牌要树立一定的意识。

（一）加大对会展旅游的宣传力度，消除人们的认识误区

经过多年的发展，会展经济的魅力也逐渐为人们所熟知。但是对会展旅游这一新事物，大多数人还是知之甚少，甚至存在观念误区。因此，政府和从事会展、旅游的相关人士要大力宣传会展旅游的特点、优势和国外会展旅游的发展状况，引导大众特别是旅游企业的领导全面科学地认识会展旅游的作用，并提高普通群众的会展旅游意识和参与度。

（二）充分发挥政府在发展会展旅游中的重要作用，加强政府对会展旅游发展的宏观调控和政策方面的支持力度

一方面，政府应将发展会展旅游作为促进城市经济发展的重要环节，重视

其发展并提供相应的政策扶持;另一方面,要建立健全管理机构,加强会展的招徕、管理、接待和售后服务工作。据悉,日本、新加坡和中国香港等国家和地区都在他们的旅游管理机构下设会展局,专门负责发展会展旅游。我国内地也可参照这种做法,在旅游局下设会展处或类似机构。

(三) 成立会展行业协会和专业会展旅行社

在市场经济环境中,对行业的管理主要是由行业协会通过制定行业自律标准来实现。

在成立会展行业协会方面,国内一些地方已走在前面。1998年6月,由中国国际贸易促进委员会北京市分会发起,北京组建了我国第一家国际会展业的中介组织——北京国际会议展览业协会;此后,上海、山东等地也相继组建了会展业协会,制定了会展协会章程,旨在支持公平竞争,反对欺诈行为,改善、优化展览业市场环境,更好地协调、管理和规范会展业的市场秩序。

事实证明,行业协会的工作收到了良好的成效,其他地方也应尽快有所动作。另外,政府要鼓励和支持有实力的企业和个人率先开办专业会展旅行社,专门从事会展旅游产品的开发和推广,并形成自己的特色。

(四) 打造会展旅游城市或目的地

城市形象在会展旅游竞争中具有重要意义,一个城市拥有了强势形象和品牌,就等于拥有了一种直接影响消费者、投资者决策的力量。良好的城市形象,除了凸现城市的吸引力和魅力外,还能形成一种强大的凝聚力、辐射力,成为扩大对外交往、吸引投资和游人的"金字招牌",可以把无形的精神财富转化为有形的物质财富。

(五) 加强会展旅游人才的培养

会展旅游是集政治、经济、文化、科技等于一身的综合服务产业,它要求会展服务人员具备较强的综合素质和特殊的专业能力。所以,发展会展旅游要注重会展人才的培养。建议条件成熟的综合性或财经类高等院校尽快开设会展专业或在旅游专业下设会展旅游方向。另外,有关职能部门也要定期或不定期地开办会展从业人员职业培训。

(六) 加强会展旅游促销力度

由于会展旅游的综合性强、牵涉面广,单靠会展企业的实力往往难以在激烈的市场竞争中取胜,这时特别需要政府方面的支持。因此,政府部门应致力于城市整体形象的宣传和推广，有关领导要充分重视并身体力行，宣传、促销城市会展旅游产品，并尽可能赢得一些有影响力的会展举办权。此外，还可邀请影视明星或文体界名人担任"中国会展旅游形象大使"，推广、宣传中国的会展旅游产品。

（七）加强与城市之间的协调合作

虽然实行差异化战略，能避免雷同和充分发挥自己的特色和竞争优势，但各地区加强合作更重要。只有合理布局、统筹规划，才能实现优势互补，树立会展旅游的整体品牌。在发展会展旅游方面，北京、上海、广州已走在前面，南京、苏州、大连、青岛等城市也有不少可取之处。其他地方的会展企业要善于学习，敢于追赶，争取形成你追我赶、共同进步的会展旅游业新格局，为中国旅游业的发展再添新功。

（八）健全有关会展旅游的法律法规

目前，我国举办会展的法律法规十分不健全，旅游行政管理部门还没有从扩大国际旅游业的角度，以法律法规的形式来促进会展旅游业的发展。据悉，现在关于会展的法律法规仅有1995年9月22日外经贸部颁布的《关于出国（境）举办招商和办展等经贸活动的管理办法》，且已不能适应当前形势发展的需要。而在国外，日本等国为发展会展旅游业颁布了《通过促销和举办国际会议等振兴国际旅游法》，作用明显。建议我国的旅游行政管理部门参照日本的做法，颁布类似的地方性行政法规，从而改变发展会展旅游无法可依、无章可循的局面。

小案例 9-2

桂林旅博会：以品牌会展助推现代服务业发展

"秀美桂林，博览天下。"近年来，在桂林建设国际旅游胜地上升为国家战略的大背景下，中国桂林国际旅游博览会（以下简称"桂林旅博会"）作为推进国际旅游胜地的重要载体，正在以更开放的姿态，更专业的品牌会展服务，助推现代服务业发展。

推动现代服务业大发展，是加快经济发展方式转变和经济结构调整的战略任务。2013年2月，广西壮族自治区人民政府出台《关于加快推进桂林国家服务业综合改革试点工作的意见》，要求以加快转变服务业发展方式为主线，围绕建设桂林国际旅游胜地、历史文化名城、生态山水名城目标，重点打造国际旅游胜地、区域旅游与会展创新示范区和社会化养老创新示范区，促进重点服务产业协同发展，深化服务业领域改革。

目前，桂林市正在探索旅游业与会展业的融合发展，全力打造桂林旅博会、联合国世界旅游组织/亚太旅游协会旅游趋势与展望国际论坛和桂林国际山水文化旅游节三大品牌会展活动，同时完善会展服务产业链，提高会展现代化管理水平，着力建设国际性会展城市。

在桂林旅博会等品牌会展活动的助力推动下，桂林市提升桂林国际会展中心的功能，加强对外宣传推广，引进、申办大型国际会展和会议落户桂林。大力促进交通、旅游、酒店、餐饮、通讯、翻译、广告等会展配套服务业的发展，充分发挥大型会展集团的龙头作用，加快发展中小型专业会展企业，强化各类会展企业、宾馆酒店、旅游服务相互配套和分工合作，提高会展业整体竞争力，向高端会展商务旅游发展。

同时，桂林市正在完善、建立服务业产业协同新模式，以城带乡、以旅促农，打造城乡服务业体系。即以商务会展、生态旅游、社会化养老为重点，促进现代物流、商贸流通、金融保险、信息、餐饮住宿、文化娱乐、医疗保健、教育培训、休闲体育等服务业的发展，加强产业之间的有机联系，形成服务业产业网链。

有关专家指出，加快推进桂林国家服务业综合改革试点工作，有利于充分发挥桂林市生态资源丰富、区位条件优越、文化底蕴深厚的综合优势，依托桂林旅博会等品牌会展活动助推现代服务业发展，从而进一步促进当地经济社会的加速发展、转型发展和跨越发展。

（资料来源：http://news.xinmin.cn/shehui/2015/02/06/26753085.html，未知，2015-02-06）

第三节　会展旅游目的地形象传播

一、会展旅游目的地形象传播的重要性

会展旅游目的地形象是会展品牌在参展商和观众心目中的反映，是会展品牌在参展商和观众头脑中的折射。会展品牌必须通过各种传播手段才能到达参

展商和观众,使参展商和观众对展会产生认知。

会展旅游目的地的形象在今天一切以形象为导向的传播社会,已成为一个贯穿城市、旅游地发展过程的重要因素,因此,越来越多的会展旅游地开始将形象设计和形象传播从传统的旅游地宣传和促销中独立出来,进行专门的形象策划。形象策划包括形象设计和形象传播两个相对独立的子系统,设计出来的形象如果不能以有效的途径加以传播,就不能实现形象策划的根本目标。因此,形象传播是形象设计的后续要求,是必须引起关注的一个重要环节。

二、会展旅游目的地形象传播的基础——受众分析

受众是接受大众传播信息的人,也就是传播的对象。市场营销策划大师菲利浦·科特勒在研究地理区域的市场营销时,特别指出一个地区具有7类需要重视的行销对象:①新居民。想移居某地的人。②观光者。包括旅游者和出差的公务人员。③工厂人员。想建工厂、能决定厂址的管理人员。④公司总部。给大公司总部或分公司指挥部选择办公地区的人。⑤小企业主。选择生活和居住地的小私营企业和小商业人员。⑥投资商。能为某地提供资金的房地产投资商和一些借贷金融机构。⑦产品采购员。专门采购各地之实物产品与服务产品的人。

这7类对象对一个地区的发展非常重要,他们不仅在选择地区时拥有不同的标准,而且对同一地区拥有不同的评价印象,即同一地区在上述7类行销对象心中具有不同的形象认知。

会展旅游目的地是一类比较独特的地理区域,其形象的传播对象显然以目标参展商和观众、组展机构和内部员工为主。这些人构成一个城市和地区旅游形象传播的受众。

三、形象传播的主要渠道与一般策略

(一)形象传播原则

会展品牌传播有两类目标受众:目标参展商和观众、组展机构和内部员工。组展机构的内部员工是会展品牌传播不能忽视的一个重要目标受众。由于会展业的服务业特性,展会工作人员的服务态度直接影响到参展商和观众对展会的主观评价,展会工作人员在服务中的任何不周、疏忽、不到位和脱节,都会对展会的声誉产生负面的影响。因此,会展品牌传播必须要让组展机构的内

部员工了解展会的品牌追求，只有这样，才能使他们自觉地支持和配合组展机构建立会展品牌形象。由于会展旅游目的地形象的传播面对双重目标受众以及会展业的服务业特征，其传播必须遵循以下原则：

（1）尽量提供有形的线索。会展品牌定位和品牌个性等都是无形的东西，参展商和观众看不见、摸不着，印象自然不会深刻。要将这些无形的东西化为有形的线索，如标志、符号、图案、标识语、数据和形象的比喻等，让参展商和观众能更直接地认知展会。

（2）只承诺展会能提供的或者是参展商和观众能看到的东西。传播所做的承诺会使参展商和观众对会展抱有期望，如果对某些没有把握的服务标准做出承诺，会对展会本身造成极大的压力。一旦这些承诺不能变为现实，展会的形象将大打折扣。

（3）重视口碑传播。口碑传播对展会形象有巨大的影响，众人口碑是组展机构无法控制的传播渠道，但组展机构可以通过努力，尽量建立展会良好的口碑，如尽量让已经对展会感到满意的顾客告诉其他人他们对展会的满意度有多高；制作一些资料让展会现在的顾客传递给潜在的顾客；重视对那些"意见领袖"的宣传推广工作；等等。

（4）让内部员工也熟悉传播的内容。展会本质上是对一种服务的提供，它不是一件有形的产品，它的品质需要展会服务提供者的配合。不要把内部员工排除在会展品牌传播的受众之外，要让内部员工自觉地提供高质量的服务，对工作有责任感和荣誉感，使员工与参展商和观众互动，向参展商和观众提供满意的服务。

（5）传播要具有连续性和一贯性。会展品牌传播要始终如一地对外宣示会展的品牌个性，展示会展的品牌形象，体现会展定位，这样，才能克服展览的非实体性和服务业服务提供的差异性。

（二）形象传播的主要渠道

1. 从传播过程的属性看

从沟通过程的属性看，会展传播有正式传播和非正式传播之分。

（1）正式传播。会展中的正式传播是指组织通过正式的传播渠道或媒介向公众传播信息的行为。如党和国家举行重要会议，会议精神通过报刊、电视、网络等面向社会公众进行宣传。展览会中常见的新闻发布会就是典型的正式传播。正式传播选择的传媒一般很正规，具有权威性、信息失真现象少、传播面广等特点。

（2）非正式传播。非正式传播是指在会展的进程中，参加会展的各方当事人相互之间通过非正式渠道或媒介进行传播沟通的行为。会展中，在会议的茶歇等休息时间与会者相互交流，在展览会上参展者与公众亲密接触，各方当事人面对面直接进行信息交流传播，不需要借助报刊等正式传媒，形成非正式传播。会展非正式传播的覆盖面不能达到广大社会公众，传播面窄，有时难免信息失真，传播的权威性较弱。

2. 从传受双方的关系看

从沟通双方的关系看，会展传播有上行传播、下行传播和横向传播之分。

（1）上行传播是指组织的公众将对组织的态度、意见、建议等反馈给组织的过程。在座谈会、研讨会中，作为下级的参会人员可以直抒己见，向参会的上级组织表达自己的看法、观点、设想、意见等，公众的信息得以上行传播给上级组织。

（2）下行传播是指在会展中组织者作为传播主体，公众作为被传播的受众客体。

（3）横向传播指在会展中互不隶属的组织之间、公众之间互相传递信息。会展中不同的参展商通常来自不同地区，互相没有隶属关系，他们在参展期间可以互相交流，彼此进行横向传播。

3. 从传播媒介的性质看

从传播媒介的性质看，会展传播有符号媒介传播、实物媒介传播和人体媒介传播之分。

（1）符号媒介传播是指以符号媒介为传播的载体。符号媒介又分为有声符号媒介和无声符号媒介，有声符号媒介即自然语言，无声符号媒介即文字符号。以有声符号为媒介的会展传播方式有报告会、座谈会、电话会等各类会议，此类传播具有信息反馈迅速，有利于感情沟通等优点；以无声符号为媒介的会展传播方式有展会会刊、简报、杂志、报纸等印刷文字以及网页电子文字等，此类传播的优点能超越时间和空间的约束，比较规范，便于保存。

（2）实物媒介传播就是以实物作为传播的媒体进行传播。参展商的展品实物显然能传递丰富的信息，此外，参展商还经常散发一些企业象征物或公共关系赠品，如印有企业商标的水晶玩具，印有企业简介、产品商标、通讯方式的挂历等，这些实物可以传播企业的文化，展示企业形象。

（3）人体媒介传播，即借助会展参加者的行为、素质、气质、服饰和社会影响等载体进行传播。展台工作人员应注意自己的仪表和言谈举止，树立团结向上、意气风发的形象。参展商还经常利用名人效应进行展示传播，如北京汽车展上，奇瑞汽车公司邀请著名影星赵薇现场助阵，利用名人效应宣传奇瑞汽车品牌，取得了很好的传播效应。

4. 从传播时间的选择看

从传播时间的选择来看，会展传播有展前传播、展中传播和展外传播之分。

（1）展前传播是指为了能够先声夺人，很多参展商不再循规蹈矩等待和大家一起开幕，唱同台戏。一些商家在布展期间就迫不及待地推出自己的产品，这种吸引人眼球的独角戏肯定比众家联袂要更突出展示的特色，更利于集中传播信息。在2004年北京国际汽车展上，某国际品牌的汽车在布展期间就提前亮相，对于其他参展商的开幕之日，实质上已是其闭幕之时。

（2）展中传播是指正常地利用展会的活动时间展出自己产品的传播方式。虽然选择这种方式在时间上不能突出商家的个性，但如果宣传手段使用得当，依然可以展示与众不同的魅力，而且展中传播是绝大多数参展商的选择，也是主办方提倡的传播方式，利于主办方对展览会的掌控。

（3）展外传播是指参展者对于与同行挤在一起同台亮相的模式并不看好，往往另辟场地独立组织展示活动。这种现象越来越普遍，据了解，一些摄影器材厂商就舍大会办小会，自得其乐。2004年的北京国际汽车展开展的同时，就有厂商包下朝阳公园"分庭抗礼"，其他举办研讨会、赏车会、试驾活动的就更多了，这些展外展活动使得参展商除了在主展馆进行展出传播外，还在主展馆之外举办丰富的户外活动，起到附加的补充传播作用。

（三）营销策略

在对会展旅游地目的地形象的传播过程中，要注重营销观念的创新。

1. 创新营销手段

营销手段是最富活力的。在众多营销要素中，它不仅具有很强的灵活性，而且对具体营销活动的成败起着决定性的作用。采取新颖的营销方法才可以吸引那些对常见的营销手段司空见惯的受众。为此，可以从两个方面努力。

（1）积极运用各种新技术和新的理论成果。如网络营销、目的地营销、整合营销、一对一营销等。其中，网络营销将在信息时代的会展营销活动中占主导地位，互联网将被各种会展营销主体广泛应用。

（2）要创造性地运用常见的营销手段。例如，会展公司招徕观众的常用办法就是发邀请函给相关专业领域内的人士，或刊登广告吸引普通观众。但是比较创新的法子是会展公司和旅行社、体育场等合作，以商务旅游作为卖点，在邀请函中附加特别内容，以达到抵消远途劳顿的负面效应，减少心理压力，从而达到提高观众前来观展的兴趣。

2. 创新营销内容

(1) 强调服务。树立良好的会展形象之外，更重要的是融入富有人性化的配套服务。服务是会展旅游目的地竞争的主要因素之一，它直接影响着参展商和专业观众对展览会的印象，并决定了一个展会是否能发展为世界知名的品牌展。

(2) 主题创新。针对具体的会议或展览会而言，只有策划和宣传鲜明的主题并提供个性化的服务，才能吸引某一类观众的眼球，从而达到预期的营销目的。

(3) 产品创新。产品是市场营销的核心要素，产品形象在一定程度上也体现着会展形象。会展企业必须精心策划并适时推出新的产品和服务，这是营销成功的基本前提。创新并关注市场需要的展览会永远都是受欢迎的，如品牌广交会，就是在展会营销手段上不断创新、突破以往的营销方式，促成了品牌展会的规模化、专业化、国际化。

小案例 9-3

新媒体时代：展览企业如何激活社交影响力

互联网技术尤其是移动互联网技术的大力普及，让人们获取信息的渠道越来越便捷。据工信部发布数据显示，2014 年上半年中国使用手机上网的人数达 8.5 亿，人们使用移动终端进行社交活动的习惯已形成，这让社交媒体的影响力日益凸显，并将我们带入到新媒体时代。

而在会展行业，"现在仅依靠直邮、电话营销、纸媒等传统的会展营销手段，传播效果已大打折扣。如何利用新媒体进行展会宣传，通过社交媒体平台扩大展会品牌影响力，挖掘更多潜在目标用户已成为展览企业当前面临的新挑战。"微展会营销总监潘涛先生提醒说。微展会是国内利用互联网和新媒体进行展会整合营销的领先专业机构，目前已为超过 160 场展会和活动提供了整体会展营销解决方案。

会展营销开启"小屏幕"之战

如今展会宣传除了通过电视媒体、户外媒体、展览官网等"大屏幕"进行传播之外，随着手机移动终端、社交网络逐渐成为中青年龄层获取信息的主流，越来越多会展企业的营销投入开始向新媒体营销倾斜，一场占领"手机小屏幕"的会展营销之战正愈演愈烈。

"就微信营销来说，现在很多展览企业都开通了企业微信公共号，但受限于技术或运营管理经验，目前多数处于偶尔推送信息的阶段。展览企业想要打造强大的用户圈子，希望通过扩大有效传播以挖掘潜在展商、观众，其自媒体平台必须进行从平台定制开发、内容编辑策划运营、线上线下互动体验等方面的全面整合升级，这些正是微展会致力打造的一系列营销服务。"微展会营销总监潘涛介绍说。

据了解，微展会为展览企业提供包括微网站开发建设、日常代运营、微信报名/预定、微3D展示、微互动、微会员、大V营销等立体化营销服务，帮助展会提高自媒体平台社交影响力，挖掘潜在展商、观众，带来更高的有效阅读量及成正比的预登记和参观人次，以实现最佳的会展营销效果。

线上线下资源整合，激活展会互动营销魅力

社交新媒体平台的线上内容传播，还需与线下资源进行整合，通过打造互动式体验来激活展会营销魅力。如通过微展会开发微信报名/预定功能，用户关注展会公众号进行在线报名，即可获得专属二维码直接用于展会现场的电子扫描签到。微展会提供的微信3D全景展示系统功能开发，可支持产品和空间图片的3D立体效果展示，用户可通过移动终端了解动态展位图，信息获取更直观、便捷，同时提升了用户体验。

此外，一场展会的成功举办，是展览企业在会展营销上创意、策划、营销、传播、执行等各个环节通力协作的结果，线上线下开展整合营销已成为会展营销发展的大势所趋。为展览企业量身打造社交媒体线上、线下的营销活动策划，也是微展会提供的新媒体会展营销服务之一。微展会基于对展览企业所处行业、展商与观众需求特性，为展览企业提供结合抽奖转盘、刮刮卡、优惠券、微投票等微信工具的线上营销活动，并通过专业营销策划与展会线下进行结合，通过线上线下资源整合，整体提升用户的参展、参观体验，从而促进参展、参观量次增长，以及品牌黏着力的提升。

（资料来源：http://www.weizhanhui.cn/news/75.html，未知，2014-10-21）

本章小结

会展旅游目的地形象对提高一个会展举办地的形象及口碑有着重要的柔性作用，会展旅游目的地形象的研究对会展旅游的供给方和需求方都具有重要意义。会展旅游目的地形象设计的内容包括会展旅游目的地整体形象设计、会展场馆形象设计和会展与展位形象设计三个层次。在对会展旅游目的地进行形象策划时，首先必须对会展旅游目的地形象进行调查，然后才能进入会展旅游目的地形象定位与口号设计这一核心内容，最后对会展旅游目的地各个形象要素进行整合。品牌效应是一个展会或相关企业最为宝贵的财富，没有品牌就意味着没有足够数量和质量的参展商，品牌的管理和传播是会展旅游目的地形象重要构成的环节。会展品牌必须通过各种传播手段才能到达参展商和观众，使参展商和观众对展会产生认知。

旅游地形象　会展旅游目的地形象　形象策划　品牌　品牌管理

1. 查找相关案例，了解人们对会展旅游目的地形象的认识有什么变化。
2. 结合会展旅游目的地形象策划与品牌管理，分析海南博鳌论坛对海南旅游形象有何影响。
3. 收集各会展旅游目的地形象宣传口号，比较它与当地旅游形象宣传口号的异同，分析两者之间的联系。

上海世博会

一、世博会的类别

世博会——世界博览会，顾名思义世界博览会是一个涉及时间、地域、门类、品种等各方面都有广泛内容的大型活动。一般情况下，它只分作两类：一类是综合性世博会，另一类是专业性世博会。中国人在19世纪末20世纪初曾经叫作"炫奇会""赛奇会"，后来叫作"万国博览会"。历届世博会上，从早期的打字机、火车、无线电、缝纫机、汽车到电视机和电脑，诸如埃菲尔铁塔、亚历山大三世桥等等，无不一次次地引起世界性的轰动，无不成为科学技术与先进生产力的展台，无不成为社会经济、科技文化和建筑景观等等的时代标志，无不成为推动世界尤其主办国社会经济的强心剂。世博会打破自然障碍和人为樊篱，克服民族种族和宗教信仰的界限，成为全人类的和平友好盛会。

在过去所举办的50多次世博会中，以综合性世博会为多。综合性世博会展出的内容包罗万象，举办国无偿提供场地，由参展国自己出钱，建立独立的展出馆，在场馆内展出反映本国科技、文化、经济、社会的综合成就。综合性博览会一般5年举办一届。专业性博览会展出的内容要单调些,它是以某类专业性产品为主要展示内容,下列主题可以视为认可类展览会:生态、陆路运输、狩猎、娱乐、原子能、山川、城区规划、畜牧业、气象学、海运、垂钓、养鱼、化工、森林、栖息地、医药、海洋、数据处理、粮食等。参展国在主办国指定的场馆内,自行装修、自行布展,不用建设专用展馆。'99昆明世博会就属于专业性国际博览会。

二、世博会的意义和作用

举办世博会的目的往往是为了庆祝重大的历史事件或某个国家、地区的重要纪念活动,以展示人类在某一领域中,在政治、经济、文化和科技等方面取得的成就。举办世博会,不仅给参展国家带来发展的机遇,扩大国际交流和合作,促进经济的发展,而且给举办国家创造巨大的经济效益和社会效益,宣传和扩大了举办国家的知名度和声誉,促进了社会的繁荣和进步。

三、令世人举目的上海世博会

2010年上海世博会,也成为让国人最期待的盛会,不仅仅是展示中华民族文化的舞台,更是一个展现世界文化的舞台,我们可以看到来自各个民族的风采。

时间:2010年5月1日至10月31日。

地点:上海市中心黄浦江两岸,南浦大桥和卢浦大桥之间的滨江地区。

主题:城市,让生活更美好。

副主题:城市多元文化的融合、城市经济的繁荣、城市科技的创新、城市社区的重塑、城市和乡村的互动。

目标:吸引200个国家和国际组织参展,7000万人次的参观者。

组织架构:2010年上海世博会组织委员会、2010年上海世博会执行委员会、上海世博会事务协调局、上海世博土地控股有限公司。

2010年上海世博会会徽

会徽:中国2010年上海世博会会徽,以中国汉字"世"字书法创意为形,"世"字图形寓意三人合臂相拥,状似美满幸福、相携同乐的家庭,也可抽象为"你、我、他"广义的人类,对美好和谐的生活追求,表达了世博会"理解、沟通、欢聚、合作"的理念,凸显出中国2010年上海世博会以人为本的积极追求。

吉祥物的设计理念:世博会吉祥物,不仅是世博会形象品牌的重要载体,而且体现了世博会举办国家、承办城市独特的文化魅力,体现了世博会举办国家的民族文化和精神风貌，她已经成为世博会最具价值的无形资产之一。

吉祥物的主题形象：以汉字的"人"作为核心创意，既反映了中国文化的特色，又呼应了上海世博会会徽的设计理念。在国际大型活动吉祥物设计中率先使用文字作为吉祥物设计的创意，是一次创新。"人"字互相支撑的结构也揭示了美好生活要靠你我共创的理念。只有全世界的"人"相互支撑，人与自然、人与社会、人与人之间和谐相处，这样的城市才会让生活更加美好。

2010年上海世博会吉祥物

吉祥物的名字由来：中国2010年上海世博会吉祥物的名字叫"海宝（HAIBAO）"，意即"四海之宝"。"海宝"的名字朗朗上口，也和他身体的色彩呼应，符合中国民俗的吉祥称谓原则。"海宝"的名字与吉祥物的形象密不可分，寓意吉祥。

吉祥物的主题体现：人是城市的细胞，又是城市的灵魂——人赋予城市文化、性格和创造力。随着城市化进程的加速，越来越多的人成为"城市人"。城市人口与日俱增，也更具多样性。同时，城市之外的人们生活也不可避免的受到城市化进程的影响。

中国国家馆

中国馆建筑外观以"东方之冠"的构思主题，表达中国文化的精神与气质。国家馆居中升起、层叠出挑，成为凝聚中国元素、象征中国精神的雕塑感造型主体——东方之冠；地区馆水平展开，以舒展的平台基座的形态映衬国家馆，成为开放、柔性、亲民、层次丰富的城市广场；二者互相映衬、互相补充，共同组成表达盛世大国主题的统一整体。国家馆、地区馆功能上下分区、造型主从配合，形成独一无二的标志性建筑群体。

芬兰国家馆

主题：优裕、才智与环境。

口号：芬兰，灵感分享。芬兰国家馆有一个很诗意的名字——"冰壶"。它所呈现的，是一个微型的芬兰及其整个社会的风貌。芬兰馆营造了一种"美好生活"的愿景，自由、创造、创新、社区精神、健康与自然。这些美好元素的完美融合，为人们提供了一个探讨美好生活发展蓝图的平台。

澳大利亚国家馆

主题：战胜挑战——针对城市未来的澳大利亚智能化解决方案。

造型亮点：雕刻的弧形墙、丰富的红赭石外立面。

(资料来源：http://www.expo2010.cn/，中国2010年上海世博会官方网，2010年)

■讨论题

1. 了解上海申请世博会的相关背景。
2. 上海世博会的创新之处有哪些？
3. 分析上海举办世博会为上海带来哪些机遇和挑战。

第十章 会展旅游的综合效应

①了解会展旅游的积极影响;②了解会展旅游的消极影响;③掌握会展旅游的区域影响。

第一节 会展旅游的积极影响

一、带来巨大经济收益

德国慕尼黑展览公司总裁门图特先生在访问上海时曾如此比喻会展旅游的魅力——"如果在一个城市召开一次国际会议,就好比有一架飞机在城市上空撒钱"。会展旅游因其具有组团规模大、消费层次高、持续时间长等特点,故而是一门高盈利、高收入的行业,其利润率大约在20%～50%。欧洲的一项会展业评估研究表明,经济发达国家会展旅游业的产值约占GDP总值的0.2%。据统计,全世界每年大约有2880亿美元的会展产值。世界著名"会展城"(如瑞士的日内瓦,德国的汉诺威、慕尼黑和杜塞尔多夫,美国纽约,法国巴黎,英国伦敦,新加坡和我国香港等)的会展旅游都为其带来了巨额利润和经济的空前繁荣。美国一年举办200多个商业会展带来的经济效益超过38亿美元;法国会展每年营业额达85亿法郎;汉诺威博览会年营业额4亿马克。据香港旅游发展局数据显示,2011年1月至9月,访港过夜会展商务客累计103万人次,会展商务客为香港带来87亿元(港币)。据报道,2012年,北京规模以上会展单位实现直接会展收入250.9亿元;重庆2013年全年举办展会581个,直接收入61.5亿元,拉动消费490.3亿元。

二、带动相关产业发展

会展旅游涉及众多行业,产业的产出比例相当高。据有关资料统计,国际上会展业对相关产业的产出比例是1:9,即如果举办会展本身的收入是1,那么相关产业的社会收入则为9。会展旅游是一种综合性的旅游服务形式,它的发展要依赖国民经济各行各业——特别是以"吃、住、行、游、购、娱"六大要素为中心的行业的发展,会展旅游可直接扩大这些相关行业的需求,增加收入。同时,由于参会、参展人员与普通旅游者在消费档次、消费兴趣、消费要求等方面存在很大的差异,因而其对物质产品、精神产品和服务的需求会促使相关行业出现新的分工,催生一系列新兴服务部门,如会展策划公司、会展租赁公司、专业会展礼仪公司以及专业会计会展翻译公司等等,开发出适合他们品味的新产品,推动相关产业向多元化方向发展。广交会期间,广州市酒店客商入住率达90%以上,来自170多个国家和地区的9万多外商云集广州,仅出租汽车的日收入就比平日激增300万元左右。据新闻报道,2012年3月"会展经济"助推香港各类型酒店均价较2月上涨一到三成,其中三星和四星酒店的涨幅最大,分别为18.37%、15.52%。以四星级酒店为例,2月均价为500元,现已涨至600~700元。其中香港展会周边的热门区域,如湾仔、铜锣湾、天后、油麻地、炮台山、旺角的酒店预订率达到80%左右;而尖沙咀商圈最热,酒店预订量增长88%,平均价格798元。据山西省旅游局数据统计,会展、节庆对旅游业消费的拉动效果不容忽视。2012年8月份,首届晋商大会和第17届北方旅游交易会在太原举办。这两个大型会议对太原、晋中的旅游接待拉动作用十分明显。太原8月份旅游接待人次增长了39.2%,旅游总收入增长了47.19%,晋中市的涨幅分别是114.17%和121.24%。

三、促成新型组织形式和组织结构

现代社会的旅游组织结构和系统中的很多因素都是从会展的发展中孕育诞生的,如组织大型旅游团观光游览的现代旅游活动是托马斯·库克1841年组织游客从莱斯特到拉夫巴罗参加禁酒大会而产生的,迪士尼游乐园在1893年的美国世博会上一举闻名等。

以杭州西博会为例,杭州自2000年重新举办西博会以来,很多的旅游、会展公司从无到有地成长起来了。如2001年,在西博会开始的短短两年内新注册成立的展览公司、广告公司就达 180 多家。至 2005 年杭州有专业会展公司 50 余家，会展配套服务企业如场馆单位、广告策划公司、展览设计施工公司、设备租赁公司等 200 余家，会展从业人员近万人。

四、完善城建设施，改善城市环境

举办会展，需要有高质量的会议展览设施及相应的现代化管理水平和服务水平、优美的城市环境、良好的城市形象。这势必会引起政府对城市形象的塑造，包括对会展中心的完善、城市的美化、道路交通等基础设施的改善，从而大大推动城市建设的发展。如昆明世博会使昆明的城市建设至少加速了 10 年。会展活动是发生在短时间内涉及大规模人流、物流、信息流的经济活动。举办会展尤其是大型的国际会展，如世博会、奥运会等规模宏大的会展和赛事，对于举办城市的经济实力、环境、交通和服务设施是一个很大的挑战，对城市整体环境的改善和优化提出了更高的要求。因此，举办城市在取得了会展举办权之后均投入大量资金进行市政建设的完善，进行大规模的配套设施的建设，使城市进入异常速度的特殊发展时期，为城市旅游基础设施的完善提供了良好的机遇，为进一步开发城市旅游奠定了坚实的物质基础。

如 1999 年昆明主办的世界园艺博览会，仅建馆就投资 16 亿元，而相关的基础设施和前期治理的投资多达 200 余亿元，新建和扩建城市街道 690 条，建成 20 多座立交桥和 10 座人行天桥，提前 10 年到 15 年完成了昆明市城市网络规划。同时，昆明市购置了 1000 辆出租车和 292 辆公交车，并完成了世博园及市区通信设施及旅游信息网络的建设。不但保证了世博会期间的交通、通讯、咨询服务能力，而且为昆明市居民的日常出行带来长期效应，城市的基础设施得到极大的改观。又如，为举办 2008 年奥运会，北京对机场、火车站、城市道路、电信系统、新闻中心以及奥运村及其辅助设施等大型基础设施进行了建设和改造。到 2007 年，北京陆续投入 120 亿元用于改善城市的能源结构、产业布局和城市基础设施。此外，为了使 2008 年奥运会成为在环境保护方面贡献最突出的"绿色奥运"盛会，北京大幅度增加了绿化面积，2008 年全市林木覆盖率达到 50% 以上，污水处理率达到 90%，市区城市生活垃圾基本实现无害化处理，这将极大改善北京长久以来存在的环境问题。所有这些举措将极大改善北京的城市建设，缩短北京与国际大都市间的距离。以上的两个事例旨在说明，会展业的发展将大大加快城市建设和新一轮的旧城改造，加大城市基础设施投入，极大地改善城市的整体环境，增强城市的综合实力。这些举措直接提升了城市旅游的内部可进入性和外部可进入性，为城市旅游的持续发展创造契机。

五、增加标志性建筑和旅游吸引物

很多大型国际会展为城市旅游的发展留下了许多宝贵的"遗产"。如几届世博会都为城市增添了新的旅游景点，这些为世博而建的具有划时代意义的标志性建筑，不仅成为会展业的里程碑、现代工业文明与科技文明的显著标志，而且成为高品质的旅游吸引物。这些建筑的建设都是经过专家论证的符合或者接近国际标准的，因而也是国际化的旅游产品。例如，1889年法国巴黎世界博览会之后，埃菲尔铁塔留在了巴黎，并成为巴黎乃至法国的象征，它和凯旋门等景点每年吸引着无数游客慕名而来，为法国旅游业带来了无限生机。在韩日世界杯期间，为了方便旅游者在韩国观看世界杯赛的间歇期间进行旅游，韩国新开发了297条旅游线路。这些线路中有40条精选线路和32条历史文化观光线路，有3.5万名旅游者游览了这些线路，其中包括6700名外国人。

六、提高城市知名度

一方面，举办会展可以向世界各地的参展商、贸易商和观展人员宣传一个国家和地区的科学技术水平、经济发展实力，展示城市形象，扩大城市的影响。另一方面，又可以通过海内外客商耳濡目染而形成的良好口碑提高城市的知名度和美誉度，进一步更好地了解城市交通、通讯、金融、特色产业等各方面的发展状况，有利于吸引投资，为会展举办城市创造更多投资机会，从而推动城市经济与国际接轨，推动城市的繁荣。国际上有许多以会展著称的城市，如德国的汉诺威、杜塞尔多夫、莱比锡、慕尼黑等。法国的巴黎，因每年都要承办300多个国际大型会议，赢得了"国际会议之都"称号。2001年APEC会议，是新中国成立以来规模最大、层次最高的一次多边国际活动，1.3万宾客创下了APEC会议的历史纪录。通过这次会议，上海成功地进行了全方位的形象推广，展示了中国尤其是上海良好的社会环境和投资环境，由此带来了巨大的开放、交流的机会。

七、提升城市形象

城市的形象则代表了一个城市的个性、城市的精神和城市的文化。良好的城市形象是当今城市重要的潜在的无形资源。作为有高度吸引力的旅游目的地,城市需要有彰显自身特色的城市形象,世界上的名城都有这样一种定位,如"世界音乐之乡"(维也纳),"古典文化集萃的城市"(罗马),"东西方文化交汇的城市"(东京),"充满选择机会的城市"(伦敦),"世界服装之都"和"世界浪漫之都"(巴黎),"世界最自由和最安全的城市"(香港),这类概括就是对城市品牌的定位,也是一种城市形象的概括。城市形象其实是对某一聚落空间的政治、经济、人文、自然等多方面的综合,这是城市无形的能量,而这一能量释放的具体突破,可从城市的旅游形象着手,城市形象的最现实、最通俗的传播也是通过旅游来发散的。

会展业在国际上被称为"触摸世界的窗口"和"城市的面包",是联系城市与世界的桥梁。国际上衡量一个城市能否跻身于国际知名城市的行列,一个重要标志是这个城市召开国际会议的数量和规模。对于会展举办城市而言,一次成功的会展是一次集中展示城市形象的良机,是最大、最有特色、最有意义的城市广告,为城市经济的发展增添亮色和更多的魅力,直接提升城市的知名度,树立城市的品牌。会展活动通过"聚会"效应,将世界各地东西南北的客商"请进来",城市的文化风情、人文地理、建设成就、城市魅力将一览无余;它能够向各地的参展商、与会者和展会观众宣传一个城市的科技水平、经济发展实力,又通过"远辐射"效应将城市的口碑扩散到各地,从而扩大城市的影响力、知名度和美誉度。这也是世界各大城市均不遗余力地争办著名国际大型会展的主要原因。国际上有许多以展览著称的城市,德国汉诺威、慕尼黑、莱比锡等,均是世界知名的会展之都。展览在为这些城市带来可观经济效益的同时,也提高了它们在国际上的知名度。1996年举办的德国汉诺威世界博览会,项目赤字达11亿美元,但德国官方仍认为世博会是一次"巨大的成功",因为它缩短了不同文化之间的距离,改善了汉诺威的国际形象,财政赤字只是一种"对未来的投资"。

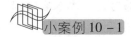

以会展促进西部商贸中心建设

会展经济能够有效促进商品和商品信息的大规模聚集与交换,在商贸中心建设中具有不可替代的突出作用。由于经济实力较强、旅游资源丰富、川菜闻名天下、交通条件改善和发展基础较好,四川省会展经济具有良好的发展前景。

会展经济的突出作用

一是搭建商贸平台。有助于商贸企业迅速聚集,从而形成完整的商贸中心。

二是引导消费时尚。国内外成功的会展,总是以当前流行的消费品为主题,引领消费潮流,带动相关产业发展。如法国巴黎被誉为世界"时尚之都",每年举办的"国际时装周"引领全世界的时装消费潮流。

三是捕捉商贸信息。会展期间,参展商大规模聚集进行贸易活动,某种程度上就是一个信息市场。

四是激活相关产业。会展经济,不仅本身能够创造巨大的经济效益,而且还可以带动交通、旅游、餐饮、住宿、通信、广告和相关服务业的发展。据测算,国际上会展经济的产业带动系数高达1:9。

由于具有上述突出功能,会展经济成为国内外一些商贸中心赖以形成的主要支撑。

四川会展经济的前景

一是经济实力较强。四川不仅是西部地区最大的经济体,而且拥有白酒、食品、丝绸、皮鞋和电视机等具有较强竞争能力的名牌商品,对国内外消费者具有较大吸引力。此外,四川省在装备制造和高新技术领域,也拥有一批优势拳头产品。

二是旅游资源丰富。四川拥有三国文化、金沙遗址、九寨沟、都江堰、青城山、峨眉山和乐山等享誉世界的旅游资源,且大都分布在成都附近乃至成都市内。旅游与会展结合,将对客商和民众产生更大的吸引力。

三是川菜名闻天下。川菜是最负盛名的中国菜肴之一,就近品尝正宗川菜,也是四川发展会展经济得天独厚的有利条件。

四是交通条件改善。随着西部综合交通枢纽的建设,四川的交通条件不断改善。成都已是西部最大的区域性航空枢纽,成都至重庆快铁和成都至都江堰高铁已经开通,绵阳—成都—乐山城际铁路正抓紧建设。与全国高铁网连接后,成都到北京和上海的时间,都将缩小到7小时左右。届时,八方来客可以更加便捷地进出四川。

五是发展基础较好。成都的糖酒会久负盛名,已是全国固定的会址。随着一系列会展活动在川举办,不但健全了良好的会展设施,而且积累了丰富的会展组织经验,造就了一批有实力的企业和业务熟练的人才。

同时也应看到,各省区市都逐步意识到会展经济的强大功能,区域竞争日趋激烈。今后,要加快四川会展经济的发展,必须做出更大的努力。

加快发展的对策建议

一是组织定期会展。精心组织具有全国影响的成都糖酒交易会,具有区域影响的西部博览会,以及其他具有地方特色的商贸文化活动。特别是要充分发挥成都糖酒交易会的市场引领作用,通过细化产品分类和提高产品档次,吸引国内外更多和更高端企业参加。

二是发展常年会展。以优势商品为依托,设立长期展馆,推动会展经济常态化。围绕优势拳头产品,定期举办多主题、高水平的会展活动,支持成都建设"会展之都"。

三是带动相关贸易。在糖酒交易会等会展活动中,搭车开展软饮料和食品等相关商品的展销洽谈。配合会展贸易,在成都建立核心商贸区,完善配套设施和相关服务,吸引国内外大型商贸企业、采购中心和配送中心聚集。

四是增加文化内涵。重视四川本土文化资源的挖掘和利用,以历史人文为主要特色,举办形式多样的古代文明和现代文化相结合的展会,如"美食节""巴蜀文化节"等四川独有的特色展会,为会展经济注入文化、艺术内涵。

五是培养消费时尚。发展文化创意产业,创造消费热点。提高居民的消费水平和审美情趣,努力把成都打造成为引领消费的"时尚之都",进一步带动商贸中心的形成。

(资料来源:http://www.jyglz.org/?thread-4872-1.html,陈炜,2013-02-20)

第二节　会展旅游的负面影响

一、物价上涨

会展活动造成城市物价上涨,使游客和居民经济负担加重。如杭州西湖旅游度假区的休闲房产自2006年世界休闲博览会举办成功以来,价格逐年上涨,目前的平均房价已经达到了20000多元/平方米,这给周围的百姓带来了很大的压力。

二、设施利用率低

在大型会展活动期间,短时间内大规模的参展客流涌入会产生"蜂聚现象",有限的星级酒店基本被展览和考察团垄断,而其他观光游客订不到床位。大型会展活动往往有很强的时效性,如果仅仅为了一次活动而兴建酒店或其他设施会得不偿失，在活动之后得不到利用而浪费。昆明世博会后昆明饭店、出租车严重过剩就是很好的例子。

三、基础设施转换难

会展活动后的会址、展览场所等基础设施如果不能很好地向旅游业转化，这对当地会形成一笔不小的经济压力，从长远看不利于旅游业的发展。杭州为世界休闲博览会全力打造的"一湖三园"、2008年奥运会的鸟巢等比赛场馆、世博会的展览馆以及其他会展旅游留下的基础设施，在会展结束后，如何成功地充分加以利用，使其避免"昙花一现"，成为一个难题。

四、产生热岛效应

在人口密集的大城市，由于人为以及环境等诸多因素的综合作用，致使城市温度高于其周围乡村的温度，像一个炎热的"岛屿"悬于大气之中，这种现象被称作城市"热岛效应"。热量平衡是城市热岛形成的能量基础，城市化改变了下垫面的性质和结构，增加了人为热，从而影响城市热量平衡。"城市热岛现象"日趋严重。尤其是大型的会展活动，有大量场馆建成，也会有大量人群聚积，会产生局部范围的热岛效应，对游客的正常游览产生影响。

五、降低游客体验

旅游体验是消费者对旅游过程的直接观察或参与，以及在此基础上形成的感受。旅游体验过程包括旅游需求的产生，旅游的计划，旅游线路、时间和供应商的选择，前往景区的旅行，在景区的活动，离开景区的旅行，旅行结束后的活动和交流等环节。这些环节可以进一步分解为多个旅游接触点，游客在各个旅游接触点与旅游卷入者、各种有形资源、各种无形资源发生互动，并通过这一过程获得独特的内在感受。体验性消费者花费了时间、精力和货币，得到的不是单纯的产品或服务，而是某种独特的身心感受和难忘的回忆。旅游体验包括四种要素：人员、游客、旅游环境（吸引物、景观、设施及服务）、旅游活动（游客活动的内容、先后顺序和相互关系）。会展期间，游客云集，举办场所及周边景点都会比平时多很多人。大量的游客、嘈杂的环境，会给人们的出行、购物、购票、参观、游览、休闲等旅游活动带来很多不便，直接影响到游客的旅游质量，处理得不好，会降低游客的旅游体验。

第三节 会展旅游的区域影响

一、会展旅游有利于区域国际化

区域国际化这种影响效应集中体现在当地居民素质的提高、对游客友好的接纳态度和服务水平的提高,使到访的游客能享受到更加便捷、快速、高质的服务。为了吸引球迷赴韩,世界杯期间,韩国在签证上提供了很多便利。以中国为例,韩国实行了3个月有效且可以多次往返的"门票签证"。在海关新增了专门针对中国人的通道,配备懂中文的志愿者,并在所有标志上加注中文,以提供更方便的服务。并且,在中国游客停留时间较长的首尔、光州和西归浦还专门开设了为中国人服务的商场和饭馆。此外,由于语言障碍被外国游客认为是最大的障碍,首尔招募了950名中文翻译为中国游客和球迷服务。从5月份起,这些翻译就被安排在饭店、旅行社、购物中心等地,帮助中国旅游者和球迷解决语言沟通问题。政府还负责培训了总计2904名临时旅游讲解员,分布于旅游信息中心、皇宫、博物馆等地。同时,政府为旅游相关行业提供培训,制作外语手册分发给主要的餐馆。另外,大型会展必然促进举办城市的公民更加遵守国际惯例和规则,促进举办城市法律环境的国际化,这也是人文环境国际化的重要方面。

二、会展旅游有利于区域现代化

会展是发生在短时间内,涉及大规模人流、物流、信息流的经济活动。举办会展尤其是大型会展,对于举办城市的经济实力、环境、交通和服务设施是一个很大的挑战,对城市整体环境的改善和优化提出了更高的要求。因此,举办城市在取得了会展举办权之后,均投入大量资金完善市政建设,使城市进入异于正常速度的特殊发展时期,为城市旅游基础设施的完善提供了良好的机遇,从而推进城市的现代化进程。如2008年北京奥运会投入1800亿元人民币,重点建设142个项目,以全力缩短与国外同等大城市的差距。主要投资领域包括:修建地铁、轻轨、高速公路、机场等,打造四通八达的快速交通网;加快信息化建设,奠定"数字北京"的基础,初步实现电子政务、电子商务、信息化社区和远程教育；用于水、电、气、热等生活设施的建设和改造；用于清洁能源设施的投入，建设三大"绿色屏障"等环境综合治理等。这些措施大大推进了北京的城市建设，加速其发展为空气清新、环境优美、生态良好的现代化国际大都市的进程。

三、会展旅游有利于资源整合

会展旅游能整合旅游资源，丰富旅游业产品结构，带动相关地区旅游业的发展，旅游已经走进了千家万户，成为人们生活中不可缺少的一部分。当前，国际旅游市场发展趋势之一就是，随着旅游者需求的个性化、多样化日益明显，旅游产品已经超越了单纯的观光和度假阶段，正逐步向更高层次的专项旅游发展。国家旅游局副局长孙钢曾经把会展旅游与滑雪旅游、游船旅游、沙漠旅游、生态旅游、农业旅游、工业旅游、森林旅游等称为专项旅游产品。会展旅游作为一种把会展活动和旅游相结合的新型旅游方式，能进一步完善旅游产品结构，提升旅游服务功能。

本章小结

事物的发展往往具有两面性，会展旅游对旅游地区和区域同样会产生积极和消极两方面影响。会展旅游的积极影响包括给会展旅游地区带来巨大经济收益，带动相关产业发展，促生新型组织形式和组织结构，有利于信息传递及文化交流，有利于完善城建设施和城市环境，增加城市知名度、影响力等。但是一旦缺乏有效管理和规划，将可能导致举办地物价上涨，酒店等设施在会展后转换难度大，利用率低，过多的游客也将产生热岛效应，有限的旅游空间和旅游资源影响游客体验等。我们要尽可能把握会展旅游的发展特点，最大限度地减少消极影响。

本章关键词

积极影响　消极影响　区域影响　综合效应

复习思考题

1. 从文化冲击角度谈谈会展旅游的影响。
2. 如何理解会展旅游的资源整合功能？

3. 会展旅游的区域影响包括哪些内容？
4. 结合实际，谈谈会展旅游对举办地的社会影响。
5. 查资料，谈谈广交会对广州的经济影响主要表现在哪些方面。

酒店业的"世博烦恼"：世博客流"测不准"

忽起忽落的客流正在给上海的酒店业提出新的考验。

"对于世博会带来的直接影响，对酒店来说是入住客人数量的变化。但目前仅仅从酒店角度很难预测，因为截至目前很难根据前两周的客流得知人群的准确分布。"丽思卡尔顿酒店集团区域副总裁博瑞恩说。

虽然世博会让包括酒店行业在内的各相关产业为之兴奋，但作为业内资深人士，博瑞恩在接受记者采访时坦言，由于决定酒店入住率的因素复杂，事实上业内无法切实预计世博会究竟会对酒店入住率有多少实际影响，以及这些影响究竟将在何时集中体现。世博开园已超半月，在此期间，无论是入园人数、酒店客房出租率，还是业界期盼中的高峰时间，实际数据都与之前的预测出现了不少偏差。而在起起伏伏中，经济型酒店和高星级酒店则显出了分化。

将持续184天的世博会虽然仅进行了19天，但就在这短短的十几天，世博客流却像是坐上了"过山车"，客流量忽上忽下，完全脱离预期轨道。而对于经济型酒店而言，有关世博的影响，也正体现出有趣的"测不准"现象。"前三天世博入园人数仅56.5万人次"是"五一"过后最受关注的一条世博新闻。5月1日至3日的三天里，56.5万人次的客流量与之前的权威预测相去甚远，让市场大跌眼镜。

而作为普通游客的住宿首选，经济型酒店的经营曾被预期为与入园人数的波动基本呈正相关。"五一"的意外客流量无疑让原先严阵以待准备迎接客流"洪峰"的酒店大失所望。

世博开幕首周，沪上经济型酒店遭遇了一次意外低潮。之前被高调宣传的超高预订率，实际上无法和真实入住率匹配。一家在美国上市的经济型酒店的上海地区高管告诉记者，尽管之前的预订情况非常好，但"五一"之后的一周，酒店却出现了大量预订客人临时取消行程的情况。"也许是怕太拥挤，大家刻意避开高峰。"他猜测。之后的统计数据也显示，"五一"之后的一周，是迄今为止世博入园人数最少的一周。5月5日，只有8.5万人入园参观。也就是说，这部分可能是怕拥挤取消行程的客人，实际上恰恰错过了"错峰游览"的好时机。而经济型酒店也由此受到牵连。"这情况有点像高考的大小年。去年的冷热，直接影响大家在今年的博弈。"一位业内人士表示。

"我们的客房出租率显示，今年'五一'的情况和去年一样。也就是说，世博会的影响并没有体现出来。相信其他酒店也是一样。"沪上一家知名经济型连锁酒店内部人士告诉记者。由于低于预期较多，不少酒店"五一"后竟开始商议是否要加大优惠力度。众多为世博会周密布局的连锁酒店间的促销战似乎一触即发。

然而，就在这时，反弹却出现了。5月9日开始，世博入园人数开始稳步攀升，并于15日达到阶段性峰值33.5万人，团队游客数量猛增。根据记者从多家酒店了解的情况看，近两周，沪上各酒店客似云来，一房难求。多家酒店表示出租率超过了95%。面对姗姗来迟的"世博效应"，原先准备加大优惠力度的酒店，也顺理成章推迟了促销计划。

此外，更多的因素正在影响行业进行准确预测。上海市政府给上海市民下发的包含交通卡和世博门票的"大礼包"已经于5月中旬开始发放，这部分贡献的入园客流量将相当可观，可这对酒店行业的拉动，却几乎可以忽略不计。因此，接下来的入园数字与酒店入住率正相关的"方程式"也开始受到部分业内人士的质疑。锦江之星内部人士就对记者表示，不管是高于还是低于预期，现在看来入园人数都不能成为准确的参照因素，"因为我们不知道这些客人到底有多少是外地，多少是上海本地的"。

"从这个意义上来说，要考察世博游对酒店的业绩影响，7000万人次和4000万人次可能实际上是差不多的。"一位旅游行业分析师表示，已经达到的日30万人左右的数字到底是不是极限，还难以判断。

虽然难，预测依旧在不厌其烦地进行。携程公布的一项调查则显示，未来暑期游客的行程安排中，选择3天行程的最多。这就意味着很多游客至少要在上海停留两晚,这对酒店行业会是一个很大利好。然而,这次预测准不准还有待时间检验。

(资料来源:《上海证券报》,2010年5月20日)

■讨论题
1. 结合案例,谈谈世博会的挤出效应。
2. 针对世博会期间"酒店业客流测不准"谈谈你的看法以及建议。
3. 上海世博会的挤出效应对以后举办大型的展览有什么启示?

第十一章 会展旅游的国际比较

①了解国际会展旅游基本概况,国外会展旅游发达国家发展状况;②把握国际会展旅游发展趋势;③了解国内会展旅游发展现状和特点,对我国会展旅游发展趋势有一个全方位的认识;④掌握国外会展旅游经验对我国的借鉴与启示。

第一节 国外会展旅游概况

一、国际会展旅游概况

上海会展研究院(SMI)编撰的 2012 年会展蓝皮书《中外会展业动态评估年度报告(2012)》首次对全球会展国力做出综合评估。《报告》中指出德国作为第一梯队,在全球会展业大格局中仍"一枝独秀",领先于其他国家。意大利、法国、英国和美国为传统的世界会展强国,被列入第二方阵,是全球会展业的"中流砥柱"。与欧洲其他国家相比,西班牙、瑞士、荷兰三国在三维指标排序中大致处于中后位置,但综合实力均衡,地位稳定,在国际会展业领域常被列入第三方阵,堪称"低调贵族"。中国、俄罗斯和泰国的会展业近年来快速崛起,是世界会展业大格局中不可忽视的新兴力量。在展馆指标上,中国和俄罗斯分别拥有全球最具竞争力的场馆 6 座和 2 座,位列第四位和第七位。①

---

① 资料来源:http://www.expo-china.com/pages/news/201306/82979/index.shtml,《中国贸易报》,兰馨,2013-06-25。

据《进出口经理人》杂志推出 2014 年世界商展 100 大排行榜调查结果：德国作为世界大型商展的主导力量至今无人能撼，在 2013 年世界商展 100 大排行榜中，德国展览超过半数，达到 53 席。中国增加到 19 席。美国也从危机中复苏，在 100 大榜中从 4 席增加到 5 席。榜单中其他国家均保持了自己的地位：法国 8 席、俄罗斯 2 席，瑞士 2 席、西班牙 1 席。（见图 11-1）

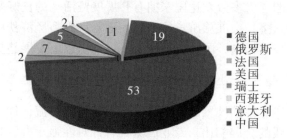

图 11-1　2014 年世界商展 100 大国家分布

据总部设在比利时的布鲁塞尔国际协会联合会统计，加入该会的各国际组织召开的有 5 个以上国家和 500 名以上外国与会者参加的国际会议，1994 年就达 9800 个，1996 年达万余个。综观世界会展经济在全球发展的情况，一国会展经济实力和发展水平是与该国综合经济实力和经济总体规模及发展水平相适应的。发达国家凭借其在科技、交通、通讯、服务业水平方面的优势，在世界会展经济发展过程中处于主导地位，占有绝对优势。当今从经济总量和经济规模角度来考查，世界各国的会展发展很不均衡。欧美是国际会展旅游最为发达的地区。经过 100 多年的积累和发展，欧洲会展经济历史最为悠久、整体实力最强，具有规模最大、国际化程度高、专业化强、重复率低、交易功能显著等特点。整个欧洲占据了全世界会展市场的半壁江山，2000 年欧洲的市场份额是 59%。

总之，欧洲作为世界会展旅游业的发源地，会展旅游业整体实力强，规模最大，其中德国是世界头号会展强国。北美，主要是美国、加拿大，是世界会展旅游业的后起之秀。亚洲会展旅游业规模和水平仅次于欧美，比拉美和非洲强。其中，新加坡曾被 UFI 评为世界第五大会展城市。日本、新加坡、阿联酋和中国的香港地区凭借经济发展的巨大潜力和广阔的市场，或凭借发达的基础设施、较高的服务业水平、较高的国际开放度以及较为有利的地理区位优势分别成为亚洲的会展大国和地区。大洋洲会展旅游业发展水平仅次于欧美，规模小于亚洲，主要代表是澳大利亚。拉美国家会展旅游业发展较好的依次是巴西、阿根廷和墨西哥，其他的国家会展旅游业基本处于起步阶段，规模很小。

非洲大陆与拉美类似。北部非洲以埃及为代表,南部非洲以南非发展最好。

二、国际会展旅游发展趋势

从整体上看,国际会展业当前的发展水平与发展格局同世界经济发展总体状况是基本一致的。大多数发达国家拥有开展展览活动的良好基础,办展经验丰富,品牌展会众多,会展旅游竞争力强。随着世界新经济秩序的逐步建立和各国科技水平的普遍提高,国际会展旅游将呈现出以下发展趋势:

(一)发展趋于专业化

在国际上,专业性的展览已成为会展旅游发展的主流,代表着会展经济的发展趋势。与一般的会展相比,专业展览具有针对性强、参展观众质量高、参展效果好等特点。因此,近几年来综合性展览会的举办数量不断减少,许多综合性展览会都不同程度地转为专业性展览。原来的一些综合性的展览已经被细化分为若干个专业展,如汉诺威工业博览会就是由许多若干个专业展(如机器人展、灯具展、仪器仪表展、铸件展等)组成的综合展。此外,由于专业展览会能够集中反映某个行业或相关行业的整体状况,并具有更强的市场功能,因而从产生之日起就受到世界各国的特别是会展城市的青睐。如汉诺威的工业博览会,杜塞尔多夫的国际印刷、包装展,旅游城市纽伦堡的玩具展,香港珠宝、玩具展,意大利米兰的国际服装展等。专业化是会展旅游发展的必然趋势,因为只有具有明确的展览主题和市场定位,展览会才对参展商或与会者有足够的吸引力。

(二)规模呈现大型化

随着会展旅游的竞争日趋激烈,各举办机构已不再局限于吸引本国、本地区的参展商,把目标更多地投向国际市场,进而扩大国内甚至是地区范围内的影响力,力争提高国际参与程度。加之地方政府的大力扶植,特别是对大型展览场馆的基础设施的建设尤为突出,欧洲一些国家政府几乎投入了百分之百的资金。例如,慕尼黑展览中心,巴伐利亚州政府和慕尼黑市政府为其投入的建设资金占99.8%,几乎是全额投入。此外,政府往往还会给予启动资金,鼓励展览中心贷款,而贷款采取贴息贷款方式。例如,慕尼黑展览中心的基础设施建设用了12亿马克,政府投入一半资金,另一半建设资金通过贷款来支付,政府贴息7年。由于政府在政策等各个方面的大力支持,很多举办城市也想通过修建大型展览场馆举办一些大型的国际会展来提升城市的形象和扩大招商引资,促进地区经济的发展,所有这些必然会导致展会的规模越办越大。

(三) 趋势呈现集团化

并购和联盟已经席卷了全球经济的各个领域,成为国际市场的一大焦点。作为国际化程度很高的展览领域也不例外。展览企业通过资本的运作进行的兼并与合作,是一种典型的国际化运作。通过兼并合作,可以利用国内、国际两种资源,开拓国内国际两个市场,以获得资源的优化配置。目前,世界上许多会展旅游的大组织、大企业纷纷开始联合,以期优势互补,提升实力,打造业内超级航母。会展旅游作为一个高额利润的行业,是一项投入大、回报快的产业。会展旅游的利润率高达25%,表现在微观领域,即对展览企业的资产总额、人力资源、技术力量等提出了很高的要求,因此行内的竞争十分激烈。国际会展旅游的巨头们为了降低成本,减少风险以便维护高利润率,正在以兼并与合作的方式建立战略联盟,进行国际化运作。如世界上两家著名的展览公司"端德"和"克劳斯"联姻,共同开发通讯和计算机展览市场。欧美的会展旅游巨头开始用资金来购买其他竞争对手的展览主题,如美国的克劳斯公司,用40亿美元购买了南美的品牌展会及其相关产业。在展览行业内盛行一种理念,即与其群雄纷争,不如强强联合,合作经营;与其四面出击,不如集中资源,发展自己的核心优势项目。现代新技术的应用为会展旅游的发展注入了新的活力。

(四) 会展设备现代化

信息技术、网络技术等科学技术的快速发展也为全球展览经济的发展注入了新的活力。随着科学技术的迅猛发展,尤其是科技革命带来的大量新工艺、新材料的出现,会展设备现代化已经成为会展旅游发展的一个不争的事实。实际上,设备现代化也是展会标准现代化、展览内容国际化、展览形式多样化的共同要求。更为值得关注的是,大量信息技术的应用,向网络求发展空间,又成为世界会展旅游发展的不可回避趋势。有关专家把这种以高科技产业为支撑,以知识经济、信息网络经济为主要内容的新经济对展览经济产生的影响,归纳为快捷、关联和效果三个方面。因为借助网络信息的优势,可以为展商和参展观众双方带来极大的方便和效益。例如,参展商可以在异地向全世界发布自己的展览产品的详细信息,参展观众也可以借助个人电脑在任何地方浏览和选择自己喜欢的产品,这样一来,展商和观众的双方经贸洽谈细节大大简化,同时也降低了风险,提高了经济效益。

（五）举办国家多元化

近几年，发展中国家尤其是亚太地区的新加坡、韩国、日本等国家和中国香港等地区的会展旅游迅速崛起，在国际会展旅游中的地位得到显著提高。例如，素有"亚洲展览之都"之称的香港十分重视会展市场及其相关产品的开发，每年都有上千个国际会议和展览。新加坡拥有良好的会展举办条件，每年在新加坡举办的大型展览会和会议达3200多个。韩国政府和日本政府都特别重视本国的会展旅游的发展。会展旅游作为当今经济全球化的重要的国际贸易交流平台，抢占国际展览市场的份额大小对于一国的经济发展起着至关重要的作用，引起了世界各国的高度重视。在借助跨国展览巨头品牌的移植，大力发展本国的会展旅游，力争在国际展览市场这块大蛋糕中能够分享利益，这些变化导致会展旅游的举办国打破传统的西方垄断趋势，会展旅游呈现多元化发展态势。

（六）展览市场国际化

在世界会展旅游向专业化、国际化和集团化发展的过程中，欧美会展旅游已经相当发达，但是国内发展的空间已经接近饱和。国际展览巨头为了谋求向全球发展，纷纷把目标投向瞄准海外，通过资本运作寻求低成本扩张，进入会展旅游相对落后的发展中国家市场。如美国的卡尔顿通公司以12.6亿美元的高价购下拉丁美洲约40个大型贸易展览会和相关的刊物杂志，德国的汉诺威展览公司就直接收购上海一个有名气的地面装饰展览会。另外，国际展览巨头充分利用广泛的业务网络将一些名牌展览移植到他国举办。如2002年慕尼黑国际展览集团成功移植电子元器件博览会（Electronic）到上海举办。在未来的几年中，慕尼黑将把高档消费品、建筑材料、交通运输等博览会引入中国。德国的法兰克福展览有限公司也已把每年春秋两季在德国本土举办的国际消费品展览会（Ambient）移植到亚洲，分别在中国、日本和俄罗斯举办了以Ambient命名的展览会。这一跨国运作，既满足了国际市场的需求，同时也抢占了世界展览市场的份额。

三、国外会展旅游发达国家发展概况

（一）美国

美国已成为举办国际贸易博览会的主要国家，吸引着世界各国的客商。美国每年举办净展出面积超过500平方米的展览会约4000个，展出总面积约4000万平方米，参展商100多万，观众超过7000万。美国会展旅游业的发展不属于政府管辖的范围，由民间各行业协会和企业自主发展。顶级会展旅游城市主要代表城市有拉斯维加斯、奥兰多、芝加哥和纽约。根据美国会议行业委员会（Convention Industry Council，以下简称CIC）2011年发布的最新报告《会议产业对经济影响的重要性》显示，2009年美国举办各类会议和贸易展总计约179万次，参会人员达20472万人，对GDP的直接贡献额为1060亿美元，为美国提供直接工作岗位170万个，间接工作岗位630万个，直接创造联邦税收143亿美元，州与地方税收113亿美元。[①]

其中，拉斯维加斯会展旅游业的独特魅力在于其进行了业态创新，即在同一建筑空间中融会展、餐饮、宾馆、娱乐、大卖场、旅游观光等不同的行业业态于一体，使之相互补充，相得益彰，从而减少了展览馆、厅的空置浪费，大大提高了会展旅游业的综合效率和经济效益。拉斯维加斯会展旅游业迅速发展，成为世界上最大的展览馆群，目前有大小展览场所1000多个，其中3个主要的展览馆是国际级的，面积达10万多平方米。每年在拉斯维加斯有2000多场专业性会展，每年约有500多万厂商参展，数千万厂家和专业人士进场参观和洽谈，成为当前国际上最著名的会展中心。

在美国，虽然过去10年中参与会展活动的人数下降了30%～50%，但是很多城市仍然花费巨资兴建或扩大会展中心。当然，近几年的一些数据表明，会展活动的参与人数又有所回升，但这种回升实际上与折扣息息相关，饭店、会展中心、会议中心和游客管理局为了使会展活动能在自己所在的城市举行，会给会展策划者提供一些折扣或奖励。一般来说，会展活动参与者的平均总花费大约为1500美元，或日均花费300美元。为了吸引会展生意，很多城市会加大在额外便利设施上的投资，如不少地方配建了由政府出资的会展饭店。以上是美国会展业目前发展的状况。同时，美国会展业发展也出现了一些新趋势：①会展中心的使用率提高。②中小型规模的会展中心业绩不俗。中型会展中心的使用率从34.8%上升到45.4%。展厅面积一般在10万～50万平方英尺。小型会展中心的使用率从26%上升到42.7%。展厅面积一般小于10万平方英尺。这两种规模的会展中心收入最多，而拥有大面积展厅的那些大型会展中心的使用率略有下降，从53.9%下降至52.1%。就此看来，目前美国会展中心的使用率是非常健康合理的，因为要留出布置和撤离的时间，会展中心的使用率不可能达到100%。比较现实的使用率为70%左右，也就是说，目前

---

① 资料来源：驻美国使馆经商处，2013-03-28。

40%～60%的使用率应该说是很有效率的。③会展中心的出租费用均呈现下降态势。大型和中型会展中心的租金下降幅度分别为11%和17%，而小型会展中心的租金则上升了7%。④会展中心实现盈亏平衡或者盈利。在美国，大多数会展中心并不盈利，它们通常被当作吸引会展生意的一种工具，因为会展生意可以间接地促进当地的经济发展。不过，现在越来越多的会展中心也在努力争取至少实现盈亏平衡。

最近几年，美国会展旅游的环境与以前相比，已经有了很大的不同。特殊情况造成了一种特殊的会展气候，特别是"九一一"以后，人们普遍感到贸易类会展不再可能给参展商带来足够的参展市场回报。由此，美国会展旅游出现七个特点：①参展商的重新签约率下降。②展览会中的会议越来越少。③新的展览会增长势头减弱，新投资运营的展览会越来越少。④参展商签约参展的预留时间缩短。⑤媒体公司正在售出展会项目。⑥同一时间或地点举办的"套展"可能性增加。⑦消费类展会走势坚挺。以上七个特点和趋势说明美国会展旅游正向整合深度市场方向发展。如不能有效整合，市场将会混乱、疲软，会给会展旅游带来不利因素，这将是会展旅游"第二冰期"的表现，应引起关注。当然，美国的会展旅游独具自由特色，它的自我调节功能较强，它的底气尚足，理应不碍大事。

（二）德国

德国是世界第一号会展强国，被誉为"世界展览王国"，每年举办约130个国际性贸易博览会，净展出面积690万平方米，每个展览会平均展出面积超过5万平方米。德国每年要举办400多个国际展会，在全世界影响较大的210个专业性国际贸易展览会中，有130多个是在德国举办的，居世界领先地位。在世界会展营业额最多的十大展览公司中，其中6个是德国的。

德国拥有23个大型展览中心，超过10万平方米的就有9个［根据德国贸易展览会（AUMA）统计资料显示，截至2002年1月，欧洲共有超过10万平方米的展览场馆有24个］。另外，还有5个展出面积超过5万平方米的展览中心。目前，德国展览场馆总面积达256多万平方米，世界最大的4个展览中心，德国就占了3个。展览面积居全球之冠的汉诺威国际展览中心，每年举办的展览会展多达1500个。2001年德国展览组织者年收入达25亿欧元，会展旅游对德国经济的总体贡献约为230亿欧元，并提供了约25万个就业岗位。德国会展旅游业的突出特点是专业性、国际性的展览会数量最多、规模最大、效益好、实力强。在国际性贸易展览会方面，德国是第一号的世界会展强国，世界著名的国际性、专业性贸易展览会中，约有2/3都在德国主办。每年，德国举办的国际性贸易展览会约有130多个,净展商17万家,其中有将近一半的参展商来自国外。在展览设施方面,德国也称得上是头号世界会展强国。

德国之所以成为全球会展中心,一个非常突出的特点是因为它实行规模化、产业化运作。在德国,会展业被视为"城市的蛋糕",是一个渗透着深厚文化气息的现代经济产业。规模化、产业化运作是德国会展业的主要特点。德国的汉诺威、法兰克福、慕尼黑、杜塞尔多夫等都是国际著名的展览城市,它们都把展览作为支柱产业加以扶持,动员各个部门来推进这一事业,不仅兴建了展馆,还出台一系列鼓励措施和优惠政策,吸引参展商和观众。政府以入股方式组建集体公司进行商业化运作,而且会明确资助项目,制订官方参展计划,支持企业海外参展。德国经济与劳动部与组展公司合作涉外赴展业务,2004年政府还拨出3600万欧元专门支持国内企业赴海外参展。

德国会展旅游另外一个非常突出的特点就是它的专业化,以及相伴随的多样性。在一些大中型城市中通常都为会展产业开辟出一个特定的地区,构建专门的展厅。会展的主要形式已经不是综合性的博览,而是带有浓厚的专业性质。规模庞大的博览会不仅具有浓厚的专业色彩,而且涉及各种产业,充分发挥了规模经济的效应,在实现专业化产业化的同时,实现了行业的市场化运营机制。在各个大型的会展场所与会展公司中也逐步形成了相对成熟的市场化的运营管理模式。

(三) 英国

会展带动了英国的旅游繁荣,据英国国家统计局的统计,2013年1—6月,英国接待外国游客1524万人,同比增长4%,为2008年以来的最高记录,而上述游客在英国期间花费达到创纪录的87.2亿英镑,同比增长11%,从而推动英国旅游业实现"后奥林匹克"繁荣。[①]

英国是会展业的发源地,其历史可追溯到100多年前的19世纪。从20世纪70年代开始,英国政府认识到会展业不仅本身极具经济价值,并且对旅游、贸易和投资、外汇增长及就业等产业有很好的拉动作用,于是英国政府将会展业作为重要产业予以扶持。1980年英国政府成立伦敦会议局,1990年英国各主要城市均建立了会议局,专门为会展业的发展提供咨询和服务,自此英国会展业步入一个高速发展期。

英国政府还在20世纪八九十年代加大了基础设施投资,并在场馆建设方

---

① 资料来源:http://china.huanqiu.com/News/mofcom/2013-08/4266423.html,环球网,2013-08-20。

面给予资金支持。当时,英国地方政府对会展场所建设的财政补贴达到其公共补贴的37.5%,其中33%的补贴投向了私营会展场所的建设。这一时期英国会展场馆发展迅猛,1994—1995年英国会展中心数量较前猛增29%。目前,英国已拥有4000~5000个大小会展场所,其中定期举办大型会展的展馆近500个,展馆总面积达310万平方米。其中,大型展馆包括伦敦的Earls Court、奥林匹亚、商业设计中心和刚刚召开过G20伦敦峰会的ExCel Centre展馆,以及伯明翰国家展览中心、曼彻斯特展览中心、苏格兰展览会议中心、爱丁堡皇家高地中心、卡迪夫国际竞技场等。

在政府的引导和支持下,英国形成了伦敦、伯明翰、格拉斯哥、爱丁堡等著名会展城市,而伦敦作为首都和政治、经济、文化中心,在举办展览会方面具有明显优势,英国每年超过30%的展览会在伦敦举办。伦敦会议局目前联系11家会展中心,150多家会议酒店,每年推动的伦敦会展直接收入高达20亿英镑。

英国会展业目前已扩展到20多个种类,250多个行业。因会展业几乎涉及所有行业,英国政府和会展业协会从一开始便有意建立与金融服务、旅游业、创意产业、节日经济、建筑业等支柱产业的多层次平台,将会展业打造成促进英国各主要产业发展的纽带。目前,英国所有行业协会下都建立了会展业的联系单位,英国金融城、旅游局、创业园及各种节日经济都把会展作为其重要的推介手段,经过许多年的实践,这些行业借助会展业平台,相互融合,形成了从金融服务、创意设计、会展刺激并带动旅游、贸易、娱乐等各行业的综合配套发展模式。

每年一度的伦敦切尔西花卉展就是典型。由英国皇家园艺协会举办的切尔西花卉展每年都吸引10多万世界各地的园艺展商和观众,花展本身每年直接创收近250万英镑。切尔西花卉展引人注目的是其搭建的综合配套发展平台,举办方英国皇家园艺协会拥有逾37万会员,这对一些金融服务公司很有诱惑力,英国的Saga Insurance通过竞标夺得花展主要赞助商地位后,有望通过花展开发近200万的公司客户网络。切尔西花展还十分注重将世界园艺技艺与现代文化、创意设计相结合,创造出富有浓厚文化气息和具有创意品位的良好休闲氛围,从而每年都吸引许多大公司将此作为其年度公关的重要场所,一些企业最高付出人均700英镑的费用,邀请其客户和公关对象来这里观展、洽谈生意。

英国会展业也是促进英国旅游业发展的重要推进器。据英国旅游局统计,2008年前8个月,到访英国的外国旅客达3200万人次,总消费达164亿英镑;其中参加商务旅行活动的外国旅客人数占外国旅客总人数的27%,其消费占到访外国旅客总消费的28%。英国会展业对创意产业的刺激作用也十分明显，伦敦时装展就是很好的一例。据估计，一年两次的伦敦时装周，每年为伦敦市拉动消费达2000万～5000万英镑，促进了英国2/3的时装产品的出口。

英国会展业的国际化程度很高，源于英国的全球资源及其独特的国际视野，英国会展业一开始就呈现出国际化特点。英国几乎所有专业会展都尽量吸引更多外国公司和客商参展，使国际、国内市场相接轨，甚至其专业展会的摊位也是依据参展商的产品类别而非国别划分。在举办大型会展时，英国会展商每次邀请的外国客商参展产品和人士都力争达到50%以上。

另外，由于与欧洲其他国家相比，英国会展成本较高，英国会展商通过市场重组，打造出国际著名的大型跨国会展集团，如励展博览集团、ITE集团、欧洲博闻、蒙哥马利展览公司等。这些大型会展集团积极开拓全球会展市场，在全球范围组织会展，每年都获得上亿美元利润。其中，励展博览集团是全球顶尖的会展公司之一，在世界各地设有33个分支机构，每年在世界38个国家和地区举办500多个大型展会，展会涵盖47个行业。这些展会每年成功吸引600万采购商和超过10万供货商，能促成上百亿美元的交易。

（四）法国

法国的工业、农业和服务业发展居世界前列，地处欧洲中心，交通便捷，气候温和，风景秀丽，具有一流的展馆和服务系统以及国际交流传统，这些得天独厚的条件使之成为全世界会展旅游最为发达的国度之一。

法国发达的会展业吸引了大量国外游客，促进了法国经济增长。据法国生产振兴部主管手工业、商业及旅游业部长级代表西尔维娅·皮内尔公布的数据，2012年，法国旅游业收入约为770亿欧元（约合1027亿美元）。皮内尔说，旅游业较其他行业更能对抗经济危机的影响。尽管有数据显示，2012年法国人出游率普遍下降，但来自外国游客的收入略有增长。旅游产业对法国国内生产总值的贡献率超过7%，提供200万个就业岗位，是法国的支柱产业之一。[1]

近10年以来，法国大型展览会的国际参与程度不断提高。国外参展商占总数的33%，国外参观者占总数的8%。其中有些世界著名的展会，国外参展商超过总数的50%，国外参观者占总数的15%以上。

法国目前共有600余家展览会和博览会的主办企业，展员总数达3500多人，总营业额达60多亿法郎，约合10亿美元。本行业大部分营业额由较大展

---

[1] http://news.xinhuanet.com/fortune/2013-02/19/c_114720356.htm，新华网，2013-02-19。

览公司创造，雇员超过 20 人的企业有 13 家，它们的产值占总产值的 2/3。

巴黎是法国展览业的中心城市，它的参观人数占全国参观人数的 70%（专业展和社会公众展混合计算），在专业展参观人数中巴黎的参观人数占全国参观人数的 80%。其次为里昂、波尔多、里尔等外省城市。法国拥有 160 万平方米的展馆，分布于 80 个城市，其中巴黎占 55.4 万平方米。

除主办企业和场馆外，与展览后勤直接有关的展览服务企业也不少。展览业协会有 230 家成员属于这类企业，这些企业包括：展台设计、搭建、展位供应、视听设备供应、装饰、电气安装、清洁等公司。他们的营业额为 40 亿法郎（合 7 亿美元），员工 6000 人。

法国企业每年花费 75 亿法郎（合 13 亿美元）参加各种展览会和博览会，各项开支占广告业产值（包括所有媒介）的 5%。在 75 亿法郎的消费中，参展商用于展会的直接花费占 2/3，约为 56 亿法郎，其余包括展品的运输费以及参展人员的交通费、住宿费、餐费等均未计算在内。参展商每花费 1 法郎，平均可带来 40 法郎的合同。法国国内企业（占参展商的 60%）因参展而带来的合同营业额可达 1500 亿法郎，这意味着创造了 20 万个就业岗位。除了直接经济效益以外，企业还可以通过参展分析市场的变化，宣传企业形象，推出自己的新产品。

展会不仅为展览公司、场馆公司和展览服务公司带来收益，也为展会所在城市引来大量的国内外参观者和参展商，从而为当地的旅馆业、餐饮业、零售业、公共交通、出租汽车业带来收益。

法国的展览和德国不一样，展览公司不拥有场馆，而场地公司不组办展会，也不参与其经营。法国的展览业人士坚持这种做法，认为能够促进展览公司之间的公平竞争，也有利于场馆公司专心做好自己的场馆服务工作。

近年来，法国的会展旅游出现了以下的发展趋势。

1. **主办机构专业化**

在 20 世纪五六十年代，许多专业性展会是由行业协会主办的。近年来，随着展会之间的竞争的激烈化，越来越多的行业协会把自己的展览会卖给了专业展览公司，或者和专业展览公司合资组织的股份公司，行业协会只保留一定量的股份，把展会的经营全部或部分交给展览公司去经营。

2. **展览公司集团化**

市场对展会的要求愈来愈高，这就要求展览公司做很大的投入，从资金、人力资源、国际网络等各方面提出越来越高的要求。小型展览公司往往力不从心，被大型展览公司兼并收购，形成了展览公司集团化的趋势。目前在法国展览市场上，主要的集团是爱博展览集团、博闻集团、巴黎展览委员会、励展集团等。

3. 展会规模大型化

以前，往往在同一个经济领域内有许多展会并存。经过市场的优胜劣汰，现在众多的展览会已经消失，所剩下"强者"越办越大，越办越好，确立了自己的垄断地位。如在建材领域内有 BATIMAT 展、在食品领域内有 STAL 展、在包装领域内有 EMBALLAGE 展、在农业领域内有 SIMA 展。法国展览业"春秋战国"时代已经过去，相对稳定的展览市场已经形成。

4. 展会进一步国际化

随着贸易世界化和欧洲一体化的发展，在法国举办的国际性专业展已不能再满足于仅吸引法国的参观客户和参展商，必须在更大的地域范围内寻找客户，欧洲各国展会的竞争加剧。为了生存，法国的展会力求提高展会的国际化水平，增加国外参展商和参观客户的比例，力争使展会成为欧洲的龙头展，甚至全世界的龙头展。

5. 展会向高质量高水平发展

为了保持自己在市场上的地位，展览公司在展会装修、展会活动、宣传报道等方面精益求精，把工作的重点放到参观观众的组织上来。参展公司花了很多经费参加展会，主要是为了拓展销路和市场。从某种意义上讲，展会的成功与否，其主战场是观众的组织，而不是单纯寻求参展商的数量。现在中国内地不少展览公司急于开辟新的展会题目，普遍忽视已有展会的观众组织，后果令人担忧。

6. 加强和中国展览业的合作

世界愈变愈小，法国的展览公司也在向中国市场走来。尤其是爱博展览集团，作为法国第一大展览公司和世界第四大私营展览公司，已和中国贸促会农业行业分会合作，成功地举办了 1999 年 4 月底的中国国际农牧业及食品工业展览会（Agro-Food Tech China）为中国农展市场注入新的活力。

（五）新加坡

新加坡是世界航运枢纽之一，便利的交通紧密联系世界各大主要城市，得天独厚的地理条件使其成为一个商业和旅游中心。商务会展与奖励旅游业是新加坡旅游业的主要收入来源。据统计数据显示，2011 年，新加坡商务游客增至 320 万人次，较 2010 年增长 2.6%，商务游客的消费支出增长 4.1%，达到约 56 亿新加坡元，其中不包括观光和娱乐消费。2012 年上半年，新加坡的商务会展与旅游游客较上年增长 8%，商务游客的消费支出同比增长 12%，达到约 30.6 亿新加坡元。目前，新加坡已经发展成为亚洲地区重要的商务目的地之一。[1]

新加坡是个地域狭小的国家。这里自然资源奇缺，但智力资源却是无限的，仅各种国际会议和展览就对新加坡的经济起到了重要的促进作用。据统计，新加坡的国际展会规模次数居亚洲第一位，居世界第五位。每年前往新加坡旅游观光及参加各种国际会议、展览的人数比新加坡的总人口还多。毫无疑问，会展对新加坡的经济发展起到了重要的促进作用。举办场所地理位置好，新加坡搞会展的地理位置十分优越。在以新加坡为中心的 3 小时飞行距离内，有 2.5 亿人口活动，每年仅中转旅客就达 250 多万。新加坡正处在这样一个枢纽的位置，非常适合搞国际性的会展。目前，新加坡有 64 家国际航空公司的航线，可直飞 50 个国家的 154 个城市。

新加坡会展旅游的成功归功于以下几点。

1. 专门机构配合会展工作

新加坡旅游局的展览会议署建于 1974 年，主要任务是协助、配合会展公司开展工作，向国际上介绍新加坡搞国际会展的优越条件，促销在新加坡举办的各种会展。展览会议署不是管理部门，其主要职责是协调配合，而且不向会展公司收取任何费用。展览会议署每年都有计划地向世界各地介绍新加坡旅游会展方面的情况，并且在世界各地举办新加坡会展经济方面的研讨会，让各国都了解新加坡在这方面的优势。政府在会展经济中的作用主要体现为服务，并不需要越俎代庖。

2. 政府投入力度较大

新加坡政府在会展方面投入也很大方。新加坡博览中心就是有政府背景的新加坡港务集团投资建立的。博览中心附近有地铁站，有三条高速公路相通，有大型停车场；还有新加坡第二大的餐厅，可同时供 1 万人用餐。这与国内展览参展商常常只能蹲在地上吃盒饭大不一样。目前国内在这方面还有差距。

3. 市场调研及时到位

新加坡的会展公司一般都有自己的市场调研部门，针对市场需求确定会展项目。现在许多参展厂商已经习惯于跟着会展走，想要开拓一个国家或地区的市场时，先通过会展公司举办展览，以展览会的形式开拓市场。展会市场就是一边是有参展需求的厂商，一边是有参观了解这方面展会的人群，能将这两者结合起来的就是成功的会展公司。

---

[1] http://www.chinatradenews.com.cn/html/huizhanzixun/2013/0326/1574.html，中国贸易新闻网，2013-03-26。

4. 会展公司以服务取胜

新加坡只是弹丸之地，但有数十家有一定规模的会展公司，竞争相当激烈，但是这里的会展公司很少打价格战。如励展集团曾想搞家具展，可后来一调查已有别的公司搞过这类展览，就放弃了这个项目。这与国内如有一个展览做成功，后面就会出现许多类似的展览，直到把这个市场做滥的习惯大不一样。新加坡多数展会公司都是强调服务取胜，最主要的是提高展会的质量。

（六）澳大利亚

澳大利亚拥有丰富的自然资源。近年来，澳大利亚的经济表现在世界各国中显得尤为突出——比以往任何时候更具有竞争力、更加灵活和更有生机。与此同时，澳大利亚会展旅游的发展也已经进入成熟阶段。澳大利亚将"展览"定义为至少20个摊位，并且摊位之间有隔断。在这个定义的基础上，据统计，澳大利亚整个展览行业每年为澳大利亚经济贡献了约23亿澳元的收益，公众性和专用性展览会共吸引了约500万观众，10700家企业参展。澳大利亚的会展主要以悉尼、墨尔本为主。

悉尼的会展旅游业发展相当迅速，现在悉尼会展中心将扩建，澳洲最大会展中心将在达令港落成。而早在1999年，就有39个国际性会议在悉尼举办，数量突破有史以来的最高纪录，与会代表总人数达43000人，收入达1.8亿澳元。各类专业会议的收入可达7亿澳元。国际大会及会议协会（ICCA）根据各城市承办2000年世界会议数量后的分析和估计，悉尼成为澳洲第一大会议城市，墨尔本位居第二。

墨尔本发展会展旅游业有独到之处。这里的展馆配套设施良好，展会的组织管理和服务措施比较到位，展位租费相对低廉。与会展旅游业相关的酒店、餐饮等服务业比较发达。墨尔本会展中心（Melbourne Exhibition Centre）周边一公里内散布着数十间酒店，且交通便利，从墨尔本会展中心到墨尔本国际机场仅30分钟车程。加之环境优美，文化多元，著名体育赛事、大型购物中心以及旅游、演出和博彩等各种城市资源丰富，每年吸引不少世界各国的客商前来参展。墨尔本每年举办大大小小各类展会千余场。墨尔本会展中心展馆面积约3万平方米，隶属澳维多利亚州政府管理，实行开放式经营，现每年举办各类展会200余场，比较重要的国际性展会主要依靠专业展览公司（如里德国际展览公司等）组、办展，参展商无论大小，可平等、自由地向主办者预订展位。

会议、会展旅游在澳大利亚欣欣向荣，每年收入达70亿澳元。其中，专业会议年收入为60亿澳元，会展旅游收入达10亿澳元。

（七）韩国

韩国会展产业的发展可以追溯到 1988 年的汉城奥运会。奥运会的举办使韩国的国际声誉得以提高，国内基础设施的改善也为韩国会展旅游的发展奠定了基础。经过 20 多年的不懈努力，韩国已成为国际会展行业中不可忽视的一支力量。在这个过程中，韩国政府的支持和导向作用功不可没。

在韩国，会展业往往被称作"旅游业之花"。2009 年 1 月 13 日，韩国总统李明博主持召开了国家科技委员会和未来企划委员会会议，会上将 3 个领域的 17 个项目选定为新的经济增长动力，对于这些产业项目，政府将从预算、税收、制度改善和人才培养等方面给予支持和扶植。在这 17 个项目中，会展产业作为高附加值产业的代表也名列其中。首尔市政府则宣布将于 2014 年前在首尔火车站附近新建一处综合会展中心。该中心将包括 3 个能容纳 7500 人的大会议厅以及 2 个面积为 8000 平方米的大型展厅，总面积将达到 5 万平方米，规模将超过现有的 COEX 展览中心。但韩国会展业也存在着亟须解决的问题。

1. 产业发展的地区不均衡问题比较严重

韩国目前已有大型会展场馆 11 处，分布在首尔、济州、釜山等多个地方。统计显示，2007 年韩国的国际会议中有 77% 集中在首尔、济州和釜山地区，其他地方场馆的空置率都非常高，运转十分困难。

2. 人才与附属设施仍是主要瓶颈

过去十年间，韩国会展场馆与会展数量均有了长足发展，但场馆周围的食宿交通设施却出现了不足，而专业人才的培养也还落后于产业自身的发展速度。

3. 国际会议与展示业的协调发展问题

由于历史形成的原因，韩国迄今仍将国际会议与展示业看作两种产业，政策上分属不同的行政部门。有专家指出，为了促进会展业的整体发展，应该从国家的角度建立统一的管理支援机构，以发挥整体优势，提高产业竞争力。

总之，国内外的统计都显示，韩国国际会议产业的发展速度非常惊人。总结其发展经验，可以得出三个结论：①以大型国际活动为契机，推动国际会议产业上台阶。②以产业立法为依据，为国际会议产业创造有利环境。③专门支援机构的设置十分重要。

第二节　国内会展旅游现状与展望

会展起源于欧洲和北美，如今毫无疑问地成为全球最具活力的产业之一。尽管我国会展业只是在改革开放后才逐步出现的，但随着中国经济社会的快速发展，特别是申办2008年奥运会和2010年世界博览会成功之后，我国会展业更以年平均20%的增幅迅猛发展，成为中国经济的新亮点。会展旅游是以会议和展览为目的的旅游，属于公务旅游的范畴，包括会议旅游和展览旅游等各种出于工作需要的旅游和奖励旅游，具有广阔的市场前景。

一、国内会展旅游的现状概述

我国会展旅游业的起步比较晚，但是近年来，随着我国旅游事业的发展，旅游产品结构已从单一的观光旅游向多元化的方向发展，其中会议和展览旅游的发展尤为引人注目，会议展览已成为中国旅游业的重要客源市场，以其综合效益高、客人档次高的特点，成为从业者们争相开发的新的目标市场。因此自20世纪90年代以来，我国会展旅游业迅速发展，年增长速度达到20%以上，大大高于我国其他领域经济总量的增长。目前，我国已经基本形成了以北京、上海、广州、深圳、大连为中心的会展城市圈。各大旅游企业也纷纷拓展会展旅游业务，一些地方还组建了会展旅游协会。但是，我国会展旅游总体上还处于初级阶段，市场总量还比较小。

总体而言，中国会展旅游作为快速成长的朝阳产业，有着广阔的发展空间和巨大的增长潜力。改革开放30多年来，中国会展旅游在各城市发展迅速，尤其以北京、上海、广州、大连、成都五大会展城市最为活跃，形成了"环渤海、长三角、珠三角、东北、中西部"五个会展旅游经济产业带。环渤海会展旅游经济带——以北京为中心，以天津、廊坊等城市为重点，其会展业发展早、规模大、数量多，专业化、国际化程度高，门类齐全，知名品牌展会集中，辐射广。长三角会展旅游经济带——以上海为中心，以南京、杭州、宁波、苏州等城市为依托的会展产业带已经形成。该产业带起点高、政府支持力度大、规划布局合理、贸易色彩浓厚，受区位优势、产业结构影响大，发展潜力巨大。珠三角会展旅游经济带——以广州为中心，以广交会为助推器，以深圳、珠海、厦门、东莞等会展城市群，形成了国际化和现代化程度高、会展产业结构特色突出、会展地域及产业分布密集的会展经济带。东北会展旅游经济带——以大连为中心,以沈阳、长春等城市为重点的会展经济带,依托东北工业基地的产业优势及东北亚的区位优势,形成了长春的汽博会、沈阳的制博会、大连的服装展等品牌展会。中西部会展旅游经济带——以成都为中心,以重庆、西安等城市为重点的会展经济带,通过不断发展,现已形成了成都的西部国际博览会、重庆的高交会、西安的东西部洽谈会等品牌展会。

二、我国会展旅游发展的特点

由于目前我国会展业尚属起步阶段,虽然会展旅游发展迅速,但与德国、美国、法国、新加坡等会展经济领先的国家相比,我国展览业规模还小、水平尚低,在场馆建设、管理机制、组织手段、配套服务诸方面都存在着很多问题,离国际水平还有相当差距。

(一) 体制不够完善,管理较为混乱

目前,国务院各部委及其对口管理的工贸公司,外贸公司,协会,商会,中国贸促会及其行业分会和地方分会,地方政府或省、市级外贸主管部门等都可以举办展览会,但又没有一个权威的行业管理机构来进行协调;具有明显旅游属性的会展业没有划归到旅游部门统一管理和统一促销;许多城市干脆没有成立具有权威性的会展管理部门或行业协会。由于缺乏专业管理,国内会展业市场秩序比较混乱,小规模重复办展问题严重,大量低水平的展览重复举办,造成了资源的极大浪费,而且会展业和旅游业在诸多方面都难以实现有效对接。

(二) 法律、法规不健全,行政参与浓厚

我国旅游行政管理部门还没有从扩大国际旅游业的角度,以法律、法规的形式促进会展旅游业的发展,举办会展的法律、法规十分不健全,目前仅有1995年9月22日对外经济贸易合作部的《关于出国(境)举办招商和办展等经贸活动的管理办法》。相关法律、法规的不健全导致了目前我国会展业比较混乱,主要表现在会展内容混乱、受众对象不明确、举办会展的中介公司良莠不齐等。

我国会展旅游发展中的行政色彩相当浓厚,一些大型会展大都是由政府来操作的,政府的投入和负担均较重。虽然会展旅游业的社会、经济效应特别显著,但会展旅游本身未进行市场化运作,这在一定程度上限制了会展企业参与大型会展旅游活动应有的积极性。

(三) 整体竞争力弱，产品缺乏创新

当前，我国会展旅游产业尚处于规模不大、档次不高、竞争力不强、会展精品少、创新不足的"粗放型"经营阶段，这些情况严重制约了我国会展旅游形象的提高及品牌的创立。多头办展、重复办展、低层次办展等现象的发生，最直接的表现就是产品雷同，质量不高，创新不足。而且我国目前尚无全国性的行业协会，行业自律机制和协调功能不完善，因此导致大多数企业受短期经济利益影响，缺乏品牌意识和长远观念，导致会展运作中创新不够，从而影响了我国会展品牌的树立。

(四) 会展教育滞后，专业人才缺乏

同美国等会展管理教育相对发达的国家相比，我国会展教育明显滞后。会展教育没有引起高校和教育行政部门的重视，设置相关课程的高校非常少，会展管理专业的学历、学位体系不健全，缺乏权威的会展管理职业化教育课程体系。会展教育和会展理论的缺位导致我国的会展人才的缺乏，严重阻碍了会展旅游业的健康发展。

三、对我国会展旅游发展的展望

伴随着我国国际地位的不断攀升，国际交流势必增多，会展旅游之路必是一条光明大道。在旅游业发展日趋成熟、经营模式逐渐多元化的今天，做好会展旅游这篇文章大有意义。可从以下几方面入手，开辟一条具有中国特色的会展旅游之路。

(一) 完善法律，行业自律

举办会展的法律将进一步规范，并逐步向国际通行的登记制转化。目前，国家已经开始制定有关会展的法律、法规，今后几年有关会展业的法律、法规将相继出台，会展业的市场将进一步规范化。今后举办会展审批手续将会更为简单，并将按照国际惯例逐步过渡到登记制惯例办法。这将促使会展业真正成为一个规范的市场。自律性的协会将进一步规范会展行业的行为。自1998年6月由北京市贸促会发起，组建了我国第一家国际会展览业的中介组织——北京国际会议展览业协会之后，2002年上海、山东等省市也相继组建了国际会展业协会，制定了国际展览业协会章程，旨在支持公平、平等的竞争，反对不正当竞争及欺诈行为，改善、优化展览业市场环境，更好地协调、管理、规范

会展业的市场秩序。

（二）缔造品牌，放眼世界

大力培养一批有实力、有信誉的会展旅游企业，积极参与国际竞争和合作。为了使我国的会展旅游能够更好地发展下去，为了使我国的会展旅游能够适应国际竞争的需要，为了使我国的会展旅游能够做大做强，形成规模，我们必须打造一批在世界上有知名度和美誉度的会展旅游项目和管理企业。以实力打造品牌，以品牌参与竞争，以竞争提升实力。会展旅游的发展要面向世界，这有利于加强国际交流合作，提升我国的国际影响力，增加外汇收入。只有在国际市场上，才能找到足够的市场空间，才能为我国的会展旅游提供一个无限广阔的发展平台。

（三）政企分开，各尽其能

政府搭台，企业唱戏，各司其职，各尽其能，既有分工，又有协作。作为政府，其宏观管理应能合理适度地分工分权，使政府与企业在各自的职能定位中找到最佳位置，使各自的资源得到最大效率的利用。政府要极力为当地的会展旅游发展创造良好的政策环境、社会环境、经济环境、文化环境等；要积极为当地的会展旅游发展寻求机遇，创造机遇；在各种招商引资、对外交流宣传中，敏锐地捕捉商机，搞好本地会展旅游的市场营销工作；要扶持一批有实力有信誉的会展旅游企业，使他们尽快成长并成熟起来，以便更好地去应对国际市场的竞争。作为企业，要加强自身核心竞争力的培养，学会在纷繁复杂的市场环境中科学分析，理性思考，准确定位；能够明确自身的优势劣势，清楚自己的机会威胁；运用符合时代特性、体现行业发展特点的新思路做好会展旅游业务；重视自身品牌形象的建设，重视对新型复合人才的培养，做好企业长远发展的准备。

（四）中心突出，整体发展

我国的会展旅游发展要形成以京、沪、穗为中心城市，以直辖市或省会城市为主的次中心城市，以一般地级市为辅助的层次鲜明、定位明确、职能细化的区域模块发展格局。我国会展旅游的国际地位和竞争力还无明显优势，在大陆地区，会展旅游业务多集中在京、沪、穗三地，当地的优势资源吸引了大量的会展旅游业务，大量的会展旅游业务又使得资金、信息、人才、物资等大量汇聚，带动当地经济向更高层次发展，由此形成了一个封闭的小范围良性循环系统。在保障京、沪、穗三大中心城市的核心地位前提下，重点培养扶植一批有潜力的次中心城市，在有必要的时候还可以开发一些辅助城市，形成以中心城市为首的会展旅游城市群，以更大的空间范围、更多的资源数量、更完善的后勤保障体系聚合成一个整体，为整个区域经济的发展而不是某一个城市的发展做出贡献。三大会展旅游城市群的发展要有各自的特色定位，北京以政治为主线，上海以经济为主线，广州以文化为主线。三地分工明确，特色突出，可使各自在一定领域中找到自己的核心竞争优势，充分利用各种优势资源和条件，提升竞争力。在条件成熟时，西部地区也要尽快找到会展旅游业务发展的中心城市和主线，并以中心城市为圆心，以特色主线为优势向周边辐射，带动整个西部的大发展。

（五）深度开发，多方涉足

对于会展旅游要从纵向和横向两个维度同时进行更高层次的业务拓展，力求全方位提升我国会展旅游的综合实力。在深度上，我们现在的问题主要是盈利价值链太短，获利空间有限。对此，我国的会展旅游企业要结合自身情况，尽可能多地满足顾客更深层次的需要。例如，不只将工作局限在简单的接待服务、游览购物上，而是可以尝试涉足会议的组织、筹划、包装、宣传、运作等更加专业化、更有挑战性的业务中，将自己定位于会议的组织者、管理者而不只是服务者。在广度上，从国境角度看，要既兼顾国内会展旅游业务又积极承揽国际会展旅游业务，走出国门到国外开展会展旅游业务；从业务类型看，要开发新的会展旅游业务形式，不能总停留在传统的博览会、展销会、文体活动中，而要大胆尝试一些社会重大事件的组织、筹划、运作，将业务范围突破商务、旅游的范畴，甚至可以在一定程度上成为政府的一个"没有行政编制的行政部门"。让我们的会展旅游业务涉足国际专题论坛、政府日常会议、经济文化交流、大型社会公益活动活、私人庆典等方方面面。

第三节 国外会展旅游经验对我国的借鉴与启示

国外会展旅游历史悠久，水平高，规模大，为我们提供了很多的经验，本文主要从会展管理、会展营销、会展服务、会展教育四个方面，阐述国外会展旅游对国内的启示[①]。

---

① 参见郑四渭、郑秀娟《国外会展旅游对国内的启示》，载《当代经纪人》2005年第13期。

一、会展管理：政府管理和协会管理相结合

美国会议观光局在会展旅游中的主要作用是目的地营销（Morrison, Bruen & Anderson, 1998），建立并推广适于会展旅游的良好的城市形象（Gartrell, 1994），为会议组织者提供目的地产品信息，代表目的地从事会议和展览促销，组织促销活动，以及提供会展方面的相关服务（Polivka, 1996）[1]。

AUMA 是德国贸易展览业协会，是由参展商、购买者和博览会组织者三方面力量组合而成的联合体，以伙伴的身份塑造博览会市场，是德国展览业最高协会。AUMA 对德国展览业实行统一、权威性的管理，其地位在德国是不可动摇的。为了确保德国博览会的透明化，AUMA 制定了很多规章制度，并根据目前会展数量、质量、技术手段、目的、要求进行调整、改进。在 AUMA 统一协调下，德国各博览会的目标非常明确，展会重复现象极少。AUMA 同时还是政府和展览业之间沟通的桥梁，如 AUMA 请人在世界各地对展会进行考察，并写成报告，为德国政府赞助本国企业出国参展提供了很好的建议和非常重要的参考作用。对于中国来说政府在会展旅游中应转变政府职能，实行市场化运作。政府的工作是进行宏观调控，建立法制，提高社会环境和公共服务，改革政府部门对会展活动的"资格认定制度和分级制度"，并建立一个以旅游部门为主体、各有关部门参加的专门会展管理机构。参照美国会议观光局的职能，这个机构主要负责目的地营销和目的地产品信息的传递和推广等会展服务项目。同时，也要加强会展旅游行业协会的作用。它的主要功能是开展调查研究，为政府会展旅游主管机构和会展旅游企业献计献策，制定会展旅游行业公约，规范和约束行业内的主体行为，负责对展会的资质进行评估和认证，面向会展单位提供多方面的服务如信息、咨询、培训等，积极开展对外交流合作（何建英，2004）[2]。会展旅游行业机构应具有国家性、全国性和权威性的特点，还应具有支配使用政府的展览预算，组织国家展、规划、投资和管理展览基础设施等功能（王晶，2003）[3]。郭淳凡（2003）也认为应该建立单一的国家级会展管理机构和全国性的行业协会，他还提出中国行业协会存在的问题：缺少全国性的会展旅游行业协会统一协调，政府对行业协会态度矛盾，行业协

---

[1] Martin Oppermann. "Convention destination images: analysis of association meeting planners' perception." *Tourism Management*, 1996.

[2] 参见何建英《论会展旅游的概念内涵》，载《哈尔滨商业大学学报》2004 年第 3 期。

[3] 参见王晶《会展旅游中的政府职责》，载《商业研究》2003 年第 7 期。

会不能真正代表企业的利益而成为"二政府",从而失去其应有的作用[①]。现在的行业协会管理体制制约着会展旅游行业协会的发展,协会需经过政府审批的政策与协会的自律性相矛盾,可能成为政府的工具。因此除设立会展管理机构和行业协会,发挥行业协会应有的作用外,还要协调好政府和行业协会在行业管理中的关系,通过计划指导和产业政策相结合来促进协会的发展。会展旅游行业协会还应具有组织协调和外联及示范作用,协调会展机构在与酒店等相关企业的沟通和合作中遇到的问题和矛盾,加强与这些企业的合作,并借鉴和学习国外的先进经验供国内企业参考。

二、会展营销

(一) 城市形象

城市往往具有独特鲜明的形象魅力。如巴黎的浪漫、纽约的繁华、罗马的艺术气质、伦敦的传统、瑞士的雪域风光、香港的动感等,有特色的城市往往会有形象定位口号,如"风之城""狮城""赌城""音乐之都""水箱""阳光之城"等。正面的城市形象对吸引会展旅游者的作用很大,而负面的城市形象则在一定程度上阻碍会展旅游者的到来,因此,树立或改变城市形象意义重大,特别是在那些原来具有一定知名度的工业城市。将目的地形象与目的地营销相结合用于促进城市对会展组织者的吸引力具有一定的现实意义。目的地可以利用影响大的大型会议或重大事件提高本地区的知名度或重新确立城市形象。城市有其优势也有其劣势,在发展中要积极发展城市的优势作用,避免劣势的显现。如以会展胜地的形象设计来推销会展目的地,提高该目的地的经济效益和社会效益。

(二) 整体营销

开展整体营销能促进和推广地区会展业的整体形象,并可有效组织分散的资金、人力、物力,集中力量宣传本地区优越的办展环境和品牌展会。在国外,一些世界级的都市常常通过开展国际性的公关与宣传活动来塑造城市的独特形象,吸引世界各地的商家游客,如巴黎、纽约和我国的香港。因此,我国可以以政府有关部门牵头,大力推进目的地整体营销,将城市的各部分功能组织成一个产品进行营销。例如,香港旅游局、贸易发展局和展览会议业协会合

[①] 参见郭淳凡《试析我国会展旅游也行业管理模式》,载《企业管理》2003 年第 12 期。

作开展了大量的目的地营销活动,以期共同推动香港旅游业与会展经济的发展。新加坡旅游局下设展览会议署每年制订专门的推广计划,到世界各地介绍本国的旅游业和会展业情况,举办会展经济方面的研讨会,向与会者尤其是国际会议或展览会的组织者宣传新加坡举办会展活动的优越条件。中国也可以借鉴这方面的经验将各展览公司在自愿的基础上联合起来,在国际上建立一个为中国国际展览服务的行销网络。

(三) 品牌营销

在会展越办越多的今天,能够生存下来并取得一定经济收益的都是具有一定知名度或特色的品牌展会。因此,要创立中国会展品牌,提升经营服务理念。程红、陆红艳(2003)提出依托城市产业培育会展品牌[1]。打造一个城市的会展品牌,将其与该城市的产业特点相联系会达到事半功倍的效果。被称为"时尚之都"的法国巴黎,其产业特色就是时装、化妆品、香水等时尚产品,因此培养了许多时装展、化妆品展等国际著名展会。在德国许多专业性展览会也是以城市产业发展起来的,如工业重镇汉诺威的工业博览会,杜塞尔多夫的国际印刷、包装展,旅游城市纽伦堡的玩具展等。这些专业性展览会突出了各城市的产业特色,打造了城市的会展品牌。陈向军指出了要打造会展品牌,就要坚持"四化":国际化、专业化、规模化、特色化。林越英(2002)提出建立展览等级认证制度,对品牌展会的名称、标识等知识产权实行登记注册予以保护[2]。

三、会展服务

(一) 会展公司服务

会展是一个综合性的行业,需要其他各行业相互协调,会展服务就是会展活动顺利开展并取得成功的重要保障。会展服务包括参展人员的接待、展台搭建、展会现场服务(翻译等)、展后服务等,涉及会展公司、旅行社、饭店业、交通部门等。如何加强各方面的合作和渗透,提高我国会展服务水平,是

---

[1] 参见程红、陆红艳《从国际会展业发展动态看我国会展业发展方向》,载《中国流通经济》2003年第3期。

[2] 参见林越英《对我国会展旅游发展若干问题的初步探讨》,载《北京第二外国语学院学报》2002年第6期。

我国目前亟须向国外学习的地方。作为德国六大展览城市和世界十大展览城市之一的慕尼黑在展览服务方面做得非常到位，服务细致、周到。在展会宣传资料中，仅酒店介绍就有五六页篇幅，提供了上百家不同档次的酒店以供挑选，并且详细注明优惠幅度、期限等信息。展览服务不仅到位而且十分专业化。专业的展览服务包括展览公司的整个运作过程，一般从市场调研、题目立项、营销手段、观众组织、会议安排到展览公司所有对外文件、信件格式化、标准化等。慕尼黑展览现场服务不仅高速，而且服务内容应有尽有，展览公司与展馆、运输、搭建密切配合，提供周到服务，使慕尼黑充分享受了展览会的品牌效应，其品牌光环的背后，靠的是他的服务质量。

（二）其他相关企业服务

另外，旅游业也应该积极服务于会展业，并参与会展活动的组织和实施。饭店、旅行社接待会展旅游者的利润较高，资金回收相对有保障，但如果仅限于会展活动后的旅游接待服务，则旅游业很难得到预期的回报。只有积极介入会前策划、会中服务和会后旅游，才能获得会展旅游的最大利润。旅游企业可以针对会展的主题、营销计划、服务接待计划进行可行性分析，选择企业所能参与的部分。饭店、旅行社和旅游景区都可以通过调整战略从中获取更大的利益。

会展公司应与旅游企业（旅行社）合作，让旅游企业的专家和优秀的旅游企业介入会展的前期、中期和后期的全程运作。旅游企业必须设计出针对性较强的旅游产品，即旅游产品要求知名度高，特色鲜明，并要求旅游产品个性化、多样化。旅游企业还应加大产品宣传力度，将旅游产品宣传渗透到会展的每个阶段。Harry H. Hiller（1995）提出将包价旅游引入到会展旅游中，会展组织者希望得到类似于大众旅游的包价旅游产品，其内容包括机票订购、租车服务、旅馆预订、当地特色主题活动和会前会后的旅游活动[①]。因此，旅行社可以根据不同的会展市场，制订具有特色的专门旅游线路，或只提供其中的一项或几项服务，拓展旅行社的目标市场。会展业与酒店业的合作要实现其互动发展。会展业为酒店业提供客源基础、信息资源等，而酒店业则为会展业提供优秀的服务、浓郁的文化氛围等，彼此互相需要，因此，要坚持其一体化和国际化的发展方向。酒店业应根据会展人员的特点设计适合该市场的特色产品，根据目标市场的特点正确定价，确立恰当的分销渠道和促销方法。利用媒介加强会展和酒店之间的联系，加强信息沟通，发挥会展旅游中介组织的作用。建

[①] Harry H. Hiller. "Conventions as megaevents: a new model for convention – host city relationships." *Tourism Management*, 1995.

立完善的行业管理体制,开发新型酒店会展旅游产品,扩展网络信息化保障体系,健全系统的服务保障体系,充分整合区域内的相关资源。

四、会展教育

我国会展业起步晚,但发展快,规模扩展迅速,形成对会展人才的强大需求,特别是高端会展人才的缺乏更成为我国会展业发展的瓶颈。因此,要加快会展专业人才的培养,尽快培养一支熟悉国际会展业惯例、精于会展业市场开拓、善于会展组织与管理的专业人才队伍。

美国的会展管理教育体系,有以下几个特点:①高等院校处于最主要的位置,其他像中介机构、咨询公司、行业协会并存。②不同学校根据自己的专业特色和研究实力提供了从一般的职业培训到学士、硕士学位教育的多层次教育体系。③在实践和理论结合紧密方面,不少高校采取了在高校建立模拟客房、邀请业界人士为学生做报告、让学生义务参加会展活动、要求学生为学校的体育赛事寻求赞助商等多种形式,提高学生在会展管理方面的实际操作能力。中国可以借鉴经验,根据中国目前教育实际,可以采取以下几种措施,促进会展教育健康快速发展:①构建以高校教育为主体的多层次会展管理教育体系(包括高等院校、职业技术学校、行业协会、企业教育)。②构建会展管理教材体系。以目前最为紧张的会议和展览业人才需求为基础,培育能够承担会议与展览策划、组织与管理的专门人才,并同传统的饭店和旅游管理相结合,共同构建会议和展览方面专业教材体系。③选择适当的教育发展模式,包括一个是开放式办学,学习国外经验;另一个是合作办学,走产学研一体化的道路,加强师资队伍建设,培养职业化的教育和科研队伍。④加强对会展旅游专业人才的培养,会展行业协会和高等院校合作,成立会展旅游专业培训教育机构,邀请国际会展组织,如国际大会及会议协会(ICCA),以及会展旅游发达地区或国家,如香港、德国、新加坡的专家前来讲学。⑤加强会展经济、会展旅游的理论研究,出版专门书刊、教材等,定期举办会展经济、会展旅游研讨会。

本章小结

随着世界新经济秩序的逐步建立和各国科技水平的普遍提高,国际会展旅游将呈现会展人才专业化,会展规模大型化,会展企业集团化,会展设备现代化,举办国家多元化,展览市场国际化的趋势。中国会展旅游作为快速成长的朝阳产业,有着广阔的发展空间和巨大的增长潜力。但是,中国会展旅游在发展中存在体制不够完善，管理较为混乱；法律、法规不健全，行政参与浓厚；整体竞争力弱，产品缺乏创新；会展教育滞后，专业人才缺乏等不足。国外会展旅游历史久，水平高，规模大，其从会展管理、会展营销、会展服务、会展教育等四个方面为我们提供了很多的经验。

本章关键词

国际会展旅游　　国内会展旅游　　借鉴与启示

复习思考题

1. 试述国际会展旅游的发展趋势。
2. 国外会展旅游发达国家对我国发展会展旅游有何借鉴与启示？

综合案例

关于中国展览走向国际的畅想

先来看看三组有关中国宏观经济的数据：第一，国家统计局1月20日公布：2014年中国GDP突破10万亿美元大关，终与世界第一的美国进入同一数量级（美国2014年GDP尚未公布，IMF预计约为17.4万亿美元）；第二，全年GDP增长率7.4%，为24年来最低（如果考虑到1989年、1990年的特殊情况，则去年GDP的增长率为1981年以来33年最低）；第三，全年实现全行业对外投资1160亿美元，如果加上第三地融资再投资，对外投资规模应该在1400亿美元左右，比利用外资高出200亿美元（《中国产经新闻》报道），这意味着中国已成为资本净输出国。以上三点归纳起来成三句话：盘子大了，步子慢了，路子宽了。

经济大国的成长都经历了先产品输出、后资本输出的过程。中国作为世界产品加工厂正在逐渐向后一个阶段演进。资本输出能够更好地控制资源和市场，并在全球化产业分工中处于顶端支配地位，获得更高的价值回报。经济强国无一不是资本输出大国。改革开放使我国综合国力大增，在我国商品大举走出国门以后，企业开拓海外市场的形式将更加多样，投入也将迅速加大。中国展览业走向国际，迎来了历史性的发展机遇。

大多数"走出去"的中国企业都具备相当的实力，在参展方面也有很好的预算。与旺盛的需求不相匹配的是境外举办的品牌展览几乎都被国外展览公司把持着，国内具有出展资质的单位绝大多数业务是代理海外展会项目。由于全球性的贸易保护主义抬头，导致一些品牌展览会主办方不给或限制中方企业摊位，不安排好的参展位置，影响了中国企业在国际上的形象展示，影响了中国企业"走出去"的效率和质量。为了更好地营造海外商业环境，传播中国企业文化，充分发挥展览对商贸的促进功能，打造中国自己的境外品牌展览会的时机已经到来。

打造属于中国的国际化品牌展览会，我们拥有以下三大优势。

一、"一带一路"战略释放强大市场助推力

习近平主席提出"一带一路"战略构想，目的是通过"丝绸之路经济带""21世纪海上丝绸之路"两条重要的地理纽带，主动与沿线国家发展经济合作伙伴关系，共同打造政治互信、经济融合、文化包容的利益共同体、命运共同体和责任共同体。此举从基础设施建设、互联互通、人民币国际化等方面为中国资本"走出去"提供了强大的国家支撑。资本输出之前是产品的广泛输出。展览活动作为商品展示、交易的重要平台，应该成为中国资本"走出去"的开路先锋。

二、全球制造业第一大国，拥有庞大的参展商群体

2010年，中国取代美国成为全球最大的制造业国家。当前，在世界500种主要工业品中，中国有220种产品，产量居全球首位。2015年美国CES（消费类电子产品展）有1/4的参展商来自中国。对于展会主办方来说，拥有庞大的参展商群体至关重要。现在，即便是世界知名的品牌展览，缺少中国展商将极大地削弱其影响力。若另起炉灶打造中国自己的国际展览品牌，数量庞大的企业参展商将是我们最大的底气。

三、中国展览企业快速成长，具有全球化布局的实力

2014年，中国展览面积超过7000万平方米，依然保持增长态势但增速有所放缓。为了提高展览品质、优化展览结构，中国展览企业正在加速与国际展览集团的合作。从近两年的情况来看，虽然多是国际展览集团并购中国本土展览项目，但随着中国首家展览上市企业的诞生，中国展览企业的资本化发展路径正在被逐渐打通。企业获得融资后最主要的用途就是收购项目。随着中国资本的加速输出，展览企业收购国际知名展览项目进而逆向整合市场的可能性正在加大。立足中国，放眼全球，中国制造企业是这样"走出去"的，中国展览企业同样可以复制这样的路径。

资本输出是经济强国的必然选择。作为一项重要的国家战略，实施需要一系列的配套准备，这其中既包括顶层设计，也需要具体的落地推进措施。展览业更多的属于执行层面。借助与国际展览集团合作充分学习先进运营经验、借

助企业上市或股份制改造增强资本能力，都是为"走出去"做相应的基础准备。

但我们也需要冷静地看到，中国资本走出国门的路并不平坦，除了企业自身的核心竞争力之外，地缘政局变化、国际商业契约、当地劳工法律、与工会的谈判以及对极端事态的研判等都是中国企业需要面对的全新课题。打造属于中国的海外品牌展览会，难度着实不小。中国资本、中国生产、中国展示的全要素输出需要不同行业携手合作。

（资料来源：http://www.ccpit.org/Contents/Channel_3432/2015/0210/446383/content_446383.htm 中国贸易报，刘海莹）

■讨论题
1. 中国展览走向国际有哪些优势？
2. 你觉得中国展览走向国际还需要提升哪些方面，才能与国际接轨？

附录1 国际主要会展旅游目的地名录

【德国】

柏林： 全球十大会展城市之一，以工业博览会、消费品博览会、旅游博览会、家居用品行业博览会等著称。

慕尼黑： 巴伐利亚自治邦首府，是德国高科技中心，拥有展示投资、消费品和高新技术的专业博览会，是引领世界的博览会城市之一。

汉堡： 德国第二大城市，海洋工业、再生能源、航空和美食以及酒店业是其展览的重要主题。国际船舶制造、船舶机械和技术博览会是世界船舶制造业、海事工业方面最高级别的博览会。

法兰克福： 每年在法兰克福举行的颁发"德国书业和平奖"的国际图书博览会是世界上最大的书展。

汉诺威： 汉诺威的德国博览会公司是德国最著名的展览公司，也是国际国内顶尖博览会主办团体之一。其通信和信息技术博览会是世界上最大的博览会，汽车及车载装备展也非常著名。以技术、创新、自动化为主题的汉诺威博览会则是世界最高级别的博览会。

杜塞尔多夫： 信息通信技术、媒体和广告业的中心，其主要优势首先在于机械与配件业、医疗与保健业以及时尚和家居业。其国际时装博览会是下一季服装的风向标，世界医疗论坛是世界上最大的医疗博览会。

科隆： 科隆国际艺术博览会是现代艺术和当代艺术方面国际最高级别的博览会，面向大众开放。世界食品博览会涉及领域主要是食品经济（食品和奢侈品）、美食和商店设备。国际牙科医疗及技术展是该领域国际最高级别的博览会，主题为牙科技术和商店设备。

莱比锡： 莱比锡博览会有800多年历史，是世界上最早的博览会之一。1497年莱比锡获得特许，成为当时德国中部唯一有权举办博览会的城市，因此莱比锡博览会被称为"博览会之母"。自1991年以来，莱比锡博览会开始施行新的专业展览会计划，逐渐发展和完善了自身办展的风格。到今天，莱比锡博览会已进入德国十大之列，成为世界的重要展会之一。

【英国】

伦敦：欧洲最大的都会区之一，世界四大世界级城市之一。1851年伦敦举办了伦敦万国工业产品博览会，开创了真正意义上的世界博览会。每年一度在伦敦举办的世界旅游交易会（WTM）是世界三大旅游展之一。

爱丁堡：文学与艺术之都，举办了众多世界性的艺术节事与盛会，如爱丁堡国际艺术节、爱丁堡边缘艺术节、爱丁堡军乐节、爱丁堡国际图书节、爱丁堡电影节、爱丁堡国际爵士乐节和爱丁堡多元文化节，是著名的会展旅游目的地。

伯明翰：工业革命发源地，欧洲核心以及全球安防第一大展会在此举行。伯明翰国际展览中心整合了国际机场、旅馆、车站和展览中心的庞大建筑群，是目前英国最大的国际展览场所。

【法国】

巴黎：享有"国际会议之都"的美誉，"世界时装"为其城市主题文化，法国每年举办的国际会议有近一半是在巴黎进行的。举办的大型展会包括世界汽车展、巴黎博览会、农业博览会、巴黎建筑展、世界两轮车展、国际航空航天展、巴黎国际航海展、家庭用品展、高新技术博览会和国际食品博览会。

斯特拉斯堡：国际组织总部所在城市，驻有欧洲联盟许多重要的机构，包括欧洲理事会、欧洲人权法院、欧盟反贪局、欧洲军团、欧洲视听观察，以及最著名的欧洲议会，是国际著名的会展中心，自2008年开始举办斯特拉斯堡艺术展览会。

【西班牙】

巴塞罗那：西班牙加泰罗尼亚自治区的首府，是享誉世界的地中海风光旅游目的地和世界著名的历史文化名城。于1992年举办了第25届奥运会，其国际专业美容博览会是西班牙最大型的美容方面的展览会，国际时装展览会是西班牙最重要的服装展会。

马德里：马德里博览中心是西班牙王国最重要的贸易博览组织者，使用面积达20万平方米。马德里五金工具与工业用品博览会，是西班牙五金及DIY行业规模最大、最有影响力的盛会；西班牙马德里国际服装博览会（SIMM）由西班牙服装协会组织举办，有很强的专业性，是西班牙最重要、欧洲规模第二大的服装展会。

【意大利】

罗马：意大利电影工业的主要中心，世界最著名的游览地之一。1960 年获得奥运会主办权，并举办了罗马新能源展会、意大利汽配展以及欧洲最大的建筑制冷展会——TERMOCLIMA 会展。

米兰：米兰以观光、时尚、建筑闻名，米兰博览会是世界上最领先的博览会之一，达 65 万平方米，共 38 个展馆，是世界三大展场之一。米兰获得 2015 年世界博览会主办权。从某种意义上说，由流线型钢构件和玻璃覆盖的米兰国际展览中心就是米兰氛围的象征。

【荷兰】

阿姆斯特丹：荷兰首都，有"北方威尼斯"之称。早在 1883 年便举办了荷兰阿姆斯特丹国际博览会。阿姆斯特丹 RAI 国际会展中心是荷兰国内最大的会展中心，也是目前欧洲规模和影响力最大的会展中心之一。自 1972 年建展以来，阿姆斯特丹国际交通展览会已经成为世界各地专业人士相聚交流的最佳平台。2010 年 5 月成功举办荷兰最大型当代艺术博览会——"艺术阿姆斯特丹"。

海牙：海牙是荷兰政府和议会所在地，王宫和政府所在地，议会及外国使团亦设于此，被誉为"世界法律之都"。接待国际会议为海牙一大行业，海牙也成为荷中交流与合作的重要纽带。

【芬兰】

赫尔辛基：作为芬兰首都，是一座古典美与现代文明融为一体的都市。赫尔辛基成为著名的会展旅游城市得益于其发达的航空业和良好的语言服务水平，曾于 2006 年成功举办了 140 场大规模的国际会议，具有很高的国际服务水平。

【瑞典】

斯德哥尔摩：瑞典的政治、文化、经济和交通中心。斯德哥尔摩国际会展中心（Stockholm International Fairs）是全球最具弹性的会议主办机构之一，从国际高峰会至一般大众展览，全部都能包办。每年承接大约 60 场大型工商展览以及约 100 场地区及国际会议、研讨会与活动。

哥德堡：瑞典第二大城市，也是北欧最大的港口工商业城市。近年来，哥德堡的会展业飞速发展。一年一度的"哥德堡国际图书展"是北欧最大的图书展会，每年世界各地的 10 多万书业界人士和近千家参展商来到这里共襄盛举。

【瑞士】

日内瓦：日内瓦是一个国际性城市，拥有多个国际组织和人道主义机构，是人类文明活动的引导者和主导者。会展已成为日内瓦的主导产业，国际重要会议经常在此举办。

【比利时】

布鲁塞尔：比利时最大的城市，也是欧洲联盟的主要行政机构所在地。1958 年举行了布鲁塞尔万国国际博览会。布鲁塞尔会展中心是欧洲最大的展览会场地之一，其成功运营很大程度上得益于外部地理交通因素、经济与政治环境。从 1935 年成立至今，布鲁塞尔会展中心的每个展览厅都保持了它建造时期的历史建筑风格。

【奥地利】

维也纳：奥地利首都，也是石油输出国组织、欧洲安全与合作组织和国际原子能机构的总部以及其他国际机构的所在地。维也纳享有"音乐之都""文化之都""装饰之都"的美誉，在艺术、建筑、家居等方面是著名的会展目的地。

【希腊】

雅典：希腊经济、财政、工业、政治和文化中心，也是欧盟商业中心之一。2004 年举办了第 28 届雅典奥运会。希腊波塞冬海事展览会在雅典比雷埃夫斯展览中心举办，是世界船舶及海事行业展览中规模最大、参观人数最多、参展效果最好的展会之一。

赛萨洛尼基：希腊展览公司是希腊国有控股的专业会展公司，其总部设在此地，举办展会涉及食品、旅游、珠宝、钟表、通信等行业。赛萨洛尼基国际贸易博览会（TIF）是其举办的规模最大的综合性展会，每年一届，是希腊乃至整个巴尔干地区规模最大、参展商最多和最具影响力的综合性国际博览会，也是希腊最著名的三大国际展会之一。

【丹麦】

哥本哈根：丹麦首都、最大城市及最大港口。哥本哈根贝拉中心是北欧最大的展馆，该中心举办的"哥本哈根国际时装展"已经成为欧洲时尚第一展，引导着国际时尚界的风潮。2009年成功举办了哥本哈根联合国气候变化大会。

【土耳其】

伊斯坦布尔：土耳其最大的城市和港口、工商业中心和主要的旅游胜地，当选为"2010欧洲文化之都"。伊斯坦布尔有"会展之都"的美誉，每年举办的各种大小时尚展数不胜数，并保持了其在商务旅游方面的重要目的地身份。在世界大型的MICE项目中，世界水论坛（WWF）、欧洲内分泌学大会（ECE）、世界公共卫生大会（WHA）等诸多重要会议都已经或者即将在土耳其伊斯坦布尔召开。

【挪威】

奥斯陆：挪威的首都和最大城市。1952年在奥斯陆曾经举办过冬季奥运会。1993年5月，在美国的主导下，以色列和巴勒斯坦在这里签订了著名的奥斯陆协议。另外，奥斯陆也是诺贝尔和平奖的颁奖地，每年的颁奖仪式在奥斯陆市政厅举行。

【匈牙利】

布达佩斯：匈牙利最大的城市和欧洲联盟第七大城市，主要的政治、商业、运输中心。布达佩斯国际博览会（BNV）已经成功举办了113次，成为匈牙利最著名和规模最大的展会。

【葡萄牙】

里斯本：葡萄牙首都，是典型的海洋城市。1998年以"海洋——人类未来财富"为主题举办了世界博览会，是世博史上非常成功的一次世博会。里斯本国际食品展是欧洲重要食品展会之一。

【俄罗斯】

莫斯科：莫斯科会展业占整个俄罗斯的75%～80%，莫斯科会展中心是俄罗斯唯一相关的国际展览中心。科洛库斯国际展览中心（Crocus–Expo）建成于2004年3月18日，根据最高端的国际建筑标准，使用先进建筑材料设计并建设而成，其根本使命是举办各种行业的大型国际展览。拥有2个展馆的室内展览场地占地86800平方米，而室外场地占地66500平方米。

圣彼得堡：俄罗斯第二大城市，其建材展览会展是俄罗斯最大的建筑材料、设备与技术展览会之一。每年的展览会都汇集了俄罗斯最大的建筑建材制造商、经销商，展示当前最先进的建筑材料、设备与机械、技术与创新。

【捷克】

布鲁诺：布鲁诺商展展览中心是1928年为纪念捷克斯洛伐克共和国成立10周年当代文化展而建立的，自1998年投资建设以来，总展览面积达196万平方米，因其独特的建筑风格而被冠称"本世纪最杰出建筑"。

布拉格：布拉格中心建于1992年，至今已投资扩建展览中心（扩建了6万平方米），并于2002年合并了凯旋代理公司。现在，布拉格中心在布拉格的侯索威斯展场每年要举办约30场展览会事，吸引了3000家参展商和23万参观者参与。布拉格中心所进行的另一项最为重要的活动就是与商贸部共同协作在国外举办展会。

【美国】

纽约：美国的金融经济中心、最大城市和港口，1964年纽约承办的世界博览会是世界历史上规模最大的博览会。纽约国际玩具博览会是西半球最大的玩具博览会、世界三大玩具博览会之一。

华盛顿：美国的政治中心，2010年全球核安全峰会是近65年来美国主持召开的最大规模、最高级别的国际会议。华盛顿旅游用品展览会是世界上首屈一指的旅游用品展览会，有来自世界四大洲30多个国家的参展者，是国际上较有影响力的旅游用品展之一。

芝加哥：在美国仅次于纽约市和洛杉矶的第三大都会区，为美国最重要的铁路、航空枢纽，美国主要的金融、文化、制造业、期货和商品交易中心之一。举办了电子工业展、国际包装机械博览会、宠物用品展等各类会展，其中芝加哥甜食展（SWEETS & SNACKS）是北美地区每年一度最大的糖果展和全球糖果界最重要的展览之一。

奥兰多：世界上最好的休闲城市之一，有食品加工、电子部件、火箭发动机等工业。举办水上用品展、国际美容化妆品美体会展、厨房及家庭用品展览会等规模不等的会展，其美国PGA奥兰多国际高尔夫贸易博览会是世界上最大的高尔夫展。

亚特兰大：一个新兴的工商业城市和文化、医疗卫生中心。1996年第26届奥林匹克运动会在此举办，比较知名的展览还有亚特兰大环保及垃圾处理展览会、窗帘窗饰展览会，国际金属铸造焊接展览会现已是整个北美地区最大的冲压、钣金和成形展览会。

旧金山： 美国金融贸易与文化旅游的中心，1915年2月举办了巴拿马太平洋万国博览会。旧金山还成功举办了美国旧金山建筑建材展览会、旧金山婚礼服饰及用品展览会、太平洋地区机床展览会等会展。

波士顿： 美国最古老、最有文化价值的城市之一，是高等教育和医疗保健的中心。波士顿会展中心是美国东北部最大的会展中心，成功举办了美国内分泌年会、国际水产及水产技术展等活动。

拉斯维加斯： 建立在美国内华达州无尽沙漠中的内陆城市，有享誉全球的"赌城"称号和"世界会展之都"的美誉。迅速崛起的会展业与老牌的博彩业和旅游业并驾齐驱，成为拉斯维加斯的三大经济支柱之一。拉斯维加斯会展业已成为世界上最大的会展中心之一，每年举办2000多场专业性会展，其中全美最大的200个展会中的40个是在拉斯维加斯定期举办，约有500多万家厂商参展，聚集了全球主要的专业商家和客源。

【加拿大】

温哥华： 北美第三大海港和国际贸易的重要中转站。温哥华会展中心，拥有堪称加拿大最大的"生态屋顶"，成为环境设计与可持续发展建筑的先驱，举办了加拿大出口商年展、国际硫磺会议及展览。2009年首届加拿大·中国工程技术展览会在温哥华成功举办。

多伦多： 加拿大最大的经济城市和会展中心，每年举办的各种会展可达580个。举办CGTA春秋季礼品展、加拿大国际家具博览会、国际农业机械展等专业展览会。

【墨西哥】

墨西哥城： 墨西哥的政治、经济、文化和交通中心，集中了全国约1/2的工业、商业、服务业和银行金融机构。墨西哥国际包装展览会及食品饮料加工机械设备展是国际公认的墨西哥最全面的包装专业展览会。

【巴西】

圣保罗： 巴西最大的城市，是南美洲的金融、贸易、商业中心。圣保罗国际鞋业博览会由巴西鞋业制造商协会，FRANCA鞋业制造商联合工会主办，仅对专业观众开放。巴西国际安全展览会（EXPOSEC）是全球知名的安防展之一。

【阿根廷】

布宜诺斯艾利斯：阿根廷的最大城市，首都和政治、经济、文化中心，素有"南美巴黎"的美誉。阿根廷国际电子产品展、阿根廷国际矿业博览会是阿根廷及南美最有影响的行业展会。

【澳大利亚】

悉尼：澳大利亚最大、最古老的城市，2000年成功举办了第27届奥运会。悉尼会展中心是澳大利亚用于会议、展览及特殊庆典的最大的会议中心，也是很多世界级的公司和机构的常驻地，是举行开幕式、颁奖大会和商务会议的理想场所。

墨尔本：澳大利亚第二大城市，曾连续多年被联合国评为最适合人类居住的城市之一。其展馆配套设施良好，展会的组织管理和服务措施比较到位，展位租费相对低廉，与会展业相关的酒店、餐饮等服务业比较发达。著名体育赛事、大型购物中心以及旅游、演出和博彩等各种城市资源丰富，每年吸引不少世界各国的客商前来参展。

【新加坡】

新加坡开展国际会展的地理位置十分优越，是亚洲最重要的金融、服务和航运中心之一，其国际展会规模次数居亚洲第一位，享有"国际会展之都"美誉。新加坡旅游局设有专门的展览会议署，始建于1974年，主要任务是协助、配合会展公司开展工作，促进各种会展在新加坡举办。

【日本】

东京：亚洲第一大城市，世界第二大城市。东京国际会展中心是日本最大的会议展览中心，拥有23万平方米展厅面积。东京国际动漫展览会已成为世界规模最大的动画主题创意展览会，国际礼品展是目前世界上最大、最重要的礼品、消费品类专业性国际贸易展览会之一。

大阪：日本重要的港口城市，也是日本第二大经济中心。1970年举办了大阪世博会，在历史上创下了多个第一。大阪还举行过日本国际钓鱼博览会、大阪国际烘焙展览会等展会，且大阪国际纺织机械展览会（OTEMAS）是当今世界上三大纺机展之一。

名古屋：位于日本中心地带，得天独厚的地理位置和交通条件使其发展成为著名的国际会展中心。其目标是成为日本最大的会议旅游城市。名古屋国会中心是一个世界级的综合会议中心，名古屋城堡宫殿、名古屋希尔顿、名古屋设计大厅内都有完善的会议设施，这里成功地召开了很多次重要的国际会议。

【韩国】

首尔：韩国政治、经济、文化教育中心，也是全球最繁华的现代化大都市和世界著名旅游城市之一。韩国会展中心（COEX）是首尔的标志性建筑，集商务、休闲、娱乐等功能为一体，以其亚洲最大的地下购物中心及完备的餐饮和娱乐设施吸引了国内外游客。首尔国际食品及酒店用品展是韩国历史最长、规模最大的食品展览会。

光州：有"文化艺术之乡"之称，以光电产业、设计产业和高新零部件产业为三大核心战略产业。2010年10月举办了世界首次以光文化和光产业为主题的光州世界光博览会。

【马来西亚】

吉隆坡：马来西亚首都及最大城市，曾于1998年举办英联邦运动会，是第一个举办此运动会的亚洲城市。位于吉隆坡的三大办展地点太子世界贸易中心、绿野国际会展中心和吉隆坡会议中心是马来西亚各类展会举办最为频繁的地方，承担着马来西亚80%以上的展会任务。

佛罗交怡：佛罗交怡国际展览中心（MIEC）是马来西亚最大的展览中心，达71400平方米，比较著名的展览有佛罗交怡海空展。

【菲律宾】

马尼拉：菲律宾的首都，全国经济、文化、教育和工业中心。菲律宾亚洲食品展览会是亚洲最综合的食品展之一；由菲律宾贸工部国际贸易展览局主办的第一届菲律宾国际生态展于2010年8月在巴赛市SMX展览中心举办，该展为东南亚最大的生态产品展览会。

【泰国】

曼谷：东南亚第二大城市，被誉为"佛教之都"。近年来曼谷举办了泰国旅游博览会，成为东南亚最大的旅游展会。

【印度】

新德里：印度政治、经济和文化中心。印度国际贸易博览会是亚洲最大的贸易博览会之一，由印度官方举办，被誉为"印度的广交会"，展出面积约10

万平方米,范围广泛,参展企业来自40多个国家。

【埃及】

开罗:埃及首都,是整个中东地区的政治、经济和商业中心。开罗国际博览会是埃及规模最大、成交最好的综合性博览会,每年3月中旬在埃及国际博览中心举行,是埃及乃至中东、非洲地区商业界、企业界进行贸易交流、洽谈和成交的重要场所,具有广泛的国际影响。

【以色列】

特拉维夫—雅法:通常简称为特拉维夫,是以色列第二大城市,也是以色列的经济枢纽。特拉维夫国际现代生活消费品博览会是以色列规模最大的消费品展,向参展商提供了一个向以色列市场推介产品、加强贸易联系的极佳机会。

【南非】

约翰内斯堡:南非最大的城市和经济中心,素有"黄金之城"之称。南非国际贸易博览会由南非国家展览中心有限公司主办,南非贸工部、豪登省总商会、约翰内斯堡工商会、南非对外贸易协会和约翰内斯堡市政府协办,是南部非洲最大的综合性贸易博览会。

开普敦:南非第二大城市,南非立法首都。开普敦国际纺织博览会是南非唯一仅有的最具专业性的鞋业、纺织品类专业贸易博览会,是非洲地区最大的贸易展览会,自1998年开始在开普敦国际展览中心举办,仅对专业观众开放。

附录2　我国会展城市及其主要旅游景点

地区	会展城市	主要旅游景点
北京市	北京	天安门、故宫、人民大会堂、长城、颐和园、香山公园、天坛等
上海市	上海	黄浦江、豫园、上海博物馆、东方明珠、世纪公园、石库门等
天津市	天津	水上公园、大沽口炮台遗址、天津古文化街、劝业场等
重庆市	重庆	大足石刻、歌乐山烈士陵园、三峡、丰都、白帝城等
黑龙江省	哈尔滨	圣索菲亚大教堂、亚布力滑雪场、东北虎园林、金太祖陵等
黑龙江省	齐齐哈尔	明月岛风景区、龙沙公园、大乘寺、昂昂新石器文化遗址等
黑龙江省	大庆	连环湖狩猎场、林甸温泉、大庆油田科技博物馆等
吉林省	长春	净月潭国家森林公园、伪满皇宫博物院、地质宫、世界雕塑公园等
吉林省	吉林	松花湖风景区、松花湖滑雪场、文庙、龙潭山公园等
辽宁省	大连	星海公园、大连森林动物园、金石滩景区、圣亚海洋世界、虎滩乐园等
辽宁省	沈阳	故宫、福陵、昭陵、棋盘山、"九一八"历史博物馆、世博园等
内蒙古自治区	呼和浩特	昭君墓、大召、小召、大窑八景等
内蒙古自治区	赤峰	特布日敦沙漠旅游区、打虎石水库、大青山冰川遗址公园等

（续上表）

地区	会展城市	主要旅游景点
山东省	青岛	崂山、海底世界、海滨风景区、鲁迅公园、栈桥等
	济南	千佛山、趵突泉、跑马岭、灵岩寺、大明湖等
	烟台	蓬莱阁、金沙滩、烟台山、塔山、张裕酒文化博物馆等
	潍坊	十笏园、青云山民俗游乐园、沂山、云门山等
	威海	刘公岛、成山头、圣水观、乳山银滩、仙姑顶等
山西省	太原	晋祠、天龙山、双塔寺、龙山道教石窟、崇善寺等
河北省	石家庄	苍岩山、隆兴寺、天桂山、荣国府与宁荣街等
	唐山	遵化清东陵等
	廊坊	天下第一城、文明中华游乐园等
	秦皇岛	南戴河、山海关、秦皇宫、角山等
河南省	郑州	黄河游览区、黄帝故里、嵩山、少林寺、杜甫故里等
湖北省	武汉	归元禅寺、晴川阁、武昌起义纪念馆、黄鹤楼、武汉植物园等
湖南省	长沙	岳麓山、橘子洲、天心阁、开福寺、大围山、刘少奇故里等
江苏省	南京	中山陵、明孝陵、秦淮河、夫子庙、雨花台、总统府景区等
	苏州	沧浪亭、环秀山庄、耦园、怡园、虎丘、盘门等
	南通	狼山风景区、濠河风景区等
	无锡	太湖、无锡影视城、宜兴溶洞、锡惠公园等
	连云港	连岛旅游度假区、渔湾风景区、孔望山、连岛贝壳馆、花果山风景区等

(续上表)

地区	会展城市	主要旅游景点
浙江省	宁波	天一阁、雅戈尔动物园、阿育王庙、梁祝文化公园等
	温州	江心屿旅游区、雁荡山、楠溪江、下桥基督教堂等
	义乌	义乌国际商贸城、德胜岩、江滨十里绿廊、丹溪风景区等
	杭州	西湖、宋城旅游区、未来世界游乐园、天目山、大明山、浙西大峡谷等
	嘉兴	钱塘潮、古镇西塘、曝书亭、南湖等
	台州	温岭长屿硐天、临海江南长城旅游区、天台山等
安徽省	合肥	包公祠、包公墓、逍遥津、明教寺、李鸿章故居等
福建省	福州	鼓山、西湖公园、温泉公园、乌石山、于山、屏山、西禅寺等
	厦门	万石山、南普陀、鼓浪屿、园林植物园、集美、日月谷温泉度假村等
	泉州	开元寺、青山湾、清水岩旅游区、洛阳桥等
江西省	南昌	滕王阁、"八一"南昌起义纪念馆、朱德旧居等
广东省	广州	白云山、越秀公园、陈家祠、长隆旅游度假区、宝墨园、中山纪念堂等
	深圳	观澜湖高尔夫球会、华侨城、锦绣中华、欢乐谷、世界之窗等
	东莞	鸦片战争博物馆、黄旗古庙、虎门大桥、服装街等
	珠海	圆明新园、情侣路、石景山、金海滩、外伶仃岛等
	中山	孙中山故居、紫马岭公园、中山蝴蝶博物馆等
	佛山	西樵山、南国桃园、南海影视城、康有为故居等
广西壮族自治区	南宁	青秀山、良凤江国家森林公园、凤凰湖、靖西灵通峡等
	桂林	漓江、芦笛岩、象鼻山、七星公园、世外桃源景区等

（续上表）

地区	会展城市	主要旅游景点
海南省	海口	五公祠、热带海洋世界、海口博物馆、万绿园、琼山书院等
四川省	成都	青城山、都江堰、大邑刘氏庄园、文殊院等
贵州省	贵阳	红枫湖、黔灵公园、文昌阁、甲秀楼、息烽等
云南省	昆明	滇池、世界园艺博览园、金殿、云南民族村、石林等
西藏自治区	拉萨	布达拉宫、大昭寺、罗布林卡、八廓街、嘎孜寺等
陕西省	西安	秦始皇陵、兵马俑、大雁塔、小雁塔、碑林、华清池等
甘肃省	兰州	兴隆山、白塔山公园、水车博览园、五泉山等
甘肃省	酒泉	西汉酒泉胜迹、敦煌鸣沙山月牙泉风景区、三危山、白马塔等
青海省	西宁	青海博物馆、塔尔寺旅游区、北禅寺等
宁夏回族自治区	银川	海宝塔寺、华夏西部影视城、贺兰山、中山公园等
新疆维吾尔自治区	乌鲁木齐	红山公园、塔塔尔寺、水磨沟、水上乐园等
台湾		阿里山、日月潭、阳明山、台北三仙台、桃园慈湖等
香港		太平山顶、中环、兰桂坊、海洋公园、浅水湾、大屿山等
澳门		大三巴、葡京赌场、渔人码头、澳门博物馆、葡萄酒博物馆等

主要参考文献

[1] 王保伦. 会展旅游［M］. 北京：中国商务出版社，2004.
[2] 赵春霞. 会展旅游管理实务［M］. 北京：对外经济贸易大学出版社，2007.
[3] 胡平. 会展旅游概论［M］. 上海：立信会计出版社，2006.
[4] 傅广海，邓玲. 会展与节事旅游管理概论［M］. 北京：北京大学出版社，2007.
[5] 王方华，过聚荣. 中国会展经济发展报告［M］. 北京：社会科学文献出版社，2009.
[6] 刘松萍. 会展服务与管理［M］. 北京：科学出版社，2009.
[7] 张显春. 会展旅游［M］. 重庆：重庆大学出版社，2007.
[8] 马勇，王春雷. 会展管理的理论、方法与案例［M］. 北京：高等教育出版社，2003.
[9] 周彬. 会展旅游管理［M］. 上海：华东理工大学出版社，2003.
[10] 王春雷. 会展市场营销［M］. 上海：上海人民出版社，2004.
[11] 刘松萍，梁文. 会展市场营销［M］. 北京：中国商务出版社，2004.
[12] 马聪玲. 中国节事旅游研究［M］. 北京：中国旅游出版社，2009.
[13] 卢晓. 节事活动策划与管理（第2版）［M］. 上海：上海人民出版社，2009.
[14] 匡林. 旅游业政府主导型发展战略研究［M］. 北京：中国旅游出版社，2001.
[15] 邹树梁. 会展经济与管理［M］. 北京：中国经济出版社，2008.
[16] 俞华，朱立文. 会展学原理［M］. 北京：机械工业出版社，2005.
[17] 刘大可，王起静. 会展活动概论［M］. 北京：清华大学出版社，2004.
[18] 李蕾蕾. 旅游地形象策划：理论与实务［M］. 广州：广东旅游出版社，1999.
[19] 尹隽. 旅游目的地形象策划［M］. 北京：人民邮电出版社，2006.

[20] 施昌奎. 会展经济: 运营管理模式 [M]. 北京: 中国经济出版社, 2006.

[21] (美) Milton T Astrof, James R Abbey. 会展管理与服务 (第5版) [M]. 宿荣江, 译. 北京: 中国旅游出版社, 2002.

[22] 王保伦. 会展旅游发展模式之探讨 [J]. 旅游学刊, 2003, 18(1).

[23] 周丹青. 会展危机管理中的 RCRR 模型分析 [J]. 经济师, 2009(5).

[24] 陈亮. 大型会展危机管理研究: 以中国-东盟博览会为例 [J]. 学术论坛, 2007(1).

[25] 张燕. 德国会展业发展对中国的启示 [J]. 全国商情·经济理论研究, 2008 (1).

[26] 陈静. 我国会展业发展过程中的政府行为研究 [J]. 福建论坛, 2009(6).

[27] 黄英. 会展旅游的发展与政府的宏观调控 [J]. 广东技术师范学院学报, 2008(8).

[28] 周显植, 朴松爱. 会展参加者购买决策过程研究明 [J]. 财经问题研究, 2004(12).

[29] 刘大可. 北京市参展商旅游消费支出实证分析 [J]. 旅游学刊, 2006, 21(3).

[30] 徐子琳. 南京市会展参展商消费结构对南京市旅游企业的启示 [J]. 科技交流, 2007(2).

[31] 卞显红. 会展旅游参与者决策过程及其影响因素研究 [J]. 旅游学刊, 2002, 17(4).

[32] 何建英. 关于会展旅游行业协会工作的思考 [J]. 桂林旅游高等专科学校学报, 2004(2).

[33] 戚能杰. 层次分析法在会展旅游城市竞争力评价中的应用 [J]. 浙江万里学院学报, 2007, 20(2).

[34] 朱华. 成都会展旅游: 发展状况与竞争力要素 [J]. 国际经济合作, 2008(9).

[35] 程建林, 艾春玲. 会展经济发展、会展城市竞争力与城市功能提升 [J]. 城市规划, 2008(10).

[36] 戚能杰. 会展旅游城市竞争力评价模型研究 [J]. 改革与开放, 2007(3).

[37] 李星群, 文军. 基于产业链融合的会展旅游竞争力研究 [J]. 商业时代, 2007(4).

[38] 吴开军. 基于因子分析的城市会展旅游竞争力评价模型研究：以广州为例［J］. 工业技术经济，2009，28(6).

[39] 马艳辉. 会展旅游经济迅速腾飞的丝绸之路［J］. 现代企业，2000(12).

[40] 曹新向. 郑州市会展经济的市场配置与开发［J］. 河南科学，2003(21).

[41] 郑四渭，郑秀娟. 国外会展旅游对国内的启示［J］. 当代经纪人，2005(13).

[42] 何建英. 论会展旅游的概念内涵［J］. 哈尔滨商业大学学报，2004(3).

[43] 王晶. 会展旅游中的政府职责［J］. 商业研究，2003(7).

[44] 郭淳凡. 试析我国会展旅游业行业管理模式［J］. 企业管理，2003(12).

[45] 程红，陆红艳. 从国际会展业发展动态看我国会展业发展方向［J］. 中国流通经济，2003(3).

[46] 林越英. 对我国会展旅游发展若干问题的初步探讨［J］. 北京第二外国语学院学报，2002(6).

[47] 张俐俐，肖小玉. 基于LQ系数的广州会展产业集群［J］. 国际经贸探索，2009(12).

[48] 李国平. 地方旅游节庆策划研究［D］. 昆明：云南师范大学人文地理学专业，2002.

[49] 王刚. 节事旅游营销策略研究［D］. 青岛：中国海洋大学旅游管理专业，2009.

[50] 尹彩霞. 从会展业与旅游业合作的大背景中探讨会展旅游业的发展［D］. 大连：辽宁师范大学人文地理学专业，2008.

[51] 袁琼. 会展旅游者消费行为研究：以东莞为例［D］. 广州：中山大学旅游管理专业，2007.

[52] 张小月. 浦东会展产业集群发展研究［D］. 上海：华东师范大学旅游管理专业，2007.

[53] 张黎. 会展旅游产业链研究：以成都为例［D］. 成都：四川师范大学旅游管理专业，2009.

[54] 郑秀娟. 基于价值链理论的会展旅游战略联盟研究［D］. 杭州：浙江工商大学旅游管理专业，2007.

后 记

参与本教材编写工作的主要有：蒋露娟（第一、二章），喻彩霞（第三、四章），姜录录（第五章），李建达（第六章），龙茂兴（第七章），田晓辉（第八章），王蕾蕾（第九章），陈宁英（第十章），王浪（第十一章），刘艳（附录），研究生谭琳、廖碧芯等参加了本书有关资料的搜集、整理和编撰工作，全书由张河清进行统稿、修改并整理完成。